KB074044

TRANSIT LIFE: HOW COMMUTING IS TRANSFORMING OUR CITIES by
David Bissell
copyright ⓒ 2018 Massachusetts Institute of Technology
All Right reserved.

This Korean edition was published by LP Book in 2019 by arrangement with The MIT
Press through KCC(Korea Copyright Center Inc.), Seoul

이 책의 (주)한국저작권센터(KCC)를 통한 저작권자와의 독점계약으로
도서출판 앨피에서 출간되었습니다.
저작권법에 의해 한국 내에서 보호를 받는 저작물이므로
무단 전재와 복제를 금합니다.

이 저서는 2018년 대한민국 교육부와 한국연구재단의 지원을 받아 수행된 연구
임 (NRF-2018S1A6A3A03043497)

통근하는 삶

데이비드 비셀 지음 박광형 · 전희진 옮김

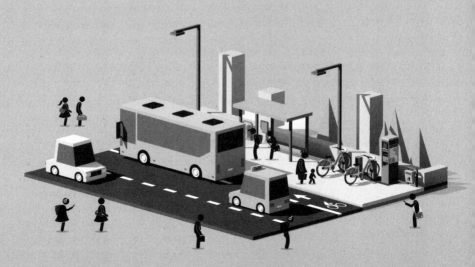

앨피

모빌리티인문학 Mobility Humanities

모빌리티인문학은 기차, 자동차, 비행기, 인터넷, 모바일 기기 등 모빌리티 테크놀로지의 발전에 따른 인간, 사물, 관계의 실재적·가상적 이동을 인간과 테크놀로지의 공-진화co-evolution라는 관점에서 사유하고, 모빌리티가 고도화됨에 따라 발생하는 현재와 미래의 문제들에 대한 해법을 인문학적 관점에서 제안함으로써 생명, 사유, 문화가 생동하는 인문-모빌리티 사회 형성에 기여하는 학문이다.

모빌리티는 기차, 자동차, 비행기, 인터넷, 모바일 기기 같은 모빌리티 테크놀로지에 기초한 사람, 사물, 정보의 이동과 이를 가능하게 하는 테크놀로지를 의미한다. 그리고 이에 수반하는 것으로서 공간(도시) 구성과 인구 배치의 변화, 노동과 자본의 변형, 권력 또는 통치성의 변용 등을 통칭하는 사회적 관계의 이동까지도 포함한다.

오늘날 모빌리티 테크놀로지는 인간, 사물, 관계의 이동에 시간적·공간적 제약을 거의 남겨 두지 않을 정도로 발전해 왔다. 개별 국가와 지역을 연결하는 항공로와 무선 통신망의 구축은 사람, 물류, 데이터의 무제약적 이동 가능성을 증명하는 물질적 지표이다. 특히 전 세계에 무료 인터넷을 보급하겠다는 구글Google의 프로젝트 룬Project Loon이 현실화되고 우주 유영과 화성 식민지 건설이 본격화될 경우 모빌리티는 지구라는 행성의 경계까지도 초월하게 될 것이다. 이 점에서 오늘날은 모빌리티 테크놀로지가 인간의 삶을 위한 단순한 조건이나 수단이 아닌 인간의 또 다른 본성이 된 시대, 즉 고-모빌리티high-mobilities 시대라고 말할 수 있다. 말하자면, 인간과 테크놀로지의 상호보완적·상호구성적 공-진화가 고도화된 시대인 것이다.

고-모빌리티 시대를 사유하기 위해서는 우선 과거 '영토'와 '정주' 중심 사유의 극복이 필요하다. 지난 시기 글로컬화, 탈중심화, 혼종화, 탈영토화, 액체화에 대한 주장은 글로벌과 로컬, 중심과 주변, 동질성과 이질성, 질서와 혼돈 같은 이분법에 기초한 영토주의 또는 정주주의 패러다임을 극복하려는 중요한 시도였다. 하지만 그 역시 모빌리티 테크놀로지의 의의를 적극적으로 사유하지 못했다는 점에서, 그와 동시에 모빌리티 테크놀로지를 단순한 수단으로 간주했다는 점에서 고-모빌리티 시대를 사유하는 데 한계를 지니고 있었다. 말하자면, 글로컬화, 탈중심화, 혼종화, 탈영토화, 액체화를 추동하는 실재적·물질적 행위자agency로서의 모빌리티 테크놀로지를 인문학적 사유의 대상으로서 충분히 고려하지 못했던 것이다. 게다가 첨단 웨어러블 기기에 의한 인간의 능력 향상과 인간과 기계의 경계 소멸을 추구하는 포스트-휴먼 프로젝트, 또한 사물 인터넷과 사이버 물리 시스템 같은 첨단 모빌리티 테크놀로지에 기초한 스마트 도시 건설은 오늘날 모빌리티 테크놀로지를 인간과 사회, 심지어는 자연의 본질적 요소로 만들고 있다. 이를 사유하기 위해서는 인문학 패러다임의 근본적 전환이 필요하다.

이에 건국대학교 모빌리티인문학 연구원은 '모빌리티' 개념으로 '영토'와 '정주'를 대체하는 동시에 인간과 모빌리티 테크놀로지의 공-진화라는 관점에서 미래세계를 설계하기 위한 사유 패러다임을 정립하려고 한다.

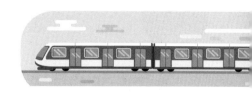

차례

■ 감사의 글

수많은 단체와 사람들의 지원과 격려, 지도, 비판, 영감, 인내, 재치가 없었다면 이 책은 결실을 맺을 수 없었다.

'디스커버리 얼리 커리어 리서치 상Discovery Early Career Research Award (DE120102279)'을 통해 이 책의 기초가 된 연구 과제를 재정적으로 지원해 준 오스트레일리아연구평의회Australian Research Council에 감사 드린다. 연구 과제를 응원해 주고 전문적인 지도를 해 준 MIT출판사의 편집자 베스 클레벤저와 보조 편집자 앤서니 자니노 그리고 도시와 산업 환경 총서Urban and Industrial Environments series 편집자인 로버트 고틀립에게 감사한다. 정교한 교열을 도와준 멜린다 랭킨, 정확한 녹취록을 작성해 준 데보라 로저스, 지도를 그려 준 카리나 펠링과 모범적인 연구조교가 되어 준 에드가 댈리에게 감사한다. 세 명의 심사자가 보내 준 광범위하고 적극적인 의견은 믿을 수 없을 만큼 큰 도움이 되었다.

오스트레일리아국립대학교 사회학대학School of Sociology at the Australian National University은 이 연구에 매우 도움이 되는 환경을 제공해 주었다. 캐이시 아이레스, 레이첼 블로울, 대런 할편, 마리아 하인스, 헬렌 킨, 카이마 네기시, 가빈 스미스, 클레어 서더톤, 에멜린 타일러, 애나 찰라파타니스와 케빈 와이트는 각각 다른 시기에 이곳을 즐겁고 지적인 자극을 주는 장소로 만들어 주었다. 연구 과제 행정과 관련해 전문적인 도움을 준 카리나 버드, 루이스 녹스, 에린 프레스톤과 메그 소텔에게 감사한다.

이 책에 담긴 생각들을 조형하는 데 지리학과 모빌리티 연구 영역에 있는 많은 동료들에게 도움을 받았다. 나의 학문적 삶을 풍부하게 해 준 우정과 공동 작업에 깊은 의미를 부여한다. 여기서 모든 사람들의 이름을 거명할 수는 없지만, 각기 다른 시점에 직접적으로 이 책에 기여해 준 수많은 친구들에게 감사한다. 이 책을 쓰라고 나를 설득해 준 팀 이든저, 습관에 대해 생각하도록 도와준 제이디 듀스버리, 경험학empirics에 대해 생각하도록 도와준 미치 로즈, 저속촬영time-lapse 사진에 대해 생각하도록 도와준 도널드 맥닐에게 사의를 표한다. 각 저술 단계에서 귀중한 피드백을 제공해 준 열성적인 청중들에게 이 책의 일부를 발표할 수 있도록 초대해 준 벤 앤더슨, 토머스 에라주리즈, 에릭 로리어, 파올라 지론, 엘레인 스트라트포트에게 감사하고 싶다.

더 과거로 돌아가면, 영감을 불러일으키는 지리학 교수였던 로렌스 미첼, 그리고 내 지리학 공부의 핵심적인 이유가 되어 준 학부 3학년 때 문화지리학 강사 짐 던칸에게 사의를 표한다. 나의 박사학위논문을 심사해 주고 모빌리티와 사회이론에 대한 열정을 키워 준 마이크 크랑과 폴 해리슨에게 감사한다. 더 최근에는, 앤서니 엘리엇과 존 어리의 관대하고 힘을 주는 조언에 매우 감사한다. 질리언 풀러는 오랜 기간 동안 동료이자 친구였으며, 그녀 삶의 궤적이 나의 궤적에 깊이 각인되어 왔다. 특히 이 책을 쓰는 동안 앤 힐이 보여 준 우정과 영감, 그리고 격려에 심심한 사의를 표한다. 마거릿 비셸, 필립 비셸, 데보라 프뤼엘러–존스와 피터 토머스의 사랑, 보살핌, 든든한 지지에 깊은 사의를 표한다. 오래전 스타워브리지 교차로에서 기차를 태워 준 팻과 빌에게도 감사 드린다. 마지막으로, 본인들의 통근하는 삶을 나에게 너그럽게 공유해 준 시드니의 모든 통근자들과 연구 참여자들에게 가슴으로부터 우러나오는 감사를 표한다.

이 책의 여러 부분들이 학술지에 게재한 논문에 의지하고 있다. 다음 논문들을 일부 수정하여 재출판하는 것을 허락해 준 출판사에 사의를 표한다. "Transforming Commuting Mobilities: The Memory of Practice," Environment and Planning A 46, no. 8, 2014, pp. 1946-1965, (Sage), "Micropolitics of Mobility: Public Transport Commuting and Everyday Encounters with Forces of Enablement and Constraint," Annals of the American Association of Geographers 106, no. 2, 2016, pp. 394-403 (Taylor and Francis), "How Environments Speak: Everyday Mobilities, Impersonal Speech, and the Geographies of Commentary," Social and Cultural Geography 16, no. 2, 2015, pp. 146-164 (Taylor and Francis), 그리고 "Encountering Stressed Bodies: Slow Creep Transformations and Tipping Points of Commuting Mobilities," Geoforum 51, no. 1, 2014, pp. 191-201 (Elsevier). T

통근 교통
다르게 사고하기

도시 교통

"늦잠, 정말 피곤해. 지각하면. 해고다. 웬 집착? 웬 고생? 그냥 집에 가서, 새 출발하라."

이 냉소적 문구는 뉴욕의 심장부에 있는 오쏘리티항역과 타임스퀘어역 사이 지저분한 지하 통로에 있는 여덟 개의 지붕 버팀대를 장식하고 있다. 1991년 뉴욕 광역도시교통국Metropolitan Transportation Authority이 주문제작한 노먼 콜프Norman B. Colp의 설치미술 〈통근자의 탄식the Commuter's Lament〉이다.[1] 이 작품의 다른 이름인 '밀착 면도A Close Shave'는 20세기 중반 미국의 고속도로 광고로 유명한 '버마-쉐이브Burma-Shave'를 오마주한 것이다. 버마-쉐이브는 일정하게 떨어져 있는 고속도로 광고판에 시 구절들을 집어넣어 지나는 운전자들을 즐겁게 하였다.[2] 그렇지만, 매일같이 콜프의 시 아래를 지나는 수천의 통근자들은 버마-쉐이브의 광고를 보는 것처럼 즐겁거나 활력을 얻을 것 같지 않다. 콜프의 시는 딴전 피울 기회를 제공하기보다는 버팀대 아래를 바삐 지나는 통근자들이 매일 마주치는 삶의 상황을 정조준하고 있다. 시는 조롱과 위로를 동시에 던짐으로써 통근자의 과로하고 지친 삶에 대한 비관적 감성을 일으킨다.

일상을 구성하는 활동들 가운데 통근만큼 특정하기 힘든 악명을 얻은 활동도 드물다. 직장으로 오가는 일을 묘사하는 데 지옥, 악몽과 같은 단어들이 자주 쓰인다는 것은 우리의 삶 가운데 통근 부분이 종종 쓰고 있는 오명을 나타낸다.[3] 영화나 소설과 같은 대중적 재현 속에서 통근은 종종 끝없는 중노동의 원천[4]이라는 디스토피아적 언어로 표출되면서 우리의 현대 일상이 가진 스트레스와 고단함 전체를 대표한다. 심리학자 더글러스 칸네만Douglas Kahneman 등의 연구에 따르면, 통근은 사람들이 가장 덜 만족스럽다고 꼽은 활동이다.[5] 이 연구에서 통근은 좀 더 즐겁고 만족스러운 활동을 위해 기꺼이 포기할 수 있는 활동으로 나타난다. 아무도 통근하고 싶어 하지 않는 것 같다.

쉼 없는 조류

통근은 우리 시대의 가장 중요한 여행 행위 가운데 하나이다. 엘윈 브룩스 와이트Elwyn Brooks White가 뉴욕에 대해 "통근자들은 이 도시에 쉼 없는 조류를 제공한다"[6]고 썼던 것처럼, 하루에 두 번 일어나는 사람들의 밀물과 썰물은 현대 도시 생활에서 중요한 리듬 가운데 하나이다. 우리는 삶의 매우 많은 부분을 직장으로 출퇴근하는 데 쓰고 있다. 한 조사에 따르면, 평균적으로 영국의 노동자들은 평생 1년 35일을 19만 1,760마일 혹은 30만 8,607킬로미터를 통근하며 보내고 있다.[7] 다른 연구들도 비슷한 규모를 제시하는데, 영국의 평균적 노동자는 19일간의 정규 노동시간에 상당하는 연당 139시간을 통근에 쓰고 있다.[8] 영국 노동자 다섯 중 하나는 편도로 100킬로미터가 넘는 거리를 이동하며, 열 명 중 한 명은 하루에 두 시간 이상을 직장을 오가는 데 쓴다.[9] 이런 이동의 비용이 만만치 않은 것은 물론이다. 앞의 조사에서 노동연령 전체 기간 동안 평균 4만 2천파운드가 통근에 드는 것으로 나타났다.[10]

항상 도시 생활의 일부분였던 것처럼 느껴지지만, 통근은 상대적으로 최근의 현상이다. 20세기 이전까지는 많은 도시에서 사람들이 자신의 직장에 훨씬 더 가깝게 살았다. 19세기 초로 돌아가면, 사람들은 평균적으로 하루에 겨우 50미터만 이동했다.[11] 20세기에 접어들 때만 하더라도 영국의 통근에 대한 연구는 도보 이동이 가장 큰 출퇴근 수단이고 런던 밖에서는 특히 그러하였다고 지적하고 있다.[12] 이후 산업과 상업이 확장되고 점차 도시에 집중되면서 도시에 노동자들을 수용해야 하는 요구가 커지고, 도시는 외곽 지역으로 발전하였다. 20세기 초반에 교외 지역을 잇는 광대한 철도망이 건설된 덕분에 한때 멀게 느껴졌던 지역들이 가깝게 연결되면서, 새로운 교외 지역에서 많은 수의 사람들을 효율적이고 상대적으로 저렴하게 도시로 수송할 수 있었다.[13] 영어로 통근을 의미하는 '커뮤트commute'란 말 자체가 다수의 일일권 가격을 "통합하여commuted" 할인한 미국의 열차 정기권commutation ticket에서 유래하였다. 1960, 70년대가 되어서야 자동차가 많은 도시에서 통근의 지배적인 방법이 되었다.[14] 사람들이 교통수단을 이용하면서 쓰는 시간의 크기는 상대적으로 안정적 추세를 보이지만,[15] 사람들이 이동하는 거리나 유동 인구의 숫자는 모두 증가하였다. 요즘 사람들은 하루 평균 50킬로미터를 이동하고,[16] 매일 50만 명이 런던 중심부에 열차로 도착한다.

암울한 예언

집과 직장을 오가는 일은 우리 삶에서 의식과 무의식의 경계선에 있는 이상한 부분이다. 통근은 우리가 집과 직장에서 수행하는, 우리의 정체성을 조형하며 우리 삶에 의미를 부여하는 활동 사이에 흥미롭게 걸려 있다. 그렇지만, 깊숙이 일상화되어 있어서 일부러 짬을 내어 통근에 대해 거의 생각해 보지 않는다.[17] 교통과 이동이라는 맹목적일 만큼 친숙한 세계는 도시 일상에 깊이 각인되어 있어서 거의 아무도 이에 대해 언급하지 않는다.

하지만 때로 이 평범한 활동이 특별한 것이 된다. 통근은 주기적으로 우리의 집합적 주목을 자극하여 지구촌 주요 뉴스에 오르기도 한다. 2012년 베이징의 교통 체증은 극단적이라 할 만한 12일 동안 지속되었다. 상파울루에서는 때로 20만 킬로미터가 넘는 교통 체증이 발생한다. 21세기에는 이전보다 훨씬 더 많은 사람들이 도시에서 살면서 일하고 이동할 것을 감안하면[18] 이런 장면들은 세계적으로 강화되고 있는 도시화 과정이 잠재적으로 귀결될 수 있는 상황에 대한 암울한 예언이라 할 것이다.

현재 마닐라에서 통근에 걸리는 시간은 평균 90분이며,[19] 방콕에서는 3시간이다.[20] 인도의 거대한 인구 증가와 이에 따른 도시화로 인해 도시 중심부로 통근하는 사람들의 수가 불어나고 있다. 하지만 많은 도시에서 교통 기반 시설 건설은 수요가 증가하는 속도를 따르지 못하고 있다.[21] 멕시코시티를 비롯하여 밀란, 센젠, 시드니에 이르는 세계의 많은 대도시에서 교통 기반 시설은 임계점에 이르렀다. 예를 들어, 뭄바이에서는 매일 750만 명의 승객이 세계에서 가장 혼잡한 열차로 이동한다. 매일 20~25건의 심각한 사고가 발생하여 10~12명의 사람들이 죽는다. 어떤 역은 전속 장의사를 고용할 정도다.[22]

이러한 주요 뉴스 목록들이 충분한 증거가 되지 못한다고 할 수도 있지만, 광범위한 전문가들의 시각에서 볼 때 통근의 증가를 우려해야 하는 이유들은 많다. 교통 전문가들이 보기에 통근 이동 시간은 전통적인 교통계획에서 낭비되는 시간으로 간주된다.[23] 경제학자들의 생각도 비슷한데, 통근은 생산적인 것으로 간주되는 일상의 부분을 갉아먹는 경제적으로 비생산적 시간이다. 이러한 낭비를 통계적으로 보여 주기 위해 교통 정체가 유발하는 경제적 비용을 계산하기도 한다. 예를 들어, 미국에서는 2030년까지 교통 정체로 발생하는 누적 자산 손실이 2조 8천억 달러에 이를 것으로 추산된다.[24] 환경 운동가들에게는 매일 발생하는 거대한 모빌리티가 인간이 초래하는 기후변화의 원인인 탄소를 배출한다는 점에서, 또 도시 거주민들의 건강을 악화시키는 국지적 대기 오염을 일으킨다는 점에서 문제이다.[25] 보건의료 전문가들이 보기에, 통근 때문에 더 많은 사람들이 자동차나 대중교통수단의 좌석에 끼어 있게 되면서 이전보다 앉아서 생활하는 시간이 늘어나 요통이나 심혈관 질환이 증가하게 되었다.[26]

이러한 다층적 문제에 대해 다층적 해법이 제시되고 있다. 많은 교통 전문가들은 통근 문제를 교통 흐름의 차단 문제로 보고 이에 따른 해법을 제시한다. 인체에 빗댄 언어를 사용하는 이 해법들은 장애물을 제거하고 순환을 좀 더 효율화하여 도시의 건강한 "신진 대사"의 회복을 도모한다.[27] 도로를 확장하고 대중교통에 더 많이 투자하며, 아침과 저녁에 교통량이 집중되는 것을 하루 전체로 균등하게 분산시키고 정체 비용을 부과하는 것 등이 이러한 실용적 해법들의 예이다.[28] 이러한 해법들은 "교통 지향적" 도시계획으로 수행될 수 있는데, 구체적으로는 통근을 성가신 문제로 보기보다는 편리한 대중교통과 자전거, 도보 등의 활동적 통근을 신규 주택이나 사업장 개발계획 수립 시 먼저 고려한다는 뜻이다.[29] 이러한 관점에서 보면, 통근 문제를 풀 해법은 새로운 사회 기반 시설을 건설하고 사람들의 교통 활용 방식을 변화시키며, 사람들이 언제 어디로 이동하는지를 바꾸는 것에서 찾을 수 있다.

통계적 지식

우리가 통근에 대해 이미 알고 있는 것의 많은 부분과 제시된 많은 해법들은 통계적 지식을 바탕으로 한다. 우리는 주로 통근하는 사람의 수, 교통수단의 종류, 직장까지 도착하는 데 걸리는 시간, 이동 거리 등을 통해 통근을 이해한다. 통계적 접근은 사람들이 어디에서 어디로 이동하는지에 대한 총괄적 상과 그 추세를 제공한다는 점에서 복합적이고 귀중한 접근 방식이다. 하지만, 통계 수치는 오직 통근의 일부만을 보여 준다는 점을 인식하는 것이 중요하다. 이렇게 합산된 통계 수치에만 집중하면 잘 보이지 않는 곳에서 벌어지는 수많은 것들을 놓치게 된다. 톰 반더빌트Tom Vanderbilt에 따르면, "기술자들은 고속도로 구간을 보면서 도로의 수용 능력을 측정하거나 한 시간에 몇 대의 차가 지날지를 예측할 수 있다. 교통 흐름은 그 자체로 분리된 하나의 실체처럼 보일지도 모르지만, 사실은 사람들로 구성된 것이다. 사람들이 현재 향하고 있는 곳으로 가는 이유와 교통 체증을 견디는 이유는 각자 다르다. 어떤 이들은 대안이 없어서 견디고 어떤 이들은 기꺼이 교통 체증을 감수한다."[30] 다시 말해, 통계 수치나 그 추세에 집중하게 되면 통근이 어마어마하게 분화되어 있는 경험임을 간과하게 된다.[31]

통계적 이해를 통해 통근을 바라보면, 통근자가 하나의 정체성 축으로 환원되어 그 사이에서 벌어지는 일들의 다양성이 지워진다. 일반화된 방식으로 통근자에 대해 이야기하는 것은 통근 경험을 구성하는 셀 수 없이 많은 차이를 간과하게 된다는 것이다. 이주노동자들의 통근 경험은 경영자 계급의 주말여행과 매우 다를 수 있으며, 장거리 통근자들의 경험과도 크게 다를 것이다. 게다가, 단일한 방식으로 통근에 대해 이야기하면 각각의 사례에 존재하는 저마다의 통근 각본들을 놓치게 된다. 예를 들어, 대다수의 통근이 집과 직장 사이의 "방사상" 이동을 형성하지만, 일부 통근은 자녀들의 통학과 쇼핑, 다른 볼일과 같은 여러 장소들을 한데 묶는 "연쇄적 이동"을 동반할 수도 있다.

통계 수치는 통근의 변화 또한 비슷한 합산 방식으로 다룬다. 통근 통계는 교통수단, 통근 거리, 통근 시간 등에 대한 모수 추정 범위를 기초로 특정한 종류의 변동에 담긴 시간적 추이만을 드러낼 뿐이다. 예를 들어, 2001년에서 2006년 사이 시드니에서의 출퇴근 수단을 살펴보면, 사람들이 활용하는 통근 수단 비율은 자동차 통근이 비율이 1.4퍼센트 늘고 대중교통수단이 1퍼센트 줄어든, 비교적 변화가 없는 추세를 보였다.[32] 이 수치에 기초해 통근 활동이 상대적으로 변하지 않는다고 추측할 수도 있지만, 이러한 합산 추세는 미세한 변동들이 일어나고 있을지 모르는 모든 방식을 감춘다.

통근 때문에 사람들의 복지 상황이 악화되고 있다는 근거는 있지만,[33] 앞서 언급한 거시적 진단 외에 어떻게 통근이 도시 생활을 변화시키고 있는지에 대해서는 별로 알려진 바가 없다는 점에 주목해야 한다. 통근은 어떻게 우리 정체성의 핵심을 관통하는 도시 생활의 사회적 조직 구성에 영향을 끼치고 있는가? 통근이 없다면 우리의 삶은 정말로 나아질 것인가? 통근은 그저 어떤 목적을 위한 수단에 불과한가? 일상의 이동이 우리의 삶을 수개월, 수년, 그리고 일생 동안 어떻게 바꾸고 있는지의 문제는 여전히 적절한 답이 필요한 과제로 남아 있다. 이 책은 통근을 다른 시각으로 접근함으로써 이 문제에 정면으로 도전한다. 합산된 수치의 패턴을 살피고 연관된 사람들의 숫자를 분석하는 하향식 관찰 대신에, 이 책은 통근 중에 벌어지는 사건들과 조우들을 파고 들어간다.

통근을 경험하기

운동에 대한 우리의 관습적 이해 방식에 따르면, 운동은 어떤 시간 동안 집과 직장 사이 같은 하나의 공간 지점에서 다른 지점으로 이탈하는 것이다. 그렇지만, 철학자 에린 매닝Erin Manning은 시공간 벗어나기로서의 운동이 아니라 운동을 통해 시간과 공간이 어떻게 만들어지는지를 고려하면서 운동을 전혀 다르게 생각해 보도록 제안한다.[34] 고정되고 명확한 경계를 가진 신체가 세계의 표면을 가로질러 운동한다고 보는 신체에 대한 우리의 사고 습관을 극복하기를 종용하는 것이다. 매닝이 지적하는 점은, 신체는 하나의 불변하는 "본질"이기보다 훨씬 더 "관계적"이라는 것이다. 이는 신체에 대해 생각할 때, 교통 통계에 나타나는 그런 고정되고 이상화된 정체성이 아니라 변화하는 역량이라는 관점에서 사고해야 함을 의미한다. 신체가 할 수 있는 것, 신체가 감각할 수 있는 것, 신체가 인지할 수 있는 것은 고정된 채로 머물러 있지 않고 운동과의 관계 속에서 변한다. 이러한 역량 변화는 오직 운동 중 사건과의 조우를 통해서만 나타난다.

이 책은 어떻게 직장으로의 출퇴근이 가능한 모든 방식의 사건과 조우로 점철된, 일상의 간과되고 있는 영역인지를 탐색한다. 이 책은 우리가 이 세계에 닫혀 있지 않고 열려 있으며 세계로부터 정보를 얻는다는 점을 더 중시한다. 우리가 경험하는 모든 사건과 우리가 가로지르는 모든 환경은 우리를 압박하여 그 자취를 남긴다. 이 때문에 우리의 어떤 역량은 증가하고 다른 역량은 소진된다. 어떤 사건이 우리에게 끼친 영향을 당장은 의식하지 못하더라도 나중에 그 사건이 얼마나 강력했는지를 깨달을 수도 있다. 특정 장소가 주체할 수 없는 강도로 어떤 기억을 떠올리게 해서 순식간에 우리를 사로잡을 수 있음을 생각해 보라. 사물들에 영향을 받을 수 있는 역량과 행동할 수 있는 역량은 우리의 경험을 통해 변화한다. 동시에 우리의 현전 또한 세계를 변화시킨다. 우리는 함께 이동하는 사람들과 우리가 이동하며 통과하는 환경에 자취를 남기기도 한다. 우리가 경험한 것은 우리 정체성의 일부가 되고, 우리 정체성은 우리가 이동하며 통과하는 환경의 일부가 된다.

이것이 일상의 통근이 가지는 중요성을 다시 상상해 보는 것이 가져다줄 심오한 함의라고 할 수 있다. 많은 작가들은 여행이나 휴가와 관련된 특별한 이동 경험만이 삶을 변화시킨다고 상상한다. 유럽의 젊은 엘리트들은 삶을 변화시킬 것을 찾아 오딧세이와 같은 고전주의 시기의 유럽 일주 대유람Grand Tour을 수행하기도 했다는 점을 상기해 보자.[35] 우리도 휴가를 계획하면서 여행이 우리 존재를 어떤 식으로든 변화시킬 것이라고 희망하기도 한다.[36] 이 책은 직장을 오가는 일상의 이동이 어떻게 삶을 다르지만 마찬가지로 심오하게 변화시킬 수 있는지 보여 준다.

통근을 삶에 변화를 일으키는 일로 이해하는 것이 얼마나 중요한지에 대해, 필리핀 소설가 프랜시스코 시오닐 호세Francisco Sionil Jose는 다음과 같이 쓴 적이 있다. "나는 통근자이다. 도시와 마을 사이를 자주 통근하기는 하지만 그 의미는 아니다. 생존과 자존감을 유지하기 위해 교실의 공허한 이상주의와 그 너머의 숨막히는 현실주의 사이를 오가야 하지만, 그 의미도 아니다. 나는 현재의 나와 과거, 장래 희망의 나 사이를 오가는 통근자이다. 그리고 이 통근은 가장 이상한 시간에 빛의 속도로 벌어지면서 나를 완전한 혼란에 빠트린다."[37] 우리의 이동 경험은 우리가 이동하는 방식과 이동 중 벌어지는 사건에 대응하는 방식을 바꾼다. 철학자 레비 브라이언트Levi Bryant는 "행위는 그 자체로 영향을 받을 수 있는 새로운 역량을 발생시키면서 영향을 받을 수 있는 우리의 역량을 변화시킨다"고 말한다.[38] 우리가 무엇을 하느냐가 우리가 어떤 선택을 할지를 변화시킨다. 다시 말해, 경험은 그 자체로 차이를 만든다. 여기서 중요한 점은 이러한 변화가 우리에게 단지 내적인 것만은 아니라는 점이다. 변화는 우리가 계속해서 우리의 환경을 통과하며 이동하는 경험을 하기 때문에 생기는 것이다. 따라서 통근의 여정은 수동적으로 우리를 옮겨 놓는 것이 아니라 능동적으로 우리를 변화시키는 것이다.

통근의 생태학

통근이 만들어 내는 변화를 인식하기 위해서는 분석 대상에 대한 좀 더 확장된 접근이 필요하다. 개인 통근자를 불변의 법칙에 따라 하나의 지점에서 다른 지점으로 기계적으로 이동하는 원자와 같은 입자로 상상하기보다, 작동하고 있는 일련의 힘들에 대한 풍부한 이해 방식을 발전시킬 필요가 있다. 이 책은 통근하는 삶을 탐색하기 위해 "생태학적" 접근을 발전시킨다. 이 생태학적 사고방식은 직장을 오가는 일상적 여정이 어떻게 사람들과 장소들, 시간, 사고, 물질적 재료들과 복잡하게 얽혀 있는 관계망 속에 놓여 있는지를 감지하는 데 도움이 된다. 이 책에서 살펴볼 것처럼 이러한 관계망은 만화경 같다. 관계망은 정태적이라기보다 변형적이다. 이러한 생각은 일상의 여정이 가지는 정치적 성격을 사고하는 방식과 관련해 중요한 시사점을 가진다. 정치학은 권능 부여와 제한의 상관관계를 고려하는 것이기 때문에, 이 책의 생태학적 접근은 권능 부여와 제약이 일어나는 다중적 위치와 이것이 전이되는 성격을 깊이 음미할 기회를 제공한다. 이 책의 여섯 개 장들을 따라 탐색해 가는 통근의 생태학에는 여섯 가지 측면이 있다.

교통수단 활용 기술

1장은 서로 다른 통근 방법에 수반되는 기술들을 탐색한다. 통근에 어떤 기술이라는 것이 수반된다는 것 자체가 이상하기는 하다. 그렇지만, 이는 많은 사람들에게 통근이 자동항법처럼 이뤄지기 때문이다. 우리가 의식적으로 주의를 기울이는 것 저변에는 오랜 기간 동안 연마하여 통근자들이 도시의 교통 시스템을 쉽게 누빌 수 있도록 해 주는 일련의 세밀한 경험적 지식이 깔려 있다. 따라서 기술은 필수적인 것이고, 이를 간과하지 않는다면 우리는 기술의 가변성이 통근의 한 측면이라는 점을 인정할 수 있다. 이 장에서 발전시켜 가는 기술에 대한 이해는 습관을 행위를 제약하기보다 가능하게 하는 힘으로 보는 사회 이론에서 도출된 것이다. 이에 따르면, 습관은 우리 삶에서 변화를 막는 부분이 아니라 전이하면서 변화에 열려 있는 기술이다. 우리는 관습적으로 교통수단의 다양한 과학기술 덕분에 사람들이 도시에서 돌아다니고 있다고 상상하지만, 이런 생각이 간과하는 부분은 일상화된 반복적 행위 자체가 만들어 내는 미래 지향적 경향이다. 이러한 경향이 일상의 도시 모빌리티를 형성하는 필수적 부분인 것이다.

우리는 기술을 통해 신체 자체가 가진 변화하는 육체적이고 감각적인 역량에 주의를 기울일 수 있지만, 이 책에서 살펴볼 것처럼, 이러한 기술을 발전시키려면 장소들이 가진 독특한 신호에 전적으로 의존해야 한다. 특정 환경이 기술 연마에서 갖는 중요성으로 인해 사람들이 어떻게 새로운 장소에서 통근을 시작할 수 있을지, 어떻게 이전에 신체적으로 습득한 지식을 활용하거나 아니면 새로운 장소를 다른 방식의 이동을 시도해 보는 기회로 삼는지 같은 중대한 물음들이 제기된다. 특히 도시들 사이에 상당한 인구 이동이 있음을 감안할 때 서로 다른 환경 사이에서 체화된 지식이 변환될 수 있는 정도에 대한 질문 역시 중요하다. 때로 통근에 필요한 기술들은 의식적인 주목을 받지 못하고 사후적인 깨달음의 순간에만 인식될 정도로 점진적으로 발전할 수 있다. 반면 통근자들은 모빌리티 기술을 연마하기 위해, 심지어 훈련에 참여하는 것을 포함한 의식적인 노력을 기울일 수도 있다. 모빌리티 기술 개발이라는 문제 설정에 입각하여 전문적 훈련 시설들이 생겨나기도 한다.

기술에 대한 전형적 분석은 그것이 어떻게 발전해 가는지에 초점을 맞추는 경향이 있지만, 이렇게 기술의 형성에만 집중하면 기술이 손실되는 부분을 간과하는 대가를 치르게 된다. 이는 통근 기술의 손실이라는 문제를 제기하는데, 어떻게 통근 기술이 기대하지 않은 간섭을 통해 어떤 시점에 국한해서 없어지거나 신체의 피로와 같이 시간적으로 점진적인 방식으로 손실되는가와 같은 것이다. 통근자들은 어떻게 이러한 손실에 반응하는가라는 질문도 제기될 수 있다. 더구나, 이러한 기술의 확장과 손실이 즐거움, 기쁨, 불편함, 공포 같은 신체적 감각들과의 조합 속에서 어떻게 인지되는지는 명확하지 않을 수도 있다. 하지만 이런 신체감각들은 통근자들이 경험 속에서 할 수 있음과 제약됨이 가변적으로 엮여 있는 상태를 드러내는 데 귀중하다. 궁극적으로 기술이라는 개념을 통해, 현재 진행되고 있는 모빌리티 실천에 반응하여 권능 부여와 제약의 관계가 변화해 가는 통근의 정치학이 가진 전이적 특성을 추적할 수 있게 된다.

교통수단 활용 성향

2장은 통근을 통해 발생하는 통근자들의 성향을 탐색한다. 통근 여정 동안 사람들은 때로 매우 밀착된 상태로 함께 밀어 넣어진다. 이는 사람들이 통근 공간 속에서 어떻게 다른 이들과 관계를 설정하면서 영향을 받는지에 대한 중요한 질문을 야기하는 복잡한 사회적 상황을 만들고 있음을 의미한다. 통근이라는 사회적 삶을 탐색하는 이 장에서는 통근이 낳은 사회 형성이 가지는 다양성과 다양하게 형성된 사회가 만들어 내고 있을 다른 이들에 대한 통근자들의 성향 같은 것을 강조한다. 서로 다른 사람들의 궤적이 밀착된 공간에서 일시적으로 합류하면서 매우 격앙된 사회가 형성될 수도 있다. 이러한 환경에서는 섬세한 몸짓의 의사소통이 다양하게 작동하게 되는데, 사람들은 제각기 이에 대해 서로 다른 이해 정도에 기초해 개입과 철수라는 상이한 형식으로 반응한다.

이 장은 일반화할 수 있는 행동모형을 진단하기보다 어떻게 가볍고 묵직한 사건과 조우가 가진 상이한 강도가 집단의 성격을 바꿀수 있는지를 탐색한다. 승용차 안보다 대중교통수단이라는 좀 더 밀착된 공간에서 사람들은 서로 다른 관계를 맺을 수 있다는 점을 감안하면, 통근자 집단의 정확한 성격은 교통 기술에 따라 달라진다고도 할 수 있다. 하지만, 특정 통근 경로나 통근 수단의 공간이 가진 역사, 사람들이 그 공간을 이용하면서 오랜 시간에 걸쳐 형성한 관계의 정확한 성격 등도 통근자 집단의 성격을 조건 지을 것이다. 이 장은 거친 거시 진단으로 사회관계를 진단하지 않고 통근 과정에서 발생하는 사건과 조우에 초점을 맞춰 사건과 조우의 발생 과정에서 나타나고 없어질 수 있는 상이하고 일시적인 집단들을 살펴본다. 여기서 우리는 질적으로 상이한 행동들의 전개가 평소와 다르게 사람들에 영향을 끼칠 수도 있는 이동 중이라는 조건에서 어떻게 독특한 분위기를 자아내는지 탐색한다. 이런 분위기들은 작은 밀폐 공간 같은 통근의 공간성으로 인해 더 강렬해지기도 한다.

사건과 조우가 가진 전이하는 성격에 주목하는 미시 정치적 변동에 대한 사회 이론을 발전시킴으로써, 이 장은 교통수단을 이용하는 동안 통근자들이 경험하는 조우 때문에 어떻게 통근자들의 행동 능력이 미세하게 배가되거나 제약되는지를 설명하는 데 기여한다. 교통수단 속에서 일어나는 사건과 조우를 체감하는 것이 사회 불평등이 복잡하게 얽혀 있는 환경 속에서 벌어진다는 점을 고려할 때, 우리는 어떻게 특정 신체가 이전의 경험으로 인해 다른 이들에 비해 더 영향력에 취약할 수 있는지를 질문할 것이다. 그럼으로써 개인의 성향들을 더 장기적인 사회 형성 과정과 이어 볼 것이다. 이를 통해 작은 사건들이 축적되면서 임계점에 도달하게 되는 통근의 반복적 성격이 통근자들이 통근에서 조우하는 일들을 감각하는 방식에 어떻게 영향을 주는지 볼 수 있다. 이는 통근자들의 안전과 복지와 관련하여 통근 수단 공간을 설계하는 데에도 중요한 시사점을 주지만, 그런 사건들의 돌발성으로 인해 교통 시설 공간에서 수행되는 관리 기술의 한계를 민감하게 볼 수 있게 해 준다. 따라서 통근에서 나타나는 성향을 강조하게 되면, 통근 시간이 통근자들의 태도와 의견을 능동적으로 조형하는 충만한 것이며, 이 과정에서 통근자들의 성향을 변화시킨다는 점을 드러낸다.

교통수단 활용 시간

3장은 통근의 시간성에 대해 탐색한다. 직장으로 오가는 활동은 상당한 시간을 소요하는데, 전통적으로 경제학적 관점에서 이 시간은 시계로 측정되면서 낭비되고 비생산적인 것으로 간주되었다. 그렇지만, 이 장에서는 시계로 측정된 시간이 종종 은폐하는 통근의 다른 시간적 동학들이 조명된다. 통근자들이 수행하는 활동들이 만들어 내는 좀 더 질적이고 분화된 시간 이해를 발전시켜, 상이한 시간의 흐름이 공존하며 이것이 경험의 새로운 질적 측면을 생산해 냄을 보인다. 이 장은 시간성에 대한 몇몇 사회 이론에 기대어 통근 시간이 어떻게 상이하게 평가되는지를 살펴보기 위해 공존하는 시간의 다층성을 탐색한다.

통근 시간은 효율성과 생산성 등의 이상적 지침뿐만 아니라 조정이 필요한 사회적 관계의 섬세한 연결망이라는 관점에서 치열하게 관리되고 조직된다. 하지만, 특히 이상적 관리 지침이 일상의 경험이 가지는 불편한 돌발성과 마찰할 때, 통근자들의 시간 관리 기법은 복잡하고 양가적인 것으로 나타난다. 상이한 교통수단의 활용 사이에서 통근자들은 이동 중에 어떤 일을 할 수 있는지에 대한 핵심 질문을 던지게 된다. 이와 관련하여, 새로운 교통수단의 활용은 관계 맺기의 새로운 경험을 산출하면서 통근 시간 동안 할 수 있는 일들의 범위를 변화시킨다. 이 장은 통근 시간의 다양성을 강조하면서 생산성이나 즐길 거리와 같은 목표가 때때로 일탈의 욕망과 불편하게 뒤엉키는 방식을 탐색한다. 이를 통해 통근에서 일어나는 집과 일터 사이의 전환이 얼마나 가변적일 수 있는지를 제시한다.

이 장은 이동 시간이 평균보다 긴 통근자들의 꽉 조여진 삶을 살펴보면서 특히 긴 통근 시간이 업무, 가족과 공동체에서의 삶에 끼치는 영향을 통근자들이 어떻게 다르게 바라보는지를 탐색한다. 통근이 주는 육체적 소모와 기회비용으로 인해 통근 체험은 때로 예상하지 못한 방식으로 다양하게 굴절되는데, 이는 통근자들이 어떻게 살아야 하는가에 대한 새로운 윤리적 질문들을 던지게 한다. 그러한 윤리적 평가를 내릴 때 유령 같은 과거와 예상되는 미래가 현재로 소환되면서 장시간 통근 관행을 특징짓는 시간 관계의 복잡한 뭉치들을 드러낸다. 일부 통근자들은 점차 견디기 힘들어지는 통근 생활에 급진적 대응을 보이기도 한다. 재택근무, 새로운 직업 분야를 위한 재교육 등이 통근 스트레스의 일부를 경감시킬 수도 있지만, 이러한 결단은 또 다른 종류의 쉽지 않은 어려움을 야기할 수 있다.

이 장은 불확실하고 모호하며 다양한 질감을 가진 매일의 통근 시간을 설명하는 데 기여한다. 통근 여정에 소요되는 시간을 현대 자본주의라는 더 큰 회로에 연결하고 일과 삶의 균형적 병립과 같은 좀 더 친밀한 문제를 제기하는 상황에 파고듦으로써, 이 장은 통근의 변화하는 시간성이 어떻게 애도, 위로, 감정이입과 같은 체험의 상이한 종류로 느껴지는지를 강조한다. 이렇게 통근자들이 일상의 시간적 관계들을 성찰하는 방식을 탐색하는 것은 통근 생활이 만들어 내고 있는 변화하는 가치와 열망의 일부를 이해하는 데 도움이 된다.

교통수단 활용 공간

4장은 통근에 활용되는 공간을 탐색한다. 기차역 플랫폼에서 주차장과 버스 정류장에 이르는 인도에 이르기까지 모든 통근 여정은 공간들의 다양한 조합 속을 따라 이동하는 것을 수반한다. 사회적 삶이 전개되어 펼쳐지는 움직이지 않는 운동장으로 상상하는 공간에 대한 정태적 이해와 대조를 보이는 이 장은, 공간이 어떻게 상이하게 생산되며 상이하게 영향을 끼치는지를 설명하는 사회 이론에 힘입어 전개된다. 앞으로 논의할 것처럼, 통근 공간을 생산하는 데 이해관계가 있는 많은 기관 단체들은 특정한 체험을 공간에 구현하는 데 몰두한다. 이러한 경험들은 다양한 논리에 기초해 있을 수 있다. 예를 들어, 교통계획가들이 공간에서 편평한 도로를 설계하는 방식은 광고 회사들의 좀 더 매혹적인 디자인과 중첩되면서 특정 위치를 독특한 경험이 가능한 곳으로 만든다. 통근자들이 통근 공간에 자신들의 경험을 꾸며 넣는 다층적 방식은 이러한 설계와 디자인의 다층성을 더욱 복잡하게 만든다.

이 장은 디지털 기술이 어떻게 일부 통근자들의 공간 경험을 잠재적으로 변화시키는지를 탐색한다. 예를 들어, 위치를 인지하고 실시간으로 여정을 추적하는 앱apps은 택시, 버스, 열차의 정확한 위치를 시각화하는 능력을 통해 도시 공간을 감지하는 새로운 방식을 제공할 수 있다. 이 통근 앱들은 통근 공간에서 이동의 상이한 신체 조건 가진 사람들에게 더 쉬운 길 찾기를 가능하게 하여, 그 과정에서 권능 부여와 억제 사이의 관계를 변화시킨다. 비접촉 스마트 카드contactless smartcards와 같은 기술들은 통근 경험을 경제적 측면에서 변화시킬 뿐 아니라, 새로운 몸짓과 감각 경험을 산출하는 과정에서 대중교통수단을 잠재적으로 더 쉽고 매력적인 여정을 제공하는 선택지로 만들면서 도시를 새로운 방식으로 연결시키기도 한다.

이 장의 목표 가운데 하나는 통근 공간이 제공하는 경험의 풍부함을 통해 공간 설계 지침이나 기술적 장치들이 고립된 상태로 결정론적으로 작동하지 않는다는 것을 보여 주는 것이다. 사진 촬영 실험과 삽화적 묘사를 통해, 이 장은 통근 경험이 장소가 일으키는 독특한 기억을 가진 개인의 생애사가 결합된 모든 종류의 이동 강도로 점철되어 있는 방식을 고려하도록 촉구한다. 상이한 통근 장소에 대한 기억에는 공간을 감지하는 다층적 잠재성이 더해지는데, 이는 설계와 작동을 고안하는 논리에 항상 간섭한다. 이러한 각각의 요소들이 지시하는 점은 통근 공간이 이미 주어져 있는 것이 아니라는 것이다. 통근 공간은 다중적이고 동시적인 과정들의 효과 속에서 발생하는 것이다. 다시 말해, 통근 공간은 기반 시설의 신축이나 증축으로만 변한다고 상상하기 쉽지만, 그러한 상상은 공간을 구성하는 활동이나 사건들 자체가 변화를 추동할 수도 있다는 점을 간과하는 것이다.

교통수단에 대한 의견

5장은 통근에 대해 의견을 내는 상이한 방식을 탐색한다. 이 장은 통근에 대해 말하고 글을 쓰는 다양한 실천들이 어떻게 통근 경험을 변화시키는 상이한 역량을 갖게 되는지를 조사한다. 이 실천은 일상의 도시 모빌리티가 어떻게 조형되고 정의되는가에 대한 중요하지만 간과되고 있는 부분이다. 이것이 중요한 이유는, 말하기와 글쓰기가 버스나 승용차에서 벌어지는 일에 대한 수동적 재현이 아니라 그 자체로 통근 경험의 능동적 행위자로 평가되어야 하기 때문이다. 수행과 표현에 대한 사회 이론에 의지하여, 이 장은 통근에 대해 의견을 표출하는 실천이 이뤄지는 널리 흩어져 있는 장소들 중 일부를 탐색하기 위해 이동 공간으로 넘어간다.

통근에 대한 의견 내기에는 "항공" 교통정보 보도, 교통 관련 언론 활동, 교통 블로깅 등을 포함하는 좀 더 공식적인 양식이 있다. 각각의 형식들은 단순히 고단한 통근자들에게 정보를 중계하는 것 이상의 역할을 한다. 이러한 상이한 표현 양식들은 단어와 문장의 의미뿐만 아니라 이를 전달하는 말투가 가진 표현력을 통해 통근자들에게 영향을 끼침으로써 도시 이동이 느껴지는 방식을 변화시킨다. 상이한 표현 형식들은 감정이입의 기회를 제공하거나, 고립감을 줄여 주거나, 공동체 소속감을 강화시키거나 심지어 새로운 열정을 산출하기도 한다. 각각의 양식들은 독특한 질적 차이를 가지고 있지만, 통근 경험은 예상하지 못한 방식으로 상이한 양식들을 한데 엮어 간다. 통근 여정 자체를 따라 집과 직장에서 또한 이동 중에 일상의 통근 경험에 대해 논평하는 다른 종류의 의견을 내기도 한다. 통근에 대한 불평 토로는 주의 깊게 다듬어진 언론 활동과는 대비되는, 구체적인 사건이나 조우의 사후 효과로 나타날 수 있는 명확하게 정의되지 않는 형식이다. 말하기는 우리가 의도적으로 하려는 것이라는 관습적 관념에 의문을 제기하며, 일상의 여정은 우리 안의 목소리들이 내는 논평들로 짜여 있음을 보게 되는데, 이런 목소리들은 이동 중에 특정한 신체적 감각을 강화시킬 수도 있다.

통근에 대해 의견을 내는 역사적으로 중요한 방식의 하나는, 오후 퇴근길 경험을 굴절시키며 통근자들의 삶에 중요한 부분으로 남아 있는 매체인 통근 시간 라디오방송이다. 음악과 청취자 참여 시사 분석이 혼합된 형태의 이 방송 형식은 예상하지 못한 방향으로 굴절되며 전개되는 체험 서사를 통해 통근자들에게 재미를 제공할 수 있다. 이런 점에서, 라디오방송은 잠재적인 동반자라는 친밀감을 주는 한편 일상의 여정이 가진 갇힌 좌표 너머로 통근자들을 운송하는 상상을 가능하게 한다. 종합하면, 이러한 의견 제시 형식들은 통근 경험을 변화시키는 그 상이한 역량으로 인해 중요하다. 통근을 구성하는 모호하게 공중에 떠도는 힘들이 형태를 갖게 된다. 그렇지만, 이렇게 형태를 얻는 과정은 복잡하며 결코 결정되어 있지 않다. 이 방송들의 영향권은 다양하며, 제작자의 의도는 상이한 정도로 실현되고, 상이한 관계의 질을 산출한다.

교통 기반 시설

6장은 통근에 필요한 기반 시설들이 어떻게 생성되는지를 탐색한다. 새로운 교통 기반 시설의 건설은 종종 도시의 인구 성장에 대한 대응 차원에서 절실한 필요성을 갖는다. 그렇지만, 기반 시설의 건설이 실현되는 방식은 결코 단순 명확하지 않으며 종종 많은 기관 단체들이 수행하는 실천의 섬세한 상호작용에 달려 있기도 하다. 이 장은 도시를 가로질러 상이하게 전개되면서 통근 경험을 변화시키고자 하는 특정 정책 옹호 활동이 가진 다양한 자료, 관념, 실천,

수행 등을 이해하기 위해서는 교통 기반 시설에 대한 우리의 이해를 확장시켜야 할 필요가 있음을 설명한다. 이와 더불어 기반 시설에 대한 사회 이론을 발전시키면서, 기반 시설을 전이적이고 항상 형성 과정에 있는 것으로 이해해야 할 필요가 있음을 설명한다.

기다림이라는 개념을 통해, 이 장은 기반 시설 건설 계획이 만들어 내는 미래지향의 기대들 가운데 일부를 탐색한다. 특히 한 도시의 건설 기대가 높아 건설 공약이 반복적으로 제시되면서도 수행되지는 않는 지역에서는 거대한 교통 기반 시설 건설 계획에 수반되는 긴 시간이 통근자들에게 특정한 효과를 끼친다. 이 장은 기반 시설 건설 계획의 백지화가 낳을 수 있는 사람들의 성향 특성과 이러한 성향들이 상이한 장소에서 상이한 사람들에 의해 어떻게 감지되고 표현되는지를 탐색한다. 이 장은 정체되어 있다는 느낌이 어떻게 격앙된 분위기를 표출하는 상이한 형태의 발화를 통해 표현될 수 있는지 추적한다. 이와 함께 교통 기반 시설 건설 계획이 건설 영역의 측면과 함께 이러한 사람들의 상황적 성향을 어떻게 관리하려고 시도하는지 고려한다. 이 장에서는 전시와 시연의 활용과 같은 관리 기법들과 이 기법들이 어떻게 진행 중인 기반 시설 건설 계획과의 친근성을 제고하려 하는지를 살펴본다.

새로운 교통 기반 시설이 실현되기를 기다리는 것은 도시 생활의 고질적인 조건처럼 느껴진다. 이 책은 상당한 시간이 소요되는 큰 규모의 기반 시설 건설 계획과 대비되는 더 작은 규모의 기반 시설 변경을 옹호하는 단체들의 실천도 탐색한다. 지역 풀뿌리 단체들이 수행하는 다양한 활동의 일부를 살펴보면서, 기반 시설 변경을 이끌어 내는 이들의 전술이 어떻게 뚜렷이 다른지를 음미할 수 있다. 교통수단 활용 경험을 이야기하는 것은, 특히 중요한 사회정의 문제를 조명할 수 있는 역량을 통해 교통정책 옹호 활동의 가치 있는 차원이 될 수 있다. 종합하면, 교통 기반 시설이 실현되고 변화하는 방식에 대한 좀 더 복잡한 그림이 정책 옹호 활동의 다양한 형식을 통해 드러나기 시작하는 것이다. 이런 방식으로, 이 장은 교통 기반 시설 개발이 가진 불확정적인 성격을 강조한다. 이런 불확정성이 우리에게 요구하는 것은, 개발계획과 정책을 통해 표출되는 거시 정치적 의사 결정 과정이 언론 보도, 정치 선언문, 전시 자료와 같은 일련의 상이한 장소의 상이한 자료를 통해 마주치면서 일어나는 미시 정치적 이행을 수반하는 방식을 중시해야 한다는 것이다.

시드니 사고하기

통근하는 삶을 탐색하기 위해 이 책은 오스트레일리아의 가장 큰 도시인 시드니의 통근을 다룬다. 시드니를 연구 대상으로 삼은 이유는 시드니가 세계의 많은 대도시들이 직면하고 있는 중대한 교통 문제로 고통 받고 있기 때문인데, 이들 도시에서는 모빌리티의 난제들로 인해 좋은 삶에 대한 희망이 지속적으로 방해받고 있다. 시드니는 탈식민 시기 변방 중심에서 세계 도시로 바뀌면서 거의 5백만의 사람들이 거주하고 있는데, 20세기 후반에 걸쳐 급격한 인구 증가를 경험하였다. 그러나 지속된 경제적 번영은 불균등한 사회적 발전, 편향된 거주 지역 패턴, 그리고 이 책과 관련하여 가장 중요한 기반 시설의 심대한 긴장 상태를 산출하였다.[39]

시드니의 킹스포드 스미스Kingsford Smith 공항으로 도착하는 이들은 하버 브리지Harbour Bridge와 오페라 하우스Opera House의 모습을 감상하며 거의 육안으로 볼 수 있는 서쪽 지평선까지 전개되어 있는 도시 규모에 감탄할지 모른다. 서부의 근교 도시들과 그 너머에서 아른거리는 베드타운들은 20세기 중반에 시작된 대규모 택지 개발에 따른 투기의 결과이다. 도로 사용자 집단의 로비로 결정된 고속도로망으로 연결된 근교 도시 개발의 결과, 도시의 대부분이 자동차에 대한 의존에서 벗어나지 못하게 되었다. 매년 시드니에서 증가하는 인구의 50퍼센트가 좀 더 저렴한 주택이 있는 서부 근교 도시 외곽으로 몰린다.[40]

반면, 1980년대 이후 금융과 부동산, 지식 기반 서비스 산업이 부흥하고 제조업 일자리가 급감함에 따라 중앙업무지구Central Business District: CBD, 채츠우드Chatswood, 노스 시드니North Sydney와 파라마타Parramatta에 걸쳐 있는 지역에 대부분의 고용이 집중되어 왔다. 이러한 중앙 집중은 크게 보아 시드니를 전지구적 금융과 문화적 흐름에 연결해 지역과 국민경제에 대한 의존성을 줄이려는 신자유주의적 공감대에 따라 강화되어 왔다.[41] 그 결과로 나타난 고용과 서비스 제공 지역과 저렴한 주거 지역 사이의 불일치로 인해 많은 도시 거주자들이 긴 거리를 통근해야 했다. 시드니인들은 편도로 평균 35분을 통근하며, 계속해서 오스트레일리아에서 가장 긴 시간 동안 통

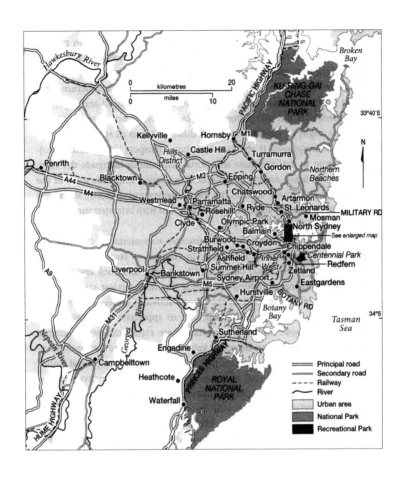

그림 0.1 시드니 광역 도시 지역 지도, 이 책에서 언급된 장소들을 표시함.

원자료: 오스트레일리아국립대학 도면-지리정보 시스템Australian National University CartoGIS.

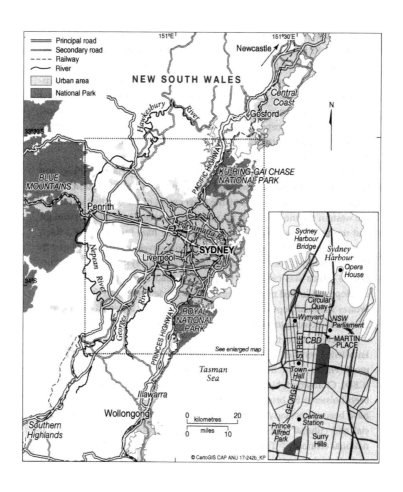

그림 0.2 시드니 지역 지도(상자 안: 중앙업무지구), 이 책에서 언급된 장소들을 표시함.
원자료: 오스트레일리아국립대학 도면–지리정보 시스템 Australian National University CartoGIS.

근해야 한다. 평균 50킬로미터를 통근하는 그들[42]은 또한 오스트레일리아의 도시 가운데 가장 긴 통근 거리를 자랑한다. 개인 차량 통근이 지금도 여전히 70퍼센트를 차지한다. 버스, 전철, 경전철, 연락선 등 대중교통수단은 겨우 17퍼센트, 도보와 자전거는 5퍼센트에 불과하다.

시드니의 역사에 대한 최근 연구에서, 델리아 팔코너Delia Falconer는 시드니의 모든 것은 "표면 아래 추가적인 반영reflection의 층위를 하나 더"을 가지고 있다고 쓰고 있다.[43] 그녀는 시드니에서 성장한 경험을 통해 이 도시의 피상적인 화려함에 부합하지 않는 위험스럽기까지 한 도시의 저류를 이루는 환영적 부재, 은폐, 모순을 성찰한다. 그녀의 감성적 회고는 통계 수치와 중심과 주변부라는 익숙한 공간적 언어를 통해 들려주는 도시의 좀 더 기능주의적이고 거칠게 서술된 역사가 마치 밀폐된 비행기의 창을 통해 보여지는 것과 같은 고립된 관점만을 제공한다는 사실을 상기시킨다. 다른 도시에서처럼, 멀리서 보면 잘 인식할 수 없는 것이 확실하고 잘 조화되지 않는 많은 복잡한 파편들과 교차하는 역사로 구성된, 섬세한 패턴을 가진 도시 풍경이 아래로 펼쳐져 있다. 시드니의 도시 풍경은 셀 수 없이 많은 교차하는 사건들에 의해 조형된다. 각각의 지역은 그 자체의 경제 성장, 인구 동학, 그리고 문화적 독특함을 가지고 있다. 비행기로 처음 이곳에 오는 사람들이 남쪽에서 접근하여 착륙할 무렵, 비행기는 폭력적 식민지 약탈의 시작이었던 1770년 귀갈족Gweagal과 제임스 쿡James Cook의 조우가 있었던 곳 근처의 보타니 베이Botany

Bay를 낮게 비행한다. 도시의 중층적 성격을 드러내는 팔코너의 암시에 부합하듯, 시드니에서 통근자들이 매일 사용하는 많은 도로들은 원주민 이동로의 흔적이다.

멀리서 보면, 시드니는 세계의 주요 도시들의 "살기 좋은 정도"를 비교하는 국제 순위에서 일관되게 높은 점수를 얻고 있고 전 세계 관광객을 계속해서 불러 모으고 있다. 그러나 가까이 들여다보면, 이 도시에서 일하며 사는 많은 사람들에게 더 많은 문제들을 야기하는 현실이 반짝이는 표면 뒤에 놓여 있다. 국제경쟁력 향상에 골몰하는 도시로서, 주정부가 마련한 시드니의 가장 최근 광역도시계획은 "효율적 운송"을 국제도시 기준의 세 가지 핵심적 지표 가운데 하나로 강조한다. 그렇지만, 이 책에서 핵심적으로 다룰 운송은 그 계획에서 국제도시의 표준으로 인식되는 수준을 충족시키지 못하는 것으로 인정된다.[44] 다른 "경쟁 도시들"이 교통 기반 시설에 엄청난 투자를 해 온 반면, 시드니는 계속해서 뒤처지고 있다. 이는 전 세계 대도시들의 "통근 고통" 비교 연구에서 시드니가 로스앤젤레스나 뉴욕, 런던보다 뒤처진 것으로 나온 사실로 알 수 있다.[45] 이런 높은 순위를 확인해 주듯, 최근 보고서는 열악한 교통이 시드니의 "가장 근본적인 약점"이라고 언급하였다.[46]

통근은 전 지구적 현상이지만, 지리학자 팀 에덴서Tim Edensor가 지적하듯이, 도쿄의 신간센을 타는 것과 뉴욕의 지하철을 타는 것과 콜카타에서 운전을 하는 것은 매우 다른 통근 경험이다.[47] 각각은 상이한 역사, 정치, 감시 체계와 이동 방식을 가지고 있다. 비록 모든 도시가 독특함을 가지고 있지만, 시드니에서 벌어지는 과정은 통근의 풍부함과 복잡함을 탐색할 이상적인 환경을 제공한다. 이 책은 다른 도시들과의 비교를 통해 차별점을 선명히 보여 줌과 동시에, 시드니 연구를 위해 개발된 통찰·방법·분석들로 전 세계에 걸쳐 일어나고 있는 통근 경험에 대한 우리의 이해를 높이는 데 기여할 것이다.

교통수단 속에서 생각하기

영국에서 어린 시절을 보내면서, 철도 여행은 가장 의미 깊고 기억나는 경험의 일부이다. 버밍엄Birmingham에 사는 조부모를 보러 가는 휴일 중 가장 마법 같은 부분은 할머니와 할아버지가, 대부분 통근자들이 이용했던 노선인 스타워브리지 교차로Stourbridge Junction에서 뉴스트리트역New Street Station으로 형과 나를 태워 주었던 짧은 기차 여행이었다. 우리는 맥도널드에 가기도 하고, 테디 그레이Teddy Grays 사탕을 빨기도 하고, 팔라사즈Pallasades 쇼핑센터를 천천히 돌기도 하다가 집으로 돌아오곤 했지만, 가장 황홀했던 것은 여정 그 자체였다.

모빌리티mobilities 사고
그렇게 평범한 교통 공간이 사람들에게 의미 있을 수 있다는 것이 이 책이 의지하고 확장시키려는 학제적 연구 분야인 "새 모빌리티

패러다임new mobilities paradigm"에서 발전된 가장 중요한 생각이다.[48] 모빌리티 사고는 이전에는 간과되었던 우리의 생활 세계를 형성하는 이동 경험의 편린들을 중시하고, 이러한 여정이 우리의 정체성과 역량을 조형하는 방식을 탐색한다.[49] 이 사고는 모빌리티 공간이 가능하게 해 주는 만화경 같은 활동들과 이러한 여정들이 촉진시키는 사회관계의 질에 대해 생각해 볼 것을 권유한다. 모빌리티 사고에는 강력한 정치적 측면 또한 존재한다. 이 사고는 어떤 사람들의 모빌리티가 다른 이들의 모빌리티를 대가로 할 수 있다는 점에 시선을 보내도록 가리킨다. 이것이 의미하는 바는, 모빌리티를 통해 어떤 형태의 사회 불평등은 완화될 수 있지만 다른 형태는 강화될 수 있다는 것이다. 이 책은 이동의 가장 일상적 형태를 조형해 내는 권능 부여와 제약을 조사함으로써 통근의 정치학에 대한 우리의 이해를 확장하고 심화시킨다.

　모빌리티 사고는 이동 중에 있는 상이한 사람들이 수행하는 섬세하고 다양한 실천을 주목하게 한다. 그럼으로써, 모빌리티 사고는 통근과 같은 포괄적인 명명이 암시하는 외면적으로 단일한 실천이 시공간에 걸쳐 타인들, 물체들, 기술들을 함께 연결하는 다채로운 실천들로 구성되어 있기 때문에 실제로는 좀 더 중층적이 되는 방식을 보여 주는, 실천에 대한 사회 이론에서 영감을 얻는다.[50] 이런 생각에서 출발하여, 이 책은 통근의 실천이 일터, 집, 이동 중에 조정과 동기화의 섬세한 형태를 수반할 수 있는 방식에 대한 우리의 이해를 확장시킨다. 비록 통근 여정은 종종 하나의 점에서 다른 점으로의 이동이라는 교통의 관점에서 이해되어 왔지만, 실천 이론을 통해 통근 여정이 수많은 다른 일상 활동과 섬세하게 연결되는 방식을 음미할 수 있다. 이는 통근의 영향이 실제 통근 시간의 범위를 훨씬 넘어 확장될 수 있음을 의미한다. 통근 실천의 이러한 상호연결성을 감지함으로써, 이 책의 생태학적 접근은 이러한 다양한 실천과 장소, 사람들 사이의 연결을 그려 낸다.

　모빌리티 사고는 우리가 이러한 이동을 추적할 수 있게 하는 중요한 방법론적 도구를 제공한다. 이 책은 시드니에서 수행된 4년 이상의 조사를 바탕으로 한다. 나는 두 개의 일간신문에 낸 광고를 보고 연락해 온 53명의 통근자들을 면접조사했는데, 두 개의 신문은 사람들의 통근 시나리오가 가진 다양함을 극대화하기 위해 선택되었다.[51] 모바일 방법론의 이점을 보여 준 모빌리티 연구자들의 모범을 따라,[52] 직접 시드니를 돌아다니기도 했다. 더 많은 면접조사를 할수록 통근 공간에 대한 나의 반사적 지식도 변화하였다. 점차 면접조사자들이 일깨워 준 새로운 측면에 익숙해졌다. 면접조사를 위해 도시를 가로질러 돌아다니는 것 외에 도시 북서부에 있는 캐슬 힐에서 그리고 도시 남쪽에 있는 월롱공Wollongong에서 매일 도시 중심부로 버스와 전철을 타고 통근하는 "실생활의 일주일" 실험도 두 차례 수행했다. 각각의 실험에서 이동 중 나의 신체적 경험을 성찰하여 통근이 당시 어떻게 내 신체에 각인되는지를 휴대전화기에 세세히 메모 기록하였다. 나는 또한 시드니의 중앙업무지구에 있는 운송 환승 지역에서 사진 촬영 실험도 수행하였다. 통근자들이 제기한 일부 이슈들에 대해 이 도시의 통근 경관에 관련된 다양한 전문가들과의 면접조사도 진행하였다. 언론인, 교통 관련 운동가, 정책 입안자, 정치인, 라디오 진행자, 교통 통신원, 운송업 직원, 인적자원 관리 직원, 광고회사 중역, 작가, 역사가 등과 이야기를 나누었다. 종합하면, 이 책은 통근하는 삶을 더 잘 이해하기 위한 풍부한 질적 방법들을 발전시킨다.

수행론적 사고

조부모, 형과 함께 통근열차를 탔던 나의 멋진 기억은 우리의 통근하는 삶이 가진 감각적 측면의 중요성을 일깨운다. 어렸을 때 나는 색색의 도로변 표지판, 가볍게 펄럭이며 변하던 행선지 안내판, 짙푸른 디젤기관차의 매연, 다른 승객들의 버릇 등에 깊이 황홀해했다. 이런 경험의 각각의 측면들과 종합적 측면들이 통근 공간에 대한 나의 호기심을 불러일으켰을 것이라 믿어 의심할 수 없는 특별한 경험을 제공하였다. 이 책에 나타난 경험의 다감각적 측면의 중요성은, 사회적인 것과 인간적인 것이 가진 의미를 확장하면서 다양한 행위자들과 기관들 그리고 다른 역량을 가진 힘이 우리의 생활 세계를 구성하는 방식을 좀 더 잘 이해하는 길을 제공하는, 다양성의 분과 학문인 수행론적 사고로부터 영향을 받은 것이다.[53]

수행론적 사고는 종종 우리의 삶을 지탱하고 있는 것처럼 보이는 감춰진 코드, 각본, 상징과 구조(혹은 재현)들을 알아내는 데 골몰하는 사고방식을 의심한다. 우리 삶에서 벌어지는 크고 작은 사건, 사고들을 고정된 구조나 이미 쓰여진 각본의 표출일 뿐이라고 사고하는 것은 우리를 행동이 일어나기 전에 이미 힘들이 결정되어 있는 생명 없는 꼭두각시로 취급하는 것과 다르지 않다. 수행 이론은, 우리의 정체성이 우리가 사는 공간의 질, 우리와 함께 사는 물체, 우리가 듣는 소리, 우리가 목도하는 광경, 우리가 일으키는 행동 등에 부분적으로 영향을 받는 것이라면 우리 정체성에 대한 생각은 훨씬 덜 고정되어 있다는 점을 고려하도록 촉구한다.[54] 이는 모든 종류의 극심한 불평등을 부정하는 것이 아니다. 수행론적 사고는 사회적이고 경제적인 약점이 반복되는 신체적 경험을 통해 어떻게 영속화되는지를 이해하는 데 기여한다. 실제로, 우리의 아직 확정되지 않은 역량은 전통적으로 인식되듯이 불평등의 좀 더 구조적인 형태로 인해 감소된다고 할 수 있다. 그렇지만, 이러한 불평등의 구조적 형태들은 우리의 신체적 경험에 각인되고 그 경험의 미리 정해지지 않은 특성으로 인해 복잡해지는데, 이는 심지어 매우 제약되어 있는 것처럼 보이는 상황에서도 언제나 재량의 여지가 있음을 의미한다.

이 책은 통근하는 삶을 미리 정해져 있지 않은 복잡한 생태계로 생각하도록 전환하는 수행론적 사고에 의지한다. 이러한 사고방식은 현장연구가 전달되고 주장의 정당성이 피력되는 방식과 관련하여 중요한 함의를 가진다. 면접조사와 관찰은 종종 벌어지고 있는 일에 대한 일관된 상을 그리기 위해 어떤 사람이나 상황에 대한 적절한 정보를 추출하는 기법으로 사용되어 왔다. 그렇지만, 누군가와의 대화가 다른 사람의 세계를 투명하게 보여 줄 수 있는 창이 된다는 생각은, 단지 대화가 맥락 의존적 성격을 가지고 있기 때문만이 아니라 우리 모두가 보편적이고 불변하는 주체성의 형식을 공유하고 있다는 생각이 잘못되었다는 점에서도 문제가 될 수 있다.[55] 오히려, 각각의 면접조사는 그 자체로 소통이 안 되는 어색한 순간과 회고적 깨달음, 연쇄적으로 떠오르는 기억, 미묘한 대화의 전환, 가슴 뛰는 강렬함과 감정적 느낌으로 가득 찬 하나의 조우이다. 면접조사는 더 넓은 범위의 일을 대표하는 역할을 잘 수행해 왔지만,[56] 그 자체를 창조적 직면의 과정으로 바라보게 되면 상이한 상황의 독특함을 잘 감지해 낼 수 있는 흥미진진한 잠재력을 제공한다.

인류학자 캐슬린 스튜어트Kathleen Stewart는 어떤 조사 상황에서도 거기서 등장하는 복잡함과 풍부함에 좀 더 민감해지라고 말한다. 그녀는 "강한 이론이 연구 대상을 두들겨 이론의 이상적 주장에 굴복시키려는 경향"을 가지고 있음을 경계해야 한다고 말한다.[57] 사회이론가 레이먼드 윌리엄스Raymond Williams 역시 "모든 알려진 복잡성, 경험 속의 긴장, 바뀜, 불확실함, 섬세한 형태의 불균등함과 혼란 등은 요약하기에 반하고, 넓게는 사회 분석 자체에 반한다"고 쓰면서 사회 분석이 세계의 복잡성을 축소하는 방식을 경고했다.[58] 이것은 한편으로 연구 대상을 통제하여 그에 대한 무엇인가 이야기할 수 있어야 하고, 다른 한편으로 새로운 심도의 연상 작용이 드러날 수 있도록 그것을 변화시켜야 하는 대담한 줄타기 같은 것이다.[59]

나는 이 책의 서사를 통해 새로운 심도의 연상 작용이 나타나기를 희망함과 동시에, 통근 생활을 다르게 생각하는 이 여정을 촉진할 수 있을 만큼 충분히 임시적이고 추측적인 해석들을 제공하기를 바란다. 따라서 현장조사에서 직면한 일들의 분열성을 하나의 지나치게 간결하고 잘 갖추어진 설명으로 우겨 넣기보다는, 각각의 직면이 나에게 어떤 감정을 일으켰는지 솔직하면서 그 직면이 가지고 있는 풍부함과 극적인 느낌을 보존하려고 한다. 이 책은 여전히 완결되어 있지 않다. 뭔가 다른 것을 말하고 뭔가 다른 뜻을 전달하고 뭔가 다른 것을 느끼기 직전에서 휘청거린다.

통근을 변화시키기

우리의 수많은 도시들을 괴롭히는 운송난이 전례 없이 명확하게 감지되고 있는 현재는, 우리의 도시들에서 통근이 우리 삶에 어떤 영향을 끼치고 있는지를 새롭게 이해할 가장 좋은 시점이다. 지금까지의 통근 분석이 기반 시설 건설 투자나 기술 혁신을 주창하는 경향이 있었다면, 이 책에서 그려지는 사건과 조우는 이 영역에서 일어난 변화가 어떻게 통근 문제에 대한 해결책의 한 부분이 될 수 있는지와 함께 이 해결책이 만병통치 해결책은 아니라는 점을 제시한다. 이 책에서 들려주는 이야기로 짜여진 통근의 생태학은 어떻게 통근이 친밀하게 일터, 가정, 학교, 정부, 운동 단체, 개발자, 계획가, 대중매체 등 도시의 여러 장소를 잇는지를 보여 준다. 아울러, 해결책으로서 기반 시설에 지나친 강조점을 두는 것은 변화가 충분한 정치적 의지나 재정적 여유가 있는 미래에나 가능하다고 단정하는 것이다. 미래의 이상에 따라 상황을 평가하는 것은, 현재는 언제나 부족하다는 것을 의미하며 모든 변화는 지금 발생하고 있다는 점을 간과하는 것이다.

이 책은 "사람들이 무엇을 원하는지"나 "무엇을 해야 하는지"에 대한 거시적 진단을 하지 않는다. 그러한 일반화된 상은 통근하는 삶의 풍부함을 축소시켜, 분열과 결정할 수 없는 것들로 들어찬 삶의 본 모습을 만들어 내는 미묘한 변덕들이 가진 강렬함을 느낄 수 없도록 형식화하는 것이다. 이런 접근은 통근이 모든 시대의 모든 사람에게 동일하다고 가정하는 것이다. 사회학자 모니카 뷔셔Monika Büscher와 존 어리John Urry가 지적하듯이, 저변의 질서와 규칙, 구조를 찾아서 정의하는 것보다 사람들이 정확히 어떻게 자신들의 여정을 구성하는지를 연구하는 것이 훨씬 더 흥미롭다.[60]

좀 더 평이하게 말하자면, 이 책의 의도는 우리가 통근에 대해 생각하는 방식을 변화시키는 것이다. 통근을 구성하는 사건과 조우를 많은 논평자들이 진단해 온 거시적 사회과정의 표현 혹은 과도한 의미 부여를 피해야 하는 하찮음으로 상상하기보다, 이 책은 통근에서 마주치는 사건과 조우가 이 경계선 혹은 사이의 영역에서 사람들의 삶을 변화시키는 핵심적 요소임을 조명한다. 그 경계의 지역에서는 우리의 삶 자체인 긴장과 모순, 다양한 영향력과 욕망이 때로는 화려하게, 때로는 수수하게, 하지만 항상 흥미진진한 방식으로 전면에 등장한다.

1장

인상의 지대

이동 기술의 흥망

"서큘라 부두!"

배와 선창 사이에 엉성한 연결다리 묶기를 마치면 연락선 선원이 소리친다. 이 말이 떨어지기가 무섭게, 말끔하게 차려입은 일군의 사람들이 연결다리를 성큼성큼 건너가 왼쪽으로 돌더니 출구 차단기를 향해 속도를 높인다. 그들은 손에 들려 있는 스마트카드를 감지기에 접촉시키고는 잠시 차단기가 약한 충격음과 함께 열리기를 기다린다. 늦여름의 월요일 아침 8시 40분을 막 지난 시간에 펼쳐진 이 장면은 세계에서 가장 유명한 경관 중 하나인 시드니의 하버 브리지와 오페라 하우스의 장관 사이에서 벌어진다. 밝은 아침 햇살이 내려 물결에 닿을 때마다 은빛으로 반짝인다.

말끔하게 차려입은 인물들의 걸음걸이는 단호하고 자신 있고 활기가 넘친다. 그 움직임에 밴 자연스러움은 놀랍기까지 하다. 그들이 행동하는 방식에는 뭔가 당당함이 있다. 일부는 한쪽이나 양쪽 어깨로 배낭을 맸고, 다른 이들은 매끈한 가죽 가방을 들었다. 또각또각 소리 내는 뾰족구두, 신사화, 단화 등이 보인다. 몇몇은 좀 더 푹신한 운동화를 신었는데, 발목 위의 정장이 풍기는 의식적인 세련미와 약간 어긋나는 외양이 된다. 그들은 다음 목적지를 향한 직선거리를 따라 사방으로 흩어지며 선창가를 벗어난다. 그들이 탔던 선박이 다음 목적지에서 그 다음 목적지에 맞춰 항로를 조정하는 것처럼 말이다. 일부는 전철역으로 향하고, 또 일부는 시드니의 중앙 업무지구를 이루는 마천루들 주위를 맴돈다. 통근자들의 움직임이 보이는 잘 계획된 정교함은 시드니에서 얼마 안 되는 귀중한 시간을 최대한 활용하고자 일찍부터 나와 있는 관광객들의 느리게 맴도는 약간은 익숙하지 않은 움직임 속을 직선으로 빠져나가면서 더 두드러진다. 짙은 색안경에, 갈색 신사화와 푸른 정장을 갖춰 입은 남자가 경치에 사로 잡혀 멀리 있는 광경에 집중하고 있는 관광객 무리를 피하려고 오른편으로 살짝 띈다.

이러한 장면을 목격하다 보면, 통근은 통근자들에게 심지어 자동적이라 할 정도로 쉬운 것이라고 상상하게 될지도 모른다. 그렇지만, 이 장에서는 이런 장면 이면에 작동하는 통근에 수반되는 일련의 숙련된 기술을 조사한다. 이 장은 통근 기술을 익히는 데 얼마나 많은 시간이 소요되는지, 이 기술이 시간의 경과에 따라 어떻게 지속적으로 변화하는지, 이 기술이 우리가 생각하는 것보다 얼마나 취약할 수 있는지를 탐색한다. 통근은 매우 자주 고집스러울 만큼 변화를 거스르는 것으로 취급된다는 점에서 이러한 변화와 취약성에 대한 세부 정보는 중요하다.[1]

철학자 앙리 베르그송Henry Bergson은 지금과는 다른 시대에 살면서 당대 자연과학의 기계론적 이해 방식에 대한 저작을 남겼는데, 여기서 그는 일상 속의 준거점이 필요하다는 점을 깨달았다. 베르그송이 우려한 점은 우리가 활동에 대해 사고할 때 외견상 안정되어 보이는 측면에 지나치게 집착해서 함께 벌어지고 있을 수 있는 변화들을 간과한다는 것이다.[2] 어떤 사람의 통근 경로나 소요 시간이 매일 동일해 보일지 모르지만, 베르그송이 보기에 그것은 좌표, 위치, 순서 등을 근거로 운동을 공간화하여 이해하는 데 고정되어 있기 때문이다.[3] 문제는, 고립되고 관찰 가능한 요소들로 활동을 이해하게 되면 함께 일어나고 있을지 모르는 섬세한 변화들을 간과하게 된다는 것이다. 이런 변화들 가운데 일부를 추적함으로써 우리는 사람들은 어떻게 통근하는 법을 배우는지, 어떻게 어떤 결정에 도달하는지, 변화할 수도 있는 통근 상황에 따라 어떻게 상이한 수행 능력과 전문성을 발전시키는지 등을 음미할 수 있게 된다.

1절은 통근자들이 어떻게 통근을 시작하는지를 탐색한다. 이 장에서는 어떻게 사람들이 우리가 서큘라 부두에서 목격했던 것과 같은 잘 계획된 움직임을 나타낼 수 있는 기술들을 습득하는지를 살펴본다. 2절은 통근 방식 가운데 자전거 통근자들을 훈련시키는 좀 더 공식화된 제도에 초점을 맞춘다. 여기서 우리는 기술과 자신감의 관계에 대해 논의한다. 3절에서는 통근 기술이 얼마나 취약할 수 있는지를 조사한다. 어떻게 두절된 상황이 사람들의 통근 습관을 상이하게 변화시키는지가 탐색의 대상이 된다.

입문

통근자 되기 습득하기

일상을 엮어 나가는 모든 활동 가운데 통근이 지금 내가 느끼는 불안을 일으키는 어떤 것이라고 생각해 본 적은 없었다. 현장조사 첫날, 초여름 월요일 아침 7시 6분을 지나고 있는 시간에 나는 정장 차림으로 조용히 서 있는 사람들의 무리에 접근한다. 여기는 시드니 북서부에 있는 녹지에 둘러싸인 부유한 근교 도시 속 띄엄띄엄 야자나무로 둘러싸인 회색 콘크리트 슬라브 구조 건물의 캐슬 힐 Castle Hill 버스 환승 터미널이다. 이곳은 지난 수십 년간 진행된 외적 팽창의 결과이자, 도시 중심부 근처의 주택 가격이 치솟는 상황에서 정원이 딸린 단독주택을 소유하게 된 이곳 사람들에게는 "위대한 오스트레일리아의 꿈"이 실현된 곳이다.[4] 어제 이 근교 도시로 차를 몰고 왔을 때, 비취 녹색의 잔디밭과 열정적인 보라색으로 만개한 자카란다 나무, 말쑥하게 정돈된 도로 가장자리 녹지대, 흠잡을 데 없이 제초된 벽돌조 진입로 등에서 나는 이 오스트레일리아의 꿈을 감지할 수 있었다.

전원적인 매력 외에 높은 상공에 남아 있는 항공기의 궤적을 통해 여기 사는 사람들 가운데 다수가 일하는 곳이자 나의 출발지인 도시 중심부에서 이곳이 얼마나 멀리 떨어져 있는지도 감지할 수 있다. 이곳의 통근은 오명을 얻어 왔으며, 그 오명이 내가 이곳을 찾은 이유이다. 이곳에는 아직 철도 노선이 없다. 대중교통수단은 버스에 한정되어 있으며, 도시의 확장과 더불어 교통이 몰리는 시간이면 도로는 질식되어 왔다. 이곳 환승 터미널에서 편평해진 타이어 자국 도랑의 가장자리로 삐져나와 있는 딱딱해진 역청질은 통근이 이 장소의 물리적 조직에 새겨져 있음을 보여 준다.

우리가 새로운 통근을 어떻게 시작하는지에 대해 거의 아는 바가 없다는 사실이 흥미롭다. 캐슬 힐의 새로운 거주민으로서, 첫 "실생활의 일주일" 통근 실험을 이곳에서 시작하고 싶었던 이유이다. 연구자이자 통근자로서 나는 어제 어떤 종류의 탑승권을 구입해야 하는지 알아보기 위해 주정부 교통 웹 사이트에서 한동안 시간을 보냈다. 터미널에 가까워지고 있는 지금, 도로를 따라 사람들이 산만하게 여러 줄로 서 있는 것을 본다. 어제의 준비에도 불구하고, 나는 어느 줄에 서야 하는지 알지 못한다. 이 줄들은 반복된 줄서기를 수행하는 사람들이 만들어 낸 각자의 역사를 통해 묶여 있는 듯 보인다. 이 깨달음으로 인해 내가 초심자라는 느낌이 더 커진다.

입문 과정의 강렬함

역사학자 볼프강 쉬벨부시Wolfgang Schivelbusch는 19세기 열차 여행의 발흥을 논의하면서 첫 기차 승객들이 겪었던 충격과 방향감 상실에 대한 쓴다.[5] 캐슬 힐에서 기다리고 있는 지금, 그의 논의는 새로움이라는 것이 경험을 얼마나 강렬하게 만드는지를 떠올리게 한다. 나의 불안함 가운데에는 무엇인가를 처음 경험할 때만 느껴지는 강렬함이 있다. 몇 개월 후, 캐슬 힐과 중심가 사이를 몇 달 동안 통근해 온 사람과 면접조사를 하였다. 그의 이름은 톰Tom. 영국에서 온 언론인이었는데, 오스트레일리아로 이주한 지 2년도 되지 않았다. 시드니에 있는 숙소 근처에서 일자리를 찾을 수 없었던 그는, 캐슬 힐에서 일자리 제안을 받았을 때 거절할 수 없었다. 편도로 한 시간가량 걸리는 이 통근은 런던에서의 짧았던 통근보다 훨씬 긴 것은 물론이고, 지금까지 경험한 가장 긴 통근이었다. 그의 추억담에서 놀라웠던 부분은 처음의 여정에서 받은 인상을 즐겁게 이야기했다는 것이다. "글쎄요, 처음 한두 주 동안은 음악도 듣고 바깥 경치도 구경했죠. 그러면서 매일 다른 것들을 찾아내기 시작했어요. 한 일주일 정도 걸렸지요. '폭스텔Foxtel 건물이 있구나. 이게 있구나. 이것도 있구나' 하고요. 그건 도로의 한 부분이 열대우림 지역 같았기 때문인데요. 제가 오스트레일리아에 온 지 겨우 6개월밖에 안 되었을 때고, 모든 게 새로웠어요."

비록 캐슬 힐로부터의 나의 첫 통근도 제고된 강렬함을 비슷하게 띠고 있지만, 그때에 대한 나의 지배적 기억은 미숙함, 즉 현지의 다른 이들이 잘 연마해 온 통근 수행과 잘 어울리지 못하는 나의 신체를 감지한 것이다. 이러한 미숙함의 경험은 초심자와 숙달된 통근자가 어떻게 상이한 신체적 편안함을 느끼는지에 대한 인류학자 마르크 오제Marc Auge의 관찰을 상기시킨다. 파리 메트로 전철의 승객들에 대해 쓰면서, 오제는 "어떤 노선을 규칙적으로 이용하는 사람들은 걷는 방식의 그 우아하고 자연스러움 때문에 알아보기 쉽다"고 했다.[6] "마치 자기 분야의 작업 대상을 조형해 가는 숙련된 장인과 같이"[7] "숙달된 승객들은 그들이 움직임에 완벽히 통달해 있는데서 티가 난다."[8] 장인들이 오랜 시간에 걸쳐 발전시킨 능숙함처럼, 지리학자 데이비드 시먼David Seamon은 "신체 춤사위body ballets"[9]라고 부른 것이 명인의 경지에 도달하기 위해서는 상당한 시간이 걸릴 수도 있음을 느끼기 시작했다.

통근 기술 습득에 대해 알기 위해 우리가 찾은 곳은 중앙업무지구의 한 고층 건물의 동굴 같은 로비다. 점심시간이다. 정장 차림의 사람들 몇몇이서 혹은 혼자서 번들번들한 베이지색 대리석 바닥을 가로질러 어떤 목적이 있는 듯 여섯 개의 철문 승강기 쪽을 오가고 있다. 나는 이던Ethan과 함께 부티 나는 대합실 소파에 앉는다. 이던은 금융계에서 일하며 시드니의 서부 중심Inner West에서 북서부 외곽으로 이주한 많은 이들 가운데 하나이다. 그는 2년 전 캐슬 힐 바로 너머의 근교 도시로 이사했다.

그와 그의 동거인은 통근이 어떨지 고민하지 않았다고 상당히 솔직하게 인정한 것이 놀라웠다. 그는 쓴웃음을 지으면서 "우리가 주택을 구입했을 무렵, M2 도로가 공사 중이라는 사실조차 몰랐어요. 집을 산 후 시드니로 통근하기 시작했을 때에야 알게 되었죠."[10]라고 했다. 심지어 통근에 걸리는 시간에도 놀랐다고 말할 때 그의 목소리에서는 당황스러움까지도 감지됐다. "그리고 '아, 한 시간 반도 더 걸리네'라고 생각했죠. 그러니까 주택이 내가 생각한 조건들에 다 맞는, 다시 말해 이상적인 집이라면 어떤 것들은 잊게 되죠. 모든 것을 다 잊어요. 그러니까 우리는 통근이 어떨까 하는 것은 생각하지도 않았어요."

다른 통근자들에게도 비슷하게 들었던 것 같은 이던의 고백에 익숙함을 느낀다. 이던은 자신의 통제력을 강조하려는 듯 깔끔한 손짓까지 해 가면서, 가족을 위한 적당한 집에 사로잡혀 있었던 상황을 정당화하는 말을 급히 잇는다. "가족이 늘어나면 우리만의 공간을 원하게 돼죠. 아이들이 뛰놀 수 있는 뒤뜰 같은 것이 필요하죠. 우리는 그런 걸 중시했던 거죠. 우리만 생각했다면 작은 집을 샀을 거예요. 하지만 가족이 늘어나니까." 그는 북서부로 이사 가기까지 가격대를 비롯해서 그들이 고려하며 거쳤던 단계들에 대해 얘기했다. 일단 가격대를 정하고 "몇몇 집들을 봤는데 모든 조건이 다 충족되지는 않았죠. 그리고 그 집을 발견했고, 학교나 주변 시설, 당연히 범죄율 등을 제일 먼저 고려했어요." 이던은 집과 이웃 환경이 적절해야 한다는 그의 우선순위에 단호했다. 시드니로의 통근은 부차적인 걸로 보였다. "그래서 우리는 우리의 시간을 희생하기로 결정했어요. 그게 다입니다." 이렇게 인정할 때, 이던이 자기 삶의 질을 희생하더라도 자녀들에게 좋은 환경을 제공하고 싶어 했다는 것이 느껴졌다. 그의 대수롭지 않다는 말투는 그 인정이 갖는 묵직함과 대비되었다.[11]

"그리고 우리는 북서부로 이사 갔죠." 이던은 잠시 말을 끊고 얼굴을 찌푸린다. "그건 우리에게 정말 다른 것이었어요." 그는 고개를 천천히 젓는다. 이 틈에 그와 그의 동거인이 어떻게 새로운 통근을 시작했는지 물었다. 그는 통근 시작 경험을 "인상의 지대"에 있는 것이라고 묘사했는데, 그것은 캐슬 힐에서 통근을 시작한 나의 경험과 잘 조응하는 문구였다. 그는 그가 거친 사고 과정을 나에게 보여 준다. 그가 서부 중심에서 열차로 출근하는 데 어떻게 익숙해졌는지 말했다. "'그렇지, 블랙타운Blacktown에 가서 열차를 타고 여기로 오는 거야.' 나는 그때 심지어 버스표가 얼마인지도 몰랐어요." 그렇지만, 그건 오래가지 못할 방식이었다. "우리의 시도는 2주 정도였어요. 그러고는 다른 방법들을 시도했죠." 처음 몇 주 동안 이던의 통근이 얼마나 실험적이었는지 놀라웠다. 캐슬 힐 근처에서 통근을 시작했던 이 기간은 이던과 그의 동거인에게 계속 변하는 시간이었는데, 이것은 통근이 고정되고 상대적으로 변하지 않는 반복된 일상이라는 생각과 뚜렷하게 대조된다.

"우리가 사는 곳 근처로 오는 다른 버스가 있어요. 그런데 그 버스는 다른 옆 근교 도시를 들르니 우리는 우리 동네에서 다시 10에서 15분 정도를 낭비하는 셈이지요. 그동안 우리는 아무 데도 안 가고 있어요. 그래서 현재 이용하는 경로를 시도했죠. 그리고 거기에 익숙해져서 지금은 대체로 괜찮아요." 버스를 타고 자기 동네에서 맴도는 것은 당연히 불만스러운 일이다. 하지만, 버스 타기를 시도하면서 그들은 둘이 합쳐 매주 26달러를 절약할 수 있다는 것을 발견했다. "그 돈으로 대출을 갚거나 미래에 아이들의 교육에 쓸 수 있죠." 이던은 "버스로 통근하고 이만 한 돈을 절약하기 시작했을 때 이 발견이 놀라움으로 다가왔다"고 인정한다. 어떤 면에서 이던은 이러한 시도가 통근을 이루는 이동을 효율화하는 과정을 어떻게 수반하는지를 묘사하고 있다. 지리학자 팀 크레스웰Tim Cresswell[12]은 이 논리를 기계화된 테일러주의 생산 체계의 예를 들어 설명하는데, 당면한 작업에서 불필요해진 동작은 낭비로 보여 제거된다는 것이다.

나는 이던이 오늘 어떻게 출근했는지를 캐물었다. 처음 시작하던 때를 회고할 때 보인 놀람과 불확실성의 느낌과는 대비되게, 오늘의 여정에 대한 그의 설명은 경로에 대한 세밀한 전문성을 보여 주었다. "나는 켈리빌역Kellyville Station에서 버스를 탑니다. 거기 있는 한 정류장에서요. 제일 큰 거죠. 사람들은 그 주변 모든 곳에 주차하죠. … 모든 사람들이 거기 주차하는 건 거기가 버스에서 앉아 갈 수 있는 곳이기 때문이에요. 한 정류장 더 가면 버스가 거의 만원이어서, 때로는 한 시간 반, 40분, 음 누가 알겠어요, 그 정도 서 있어야 해요." 여기서 깨닫게 된 점은, 시간과 수용 능력 등 이런 종류의 세부적인 지식과 다른 사람들이 무언가를 하는 이유에 대한 설명은 통근을 많이 해 봐야만 얻을 수 있다는 것이다. "요즘은 물론 정확히 언제 집을 나서야 하는지 알아요. 교통량이 늘어나고 주차 공간이 없으면 더 먼 곳에 주차하고 버스 정류장까지 걸어와야 해요. 7시 20분까지는 거기 도착해야 해요."

"이제는 언제 신호등이 바뀌고, 언제 신호등 앞에 정체가 시작되고, 얼마나 많은 차가 있을지 등등의 것들을 얼추 알아요." 이던은 이전의 순진했던 시절을 강조하려는 듯이 말한다. 이런 것들은 그가 통근 경로와 교통 기반 시설이 작동하는 방식에 대해 발전시켜 온 세세한 지식이다. "우리 집에서부터 두 개의 신호등이 있고 샛길 같은 데서 큰 도로로 들어가면서 항상 첫 번째 신호등을 신호 대기 없이 지나가기를 원하기 때문에. 윈저 로드Winsor Road로 연결되는 큰 교차로가 있어요. 거기는 주도로 통행에 더 긴 시간이 주어지기 때문에 약간 시간이 오래 걸리지요. 나는 샛길에서 들어가야 하는데. 이제는 우리가 신호등에 도착할 시간쯤에는 다른 차들이 반대편으로 가려고 이미 주차하고 있다는 걸 알아요."

그가 축적해 온 경험을 바탕으로 이던은 그가 언제쯤 출근할지 예상할 수 있다고 말한다. "그래서 교차로 앞쪽에 서면 교통 흐름이 보여요. 만일 꽉 막혀 있으면 '8시 40분, 45분, 50분 등등에 도착해요'라고 상사에게 문자를 보내야 한다는 걸 알아요. 교통량을 보고 예측할 수 있어요. 몇 킬로미터를 부드럽게 가다가 정체가 시작되면, 8시 40분일 것이라고 말할 수 있죠." 그렇지만 그런 기술은 즉시 얻어지는 것이 아니다. 그는 한참 대화한 이후에야 이런 모든 지식을 알아내는 데 반년이 걸렸다고 했다. "6개월 정도면 대충 이해되기 시작해요."

지속되는 기억

우리가 통근을 시작할 때 아무 기술 없이 출발한다고 생각하는 것은 잘못이다. 사람들은 다른 여정이나 다른 장소의 다른 활동에서 발전시켜 온 기술들을 활용한다. 우리 몸에는 이전의 경험을 통해 발전시켜 온 지식들이 이미 들어 있다. 캐슬 힐 환승 터미널에는 익숙하지 않은 수많은 것들이 있었지만, 나는 내 몸이 줄서기, 다른 통근자들과 눈 마주치지 않기 등 이러한 상황에서 필수적인 기술들의 많은 부분을 직관적으로 알고 있음을 깨달았다. 사회학자 앤서니 기든스Anthony Giddens가 말한 잠재 지식tacit knowledge[13]은, 이와 같은 상황에서 우리가 활용하는 당연한 것으로 여겨지는 실용적인 신체 지식들을 설명하는 데 유용하게 참고할 만하다.[14] 따라서 이주는 깔끔한 단절이라기보다 일정 기간 동안 벌어지는 전이라고 이해하는 편이 나을지 모른다.[15] 새로운 통근을 시작한 이후에도 이전의 습관들은 여전히 지속된다. 동시에 새로운 습관이 발전하는 데에는 시간이 걸린다.

시드니로의 첫 번째 통근을 위해 캐슬 힐 환승 터미널에서 기다리면서 나 자신의 이전 통근이 여전히 지속되고 있음을 알게 됐다. 어느 줄에 서야 하는지 (결국 누군가에게 물어서) 알아낸 후, 그 순간의 분위기가 나를 버스로 통학하던 대학 시절로 되돌려 보냈다. 7시 정각, 깊게 푸른 하늘, 열여섯, 영국 노포크Norfolk에 있는 작은 도시의 하이 스트리트High Street 입구에서 배낭을 매고 12번 버스를 기다리며 서 있기. 가끔 같은 버스를 타던 두 학교 친구들과의 몽롱한 대화는 장래 희망과 어떤 사람이 되고 싶은지에 대한 것이었다. 베이지색 천 가방에 항상 허리 건강에 좋지 않을 정도로 많은 책을 가지고 다니던 노파 옆에 서서 딸이 종교에 빠지더니 집을 나갔다고 노파가 다른 사람에게 말하는 것을 엿들었다. 딸에게서는 소식이 없다.

이후 연구 과제가 진행되면서 나눈 마이크Mike와의 대화에서 나는 이전의 통근이 현재의 통근에 지속될 수 있는 방식의 중요성을 뚜렷하게 느꼈다. 20대 후반의 마이크는 시드니에 사는 많은 또래들처럼 부모와 함께 산다. 그는 항구 바로 북쪽의 근교 도시에서 기술자로 일하지만, 그가 사는 곳은 캐슬 힐에서 약간 더 가야 하는 북서부 외곽이다. 그는 매일 세 시간을 통근에 쓴다. 그는 반복된 일상을 묘사했다. "6시 15분 무렵 일어나 준비를 마치고 캐슬 힐 버스 정류장에 15에서 20분 정도 차를 몰고 가요. 거기에 주차하고, 거기서 북 시드니North Sydney로 들어가는 버스를 타요. 버스는 보통 정체가 심한 M2 도로로 가요. 그리고 성 레오나즈St. Leonards에 내려서 걸어서 출근해요." 그는 잠시 말을 멈춘다. "7학년 이후 계속하고 있는 똑같은 일상이에요. 버스도 같고요." 다른 삶의 단계로 변천해 가면서 15년 이상이나 같은 경로로 다녔다는 생각만으로도 현기증이 난다. "고등학교, 대학교, 직장에 가느냐가 다르지 같은 반복이에요. 다른 곳에 가려면 정류장만 다르지 같은 일상의 반복이죠." 이전의 여정들에 대해 기억하는 그의 목소리에서 슬픔이 묻어난다. "고등학교나 심지어 대학을 갈 때는 급우들이나 다른 학교 소녀들이 있어서 말을 걸어오곤 했어요. 학교에 있을 때는 뒤쪽에 앉아서 바보같이 굴다가 버스를 타면 즐거운 시간을 보냈어요. 그런데 이제 일하니까 버스에서 다른 사람에게 말을 걸지도 않고 그들도 나에게 말하지 않아요. 눈도 마주치지 않죠."[16]

이동 성향

연구 과제를 진행하면서 대화를 나눈 사람들의 일부는 나처럼 시드니 출신이 아니었다. 안톤Anton을 만난 것은 일과 후 저녁 시간, 중심가에 위치한 내부 벽이 없어 방치된 것 같은 그의 사무실에서였다. 안톤은 삶의 대부분을 동유럽에서 살았으며 약 1년 전에 오스트레일리아로 이주했다. 그는 도시의 동쪽 근교에 산다. 캐슬 힐과 비교했을 때 도시 중심부에 상당히 가깝다. 직장과 가깝기 때문에 그는 아파트에서 자전거로 시내에 온다. 그전까지 자전거를 탄 것은 고작 1년 정도라고 한다. "전에는 자전거를 안 탔어요. 우리나라에서 자전거 타기는 매우 위험하거든요. 물론 자전거는 있었죠. 기껏 다섯 번 정도 탔죠. 도로로 나가면 실제로 죽을 수 있는 위험을 감수해야 해요. 이에 대해 아무도 뭔가를 하지 않죠. 길에는 자전거를 위한 어떤 공간도 없어요. 따라서 교통 흐름 속에 직접 들어가야 해요. 사람들은 약간 미친 것처럼 타요. 자전거를 타는 사람들이 좀 있는데 자전거 타기는 익스트림 스포츠 같다고 해야 할 것 같아요." 우리는 같이 웃었다. 나는 자전거가 그의 첫 번째 선택이었다는 점이 잘 이해되지 않아 어떻게 그런 결정을 했는지 물었다. 그의 대답은 이랬다. "1년 전 네덜란드에 두 달 살 기회가 있었어요. 그곳은 자전거의 천국이기 때문에 모든 것이 다 바뀌는 경험이었죠." "모든 사람이 자전거를 타기 때문이죠." 네덜란드에서 누린 자전거를 타는 기쁨에 대해 이야기하면서 그의 얼굴이 밝아진다. 시드니로 이주했을 때 "음, 여기도 사람들이 자전거를 타네'라고 생각했죠. 자전거도로, 자전거길을 보면서 '자전거가 있어야 해, 왜 필요 없겠어?'라고 생각했죠. 실제로 많은 돈과 시간을 절약할 수 있기 때문이죠."

그렇지만 시드니에서 자전거를 타면서 예상치 못한 차이를 경험했다고 한다. "처음에는 거의 항상 보행로에서 탔고, 그러면서 전에 있던 곳과 시드니의 다른 점을 좀 알게 되었어요. 차도에서 자동차와 함께 다녀도 돼요. 그런데 그게 합법적인 거고 실제로 그렇게 해야 해요." 그는 또 시드니에서 자전거 타기를 시작했을 때 자전거용 헬멧을 써야 하는 법규가 있다는 것도 몰랐다고 한다. 이것은 그가 지나치며 본 텔레비전 토막 뉴스 같은 데서 서리 힐스_{Surry Hills}에서 자전거 이용자가 경찰에 단속된 것 등을 보고 우연히 알게 되었다. 네덜란드에서 자전거 타기 기술을 이미 발전시켜 왔음에도 불구하고, 그가 우연히 알게 된 것은 공식적 도로 법규뿐 아니라 "시드니 도심에서 자전거 타는 정확한 방식 같은 더 작은 것들", 즉 장소에 따라 달라지는 자전거 타기의 비공식적 관습 같은 것들도 있다.

여기서 중요한 점은 안톤이 특정한 이동 방식에 대한 선호 성향을 가지고 오스트레일리아에 왔다는 것이다. 이를 이해하는 하나의 방법을 사회적 실천에 다룬 사회학자들의 저술에서 배울 수 있다.[17] 연구자들은 사람들이 어떻게 특정한 사회적 실천으로 "채용되는지"를 알고 싶어 한다. 채용 과정의 일부는 우리가 이미 가지고 있는 기술들에 의지한다. 예를 들어, 사회이론가 세실리 말러Cecily Maller와 욜란데 스트렌저스Yolande Strengers의 오스트레일리아 이주자 연구는 그들이 "실천 기억"이라고 명명한 것을 통해 이주자가 어떻게 어떤 습관과 일상 반복을 이주 후에도 유지하는지를 살핀다.[18] 하지만 그들은 실천은 새로운 환경에서 변형되고 조정된다는 점 또한 지적하는데, 바로 안톤이 이를 보여 준다.

기술 발전

늦은 4월의 차갑고 추적추적한 일요일 아침 9시 정각을 약간 지날 무렵, 나는 센테니얼 공원Centennial Park 가장자리에 있는 낮은 건물의 어둡게 밝혀진 방에 앉아 있다. 나는 '도시에서 자전거 타기Cycling in the City' 강좌가 사람들의 자전거 통근 습득에 어떤 도움을 주는지 알아보고자 여기 있다. 안톤은 이 강좌를 수강하라고 권하며 그가 이 강좌에서 어떤 도움을 받았는지 말해 주었다. 험악한 날씨를 감안할 때, 오늘 참석자가 단 둘이라는 게 놀랍지 않다. 다른 참가자는 엘사Elsa로, 도로에서 더 자신 있게 다니는 법을 배워서 자전거로 출퇴근을 하려 왔다고 한다. 학문적 관심 외에, 나도 친구가 이 도시에서 자전거 사고를 당한 뒤 생겨난 시드니에서 자전거 타기에 대한 불안감을 줄여 보려고 왔다. 강사 가빈Gavin과 벤Ben은 화이트보드가 까맣게 되도록 우리가 기본적인 도로 규칙을 확실히 이해할 수 있도록 강의를 했다. 화이트보드에 남아 있는 얼룩들은 여기서 다른 강의도 많이 이루어졌음을 보여 준다.

1절에서 살펴본 것처럼, 사람들이 통근하는 법을 배우는 데에는 많은 방식이 있다. 하지만, 이 절에서는 통근 기술이 어떻게 발전하는지를 살펴보고자 자전거 타기를 들여다본다. 이는 도시 운송에 대해 킴 쿨먼Kim Kullman이 잘 지적한 대로 "모빌리티가 전수되는 실천은 거의 관심을 받지 못해 왔다"는 점에서 중요하다.[19] 기존 연구에서는, 사람들 특히 아동들의 움직임이 미리 정해진 기준에 충족되도록 고안된 기법들로 훈육되는지에 초점이 맞춰져 왔다.[20] 지리학자 피터 메리먼Peter Merriman[21]의 영국 M1 자동차 전용도로에 대한 역사적 연구는 이 논리가 안전과 효율성이라는 이름으로 어떻게 작동하는지를 보여 주는 좋은 예이다. 그는 상이한 직간접적 기법들로 사고를 줄이고 흐름을 향상시키기 위해 이 도로를 새로 이용하기 시작한 운전자들을 훈육하고 있음을 보여 준다. 그렇지만 이 절은 배움을 훈육으로 이해하는 것과 달리, 배움은 또한 창조적 활동으로 사고될 수 있음을 제기한 킴 쿨먼을 따른다. 여기서 배움은 "기존의 기술과 지식의 단순한 재생산"이 아니라 "사람들이 모빌리티를 새로운 방식으로 사고하도록 영감을 줄 수 있는 창조적 실천"이 된다.[22]

도시 계시록

자전거 타기 강좌를 수강하기 몇 달 전, 나는 '자전거 통근의 날Bike to Work Day' 아침이라는 적절한 때에 롭Rob을 만났다. 오늘 그의 시간을 빼앗은 것이 미안하게 느껴진다. 그는 매우 이른 시간부터 여기서 직장으로 가는 자전거 통근자들에게 따뜻한 음료와 아침 요기 거리를 나눠 주고 있었다. 늦은 10월에 걸맞지 않게 날씨가 서늘하다. 어두운 회색의 구름층이 뚜껑처럼 도시를 뒤덮고 오전 내내 비가 오락가락했다. 롭은 자전거가 통근 선택지 가운데 하나임을 사람들에게 일깨워 주는 일을 하는 자전거 이용 장려 회사에서 일한다. 자전거 통근의 날은 사람들이 다른 방식으로 출근할 수 있도록 독려하는, 회사 사업의 일부분이다. 하지만 아마도 궂은 날씨 때문에 오늘 아침 그가 대화했던 이들은 이런 날씨에도 끈기 있게 자전거를 타는 오래된 자전거 통근자들이 대부분이었다고 했다. 이 행사는, 도시의 자전거 이용 입지를 강화하고자 한 달 동안 자전거 관련 행사들이 이어지는 시드니 자전거Sydney Rides 축제의 일환이었다. 다시 떨어지기 시작하는 비를 피하러 온 치펜데일Chippendale 빵가게의 밝고 편안한 분위기에서 그의 회사가 어떻게 사람들이 이 도시에서 자전거 통근을 시작하도록 돕는지에 대해 커피를 마시며 이야기했다.

대화는 지금은 힐스 구역Hills District이 된 시드니의 북서부에 새로운 근교 도시가 범람하기 전에서 시작되었다. 롭은 시골이었던 그곳에서 자랐다고 한다. 그곳의 많은 아이들처럼 주택 건설을 위해 도로가 포장되기 전 비포장도로에서 자전거를 탔다. 열여섯 살 때까지 자전거로 통학했지만, 도시 중심부로 이사하고 전학한 이후 자전거 통학은 끝났다. "도시 중심가에서 자전거 통학을 해야 했는데, 이건 '음 잠시만, 이건 다른 경험이구나' 했어요." 10년쯤 후에 그의 배우자가 자전거 통근을 원한다고 해서 시에서 제공하는 강좌 중 시드니 시 자전거 타기City of Sydney's Cycling 강좌에 등록했다. "강좌를 수강하고 자전거를 타기 시작하면서 내 삶에 큰 변화가 생겼어요. 실제로 시드니에 질려서 여기서 벗어나고 싶다는 생각이 간절해졌어요.… 여기에 질렸어요." 이렇게 말하는 그의 표정이 밝아진다. 실제로 롭의 삶에 변화가 생겼고, 5년 만에 그는 자전거 강좌 강사가되어 현재는 이 회사를 경영하고 있다.

나에게 시드니에서 자전거 타기라는 생각은 솔직히 공포를 일으킨다.[23] 롭은 전에도 이런 말을 많이 들어 본 사람처럼 웃는다. "그건 약간은 시드니의 문제"라고 인정한다. "시드니에서는 사람들이 자신의 행선지에 가려고 실제로 많이 서두르고, 이기적이라는 것이 적절한 말인지는 모르겠지만, '나는 내 행선지에 갈 권리가 있고 거기에 최대한 빨리 갈 거야'라는 매우 자기중심적인 권리 의식 같은 게 있는 거 같아요." 그리고 그의 어조가 바뀐다. "많은 사람들이 길에서 벌어지는 전쟁에 대해 말할 거예요. … 적개심과 갈등에 대한 많은 서사들이 있어요. 집을 나서면서 '이제 도로에서 벌어지는 전쟁에 참전한다'고 생각한다면, 거기서 벌어지는 일을 전쟁의 한 부분으로 해석하는 게 당연하지요. 누군가 당신에게 지나치게 바짝 붙어 추월한다면 그것을 공격적 행동으로 해석합니다. 누군가의 실수를 악의적인 것으로 해석하고 화를 내게 되지요. 화난 상태로 자전거를 타고 다니면서 갈등 상황을 스스로 만들어 냅니다. 거기서부터 상승작용이 일어나요. 화나서 자전거를 타면 누구나 실수를 하죠."

"현명한 자전거 타기BikeWise 강좌를 듣기 전과 후의 큰 차이는 '우아하게 자전거 타기'라고 할 수 있는 개념입니다." 롭은 이것이 예의 바르거나 자동차에 양보하는 것이 아니라 특정한 성향을 키워 나가는 것이라고 즉시 덧붙인다. 계획된 정교함을 보이며, 그는 "나 자신 속에 침착함을 유지하여 자신의 안전을 위해 가장 좋은 결정들을 내릴 수 있게 되는 것"이라고 말한다. 우아하게 자전거 타기는, 실제로 갈등을 낳을 수 있는 방어적 자전거 타기 기법의 습득에 초점을 맞추는 다른 자전거 교육 강좌의 철학과는 매우 다른 철학이라고 한다. "우리가 가르치는 방식은 '보고, 보여라', '다른 사람들과 소통하라', '예측 가능하게 운행하라', '우아하게 자전거 타라' 등 일련의 원칙들을 적용하는 거예요." 비록 자전거 타기가 쉬워지려면 그가 바라는 "근본적인" 교통 기반 시설의 변화가 많이 필요함을 인정하기는 하지만, 그의 강좌가 유용한 점은 "갈등의 많은 부분은 내가 통제할 수 있고 내 선택을 통해 경감시킬 수 있다. … 많은 자전거 통근자들이 자전거 운행 방식의 변경이 통근 경험에 정말로 긍정적인 영향을 줄 수 있다"는 점을 깨닫는다는 것이다. 그는 내가 직접 이 강좌를 수강해 보는 것이 이를 이해하는 가장 좋은 방법이라고 했다.

자신감을 갖는 습관 훈련하기

다시 비 오는 센테니얼 공원으로 돌아가 우리의 암기 능력을 시험할 때가 되어, 엘사와 나는 밖으로 나와 각자의 자전거를 잡는다. 가빈과 벤은 우리를 넓은 콘크리트 포장지역으로 안내한다. 강좌의 다음 부분은 제동, 페달 사용, 수신호에 초점을 두고 기본적인 자전거 통제 능력을 검사하는 것이다. 벤이 구두 강의를 진행하는 동안, 가빈은 수신호와 어깨 너머로 뒤돌아보기가 정확히 언제 수행되어야 하는지 등에 대해 실제 시범을 보인다. 시범은 금방 끝나고 이제 우리 차례다. 나는 자전거를 평생 탔지만, 연습 내용은 까다롭다. 제동할 때 페달을 바른 위치에 두지 못해 불만이다. 벤은 다시 시도해 보라고 한다. 한 번 더. 민망하게도 네 번째 시도에서야 수신호, 제동, 페달 통제를 배운 대로 가까스로 수행한다.

롭은 면접조사에서 이런 훈련의 중요성을 강조했다. 이것은 사람들에게 새로운 기술을 가르치는 것이기도 하지만, 이미 가지고 있는 기술을 발전시키는 것이기도 하다고 했다. 그는 면접조사 초반부터

"자신들은 보여 준 적이 없는 것을 해 보도록 한 적이 없음"을 강조했다. "우리가 지속적으로 훈련하는 것은 우리와 함께 집단으로 혹은 혼자서 자전거를 탈 때 두 손가락을 항상 제동 손잡이에 걸고 다니다가 즉시 정지할 수 있도록 하는 겁니다. 놀라서 당황하지 않게요. 그걸 일관되게 수행하지 않으면 우리는 누구도 도로에 데리고 나가서 훈련을 받게 하지 않아요. … 도로 훈련에 나설 때쯤에는 우리에게 그 말을 백 번쯤 들었을 겁니다."

우리가 무언가를 반복할 때, 아무리 사소하더라도 상황은 바뀐다. 연습할 때마다 나는 이 차이를 느꼈다. 이 논리는 여정 전체로 확장될 수 있다. 오늘 당신의 통근 여정은 어제와 정확하게 일치하는가? 정확하게 일치하는 것이 가능한가? 정확히 무엇이 바뀌었는가? 이러한 세세한 변화에 사로잡힌 이가 19세기 철학자 펠릭스 라베송Félix Ravaisson이다. 그는 처음에는 우리의 의식적 노력을 요구했던 무언가가 시간이 흐름에 따라 자동적으로 일어나는 본성 같은 것이 되어 가는 작은 변화들을 흥미로워했다. 그는 이것을 '이중 법칙double law'으로 설명했는데, 우선 어떤 행동은 반복을 통해 더 강해지고 정확해진다. 반면, 이에 대한 감각은 동일한 방식에 따라 더 약해지고 우리는 훨씬 덜 민감하게 느낀다.[24] 이는 시간이 흐름에 따라 반복된 행동은 더 자동적이 되어서 그것의 수행에 의식적 노력을 덜 필요로 하게 되고, 이에 수반된 특히 고통과 같은 감각은 감소한다는 의미다. 연습할 때마다 나에게 일어난 점진적 변화는 이 점을 증언한다. 라베송에게 이것은 습관이다.

이런 생각이 가진 새로운 점은, 습관을 같은 행동의 불변하는 기계적인 반복으로 이해하는 방식과 달리, 이런 의미의 습관에서는 변환이 허용된다는 것이다. 습관은 우리의 역량을 변화시켜 우리의 이전 경험을 통해 미래 상황에서 우리에게 요구되는 것이 무엇일지를 예상할 수 있도록 도와주는 작용을 한다. 한 마디로, 습관은 행동하려는 경향을 산출한다.[25] 습관을 통해 이미 기본적 역량을 가지고 있기 때문에, 우리는 의식적 노력을 다른 과업에 쏟을 수 있고 새로운 자극제를 고안할 수 있는 여지를 만든다.[26]

이제 자전거 센터라는 약간은 작위적인 보호구역을 떠나 시드니 중심부의 실제 도로로 진출할 시간이다. 신나기도 하면서 나의 자전거 운전이 감시자 가빈과 벤의 지속적 감독을 받는다는 사실에 약간 긴장되기도 한다. 우리는 조용한 뒷길을 따라 일렬로 모여 자전거를 탄다. 약 10분 후, 벤은 각자 자전거를 길 가장자리에 붙여 세우고 자전거에서 내리라고 한다. 여기가 우리의 첫 번째 도로 훈련 장소이다. 엘사와 나는 3차선 도로에서 자전거 옆에 선다. 이 훈련은 교통 흐름에 자신감 있게 대처하는 법을 익히는 것이다. "이 훈련은 부분적으로 바른 차선 위치를 선택하는 것"이라고 벤이 말한다. 동시에 다른 도로 사용자들에게 우리의 자신감을 드러내기도 해야 하는데, 그러려면 주변의 교통 흐름을 필히 확인해야 한다. 엘사와 나는 가빈의 동작과 행동을 관찰한다. 벤의 설명과 잘 들어맞는 자전거 위에 꼿꼿하게 앉은 자세로, 가빈은 당당한 태도로 간결하게 동작을 수행한다. 내 차례다. 모두 날 바라보고 있다. 차선 중앙을 유지하려고 집중하던 내 귀에 차 한 대가 뒤로 접근하는 소리가 들린다. 나는 당황해서 길 가장자리로 이동하면서 동시에 지나치게 머뭇거리며 머리를 돌린다. 고향에서 6년 동안 자전거로 통학했지만, 이곳의 새로운 환경에서 어떻게 행동해야 하는지에 대한 새로운 지식으로 무장했음에도 불구하고 자전거 타기의 옛 습관을 버리기가 힘들다.

이전의 면접조사에서 롭은 자신감이 통근 기술을 발전시키는 데 핵심적임을 지적했다. "자신감을 보이면 사람들은 우리를 신뢰하게 됩니다. 자전거를 타고 다니면서 주위를 둘러보고 수신호를 보내는 걸 보는 사람들은 '저 사람은 뭘 좀 아는구나. 걱정할 필요 없겠어. 우회전할 건가 봐. 잘됐네'라고 하게 됩니다. 반면에 어떤 사람이 구석에서 뒤뚱거리고 있는 걸 보면 사람들은 '저 사람 겁나게 하네. 안전이 염려되나 봐. 나도 염려돼. 저 사람을 우회해서 따돌리고 가야 뒤탈이 없지' 할 겁니다. 자전거 타는 사람은 '아, 이 모든 차들이 나를 추월하려고 서두르네. 돌아보지 않으니 그 차들이 안 보여'라는 상황에 처합니다. 이렇게 자신이 통제할 수 없다고 느끼는 상황으로 빠져드는 거지요."

이 대화를 기억하면, 훈련 장소에서 가르치는 편안함의 미세한 변화는 길에서 우리가 다른 이들과 어떻게 상호작용하는지에 대한 우리의 인식을 바꾸도록 고안돼 있다. 이 훈련은 이전까지 위험한 것으로 인식되던 활동이 어떻게 덜 위험할 수 있는지를 보여 주도록 고안된 것이다. 롭이 지적하듯이, 사람들은 "다른 사람들과 함께 통근할 때 무슨 일이 생기는지 보라고. 저 사람이 양보하면 나는 돌 수 있어'라고 할 수도 있지만, '아니, 잠시만. 우리가 없어지기를 바라는 사람들로 가득 찬 혼돈스런 세계에 대한 인식도 있고, 내가 많은 통제력을 행사할 수 있는 세계도 있어'라고 할 수도 있다. 롭이 앞서 "사람들이 집단으로 자전거를 탈 때 선두에 선 사람의 차선 위치를 따른다"라고 말할 때 지적한 대로, 여기서는 실제로 보여 주는 것이 핵심이 된다. "우리가 사람들에게 말하는 것 중 하나는 '실제로 자신감이 생기기 전까지는 자신감 있는 척할 필요가 있다'는 겁니다."

롭은 자신감이 도로 위에서 느끼는 불안감을 최소화시킨다고 설명한다. "자동차 운전자와 자전거 통근자 사이에 일어나는 분노의 거의 대부분은 사람들이 불편함을 느낄 때 나타난다고 생각합니다." 이것은 특정인에 대한 분노가 아니라 상황에서 오는 불편함이다. "그것은 자전거 통근자가 자동차의 존재를 모르고 있다고 느끼게 행동하고 있거나 주변을 살피지 않고 눈을 마주치거나 수신호를 하지 않아서 예측 가능한 방식으로 행동하지 않고 자동차 운전자들을 놀라게 하기 때문입니다. '아, 저 사람이 날 놀라게 하고 충격을 주니 화가 나는군' 같은 것입니다. 자전거 통근자들이 자동차 운전자들을 놀라게 하지 않고 그들이 하려는 것과 운전자들이 했으면 하는 것에 대해 아주 명확한 지시를 보내기 시작하면, 그 즉시 자전거 통근자들은 다르게 취급됩니다."

첫 번째 훈련 장소를 뒤로하고 우리 넷은 프린스 알프레드 공원 Prince Alfred Park을 건너 무리를 지어 도심 속으로 더 깊숙이 들어간다.

여기가 두 번째 훈련 장소다. 일요일이지만 교통량이 많다. 이번 훈련은 작은 도로로 좌회전해서 들어갔다가 다시 나오는 것이다. 벤의 시범을 보고 있으면 그 일이 간단해 보인다. 그렇지만 그처럼 교통량이 많은 장소에서 내 차례가 되자 나는 훨씬 더 긴장한다. 나는 강의 내용을 떠올린다. 운전자들과 눈을 맞춰라. 왜냐하면 롭이 말한 대로 "운전자들에게 내 얼굴을 보여 주기 전까지 나는 기본적으로 하나의 물체이고 그들의 진로에 끼어든 방해물이기 때문이다. 돌아보면 이제 인간이 된다." 작은 도로로 접근해 들어갈 때 나는 수신호를 하기 전에 주변을 둘러본다. 내 시선은 내 뒤를 따르던 하얀색 택시를 운전하는 사람에 고정되었다. 그러자, 그는 고개를 끄덕이고 2미터의 여유 공간을 추가로 둔다. 나는 조용히 감동한다.

우리는 그 훈련을 두 번 반복한다. 그런데 우리가 자전거 센터를 떠날 때 간간이 내리던 이슬비는 동해안의 낮은 구름이 태평양으로부터 밀려들면서 본격적인 비로 변한다. 벤이 이제 그만 센터로 돌아가자고 한다. 빗방울이 굵어지자, 면 반바지와 얇은 운동화가 축축해지는 것을 느낀다. 그러나 왔던 길을 되밟아 갈 때, 이 스멀거리는 불편함이 새로운 자신감으로 상쇄되고 있음을 깨닫는다. 나는 인류학자 팀 잉골드Tim Ingold의 기술에 대한 글을 떠올린다. 그 글은 기술이 단순히 개인의 신체가 발전시키는 기법이라는 전통적인 생각에 의문을 제기한다. 우리는 기술을 "고립된 개인의 몸이 가진 속성이 아니라 어떤 환경 속에서 장인의 존재에 의해 구성되는 관계 전체의 체계"로 사고해야 한다고 그는 주장한다.[27] 이것이 의미하는 바는, 자전거 타기 강좌와 같은 기술의 개발은 단지 "혈관주사처럼" 미리 정해진 일련의 생각들을 주입하는 것이 아니라 사람들 사이 그리고 사람들과 그들을 둘러싼 환경 사이의 삶의 관계를 변화시키는 것이라는 점이다.[28]

우리가 시간의 경과에 따른 반복을 통해 어떤 것을 경험할 때 습관은 우리와 환경 사이의 관계에 나타난 변화이다. 자전거 타기 강좌에 참여하면서 나는 이런 기회가 새로운 습관에 시동을 걸 수 있는 강력한 방법이라는 사실을 음미하게 되었다. 이 습관은 시간의 경과와 연습을 통해, 모리스 메를로-퐁티Maurice Merleau-Ponty의 표현을 쓰자면 "즉각적 지식Knowledge in the hands"을 만들어 내면서,[29] 사람들이 그들의 환경에 다르게 반응할 수 있는 역량을 변화시킨다.[30] 실제로, 습관은 사람들이 매일의 통근을 지치지 않고 수행할 수 있게 한다.[31] 우리가 만약 매일 어떻게 출근할지 의식적으로 생각해야 한다면 얼마나 피곤할지 상상해 보라. 이에 더해서, 자신감은 신체와 환경 사이의 관계에 대한 믿음을 발전시키는 것이다. 이것은 우리의 신체가 무언가를 할 수 있을 것이라는 믿음이다. 철학자 데이비드 라푸자드David Lapoujade는 믿음은 자신감의 근원이라고 지적한다. 우리는 "자신감을 갖기 위해 믿음을 갖는다."[32] 이것은 세계에 대한 우리의 관계를 변화시키는 믿음이다. 지리학자 제이-디 듀스버리J-D Dewsbury와 폴 클로크Paul Cloke가 서술하듯, 믿음은 "사람들로 하여금 아주 생생하고 구체적인 느낌을 경험하게 하기" 때문에 강력한 힘이다.[33] 믿음은 "그것 없이는 일어나지 않을 어떤 일들을 일어나게" 한다.[34] 우리에게 자신감이 있을 때, 예를 들어 우리가 복잡한 교통 상황에서 출근할 수 있다는 것 같은 어떤 것들을 믿을 때, 믿음은 우리가 그 목적을 달성할 수 있도록 돕는다.

기술 유지

어떤 기술에 통달하면 우리는 그걸 계속 가지고 있을 것이라고 생각하는 경향이 있다. 조금은 다른 맥락에서 철학자 휴버트 드레퓌스Hubert Dreyfus는 재즈 피아노 배우기를 예로 든다. 그는 기술 습득에서 초심자에서 전문가에 이르는 다섯 개의 진척 단계가 있다고 말한다.[35] 그렇지만, 이는 기술을 한번 통달하면 우리에게 계속 남아 있으면서 필요할 때마다 불려 나올 준비가 되어 있다고 가정한다. 여기서 기술을 이루는 신체 습관은 상황이 필요해질 때마다 도움을 주기 위해 튀어나오는 즉각적 자원으로 이해된다. 습관은 여기서 항상 사용 준비가 된 것을 기대할 수 있을 정도로 우리에게 간직되어 있다고 가정된다. 이 절에서는 통근 기술이 우리가 전제하는 것보다 훨씬 덜 보장되어 있음을 보여 주는 세 가지 상이한 상황을 탐색함으로써 이 가정에 의문을 제기한다.

취약한 자신감

나는 브라이언Brian을 그의 직장인 시내 중심부 근처 대규모 의료 시설에서 만난다. 병원 로비가 강력하게 불러일으키는 신체적 취약함은 우리가 진행할 대화의 맥락에서 매우 선견지명이 있는 장소 선택이었다. 브라이언은 북부 해안North Shore 지역에서 매일 시드니 하버 브리지를 건너 자전거 통근을 한다. 그와 그의 아내는 그의 직장에서 반경 10킬로미터 내에 있다는 점 때문에 지금 사는 집을 선택했다. 그는 통근 경로를 단계에 따라 매우 정확하게 설명한다. 그는 자신이 "공격적 자전거 통근자"라고 말한다. "나는 차선 전체를 차지하고 다른 사람들이 날 볼 수 있기를 바랍니다. 사람들이 짜증 내는 건 말하자면 그들이 날 봤다는 뜻이기 때문에 괘념치 않아요. 그래서 차들 앞에 멈춰 서서 내가 잘 보일 수 있도록 합니다." 이것은 앞서 서술한 자전거 타기 강좌에서 주의를 준 바로 그 적대적 태도라는 걸 상기하며 나는 살짝 웃는다. 여기서 가장 놀라운 점은, 브라이언이 자신을 "자신감 있는 도로 이용자"로 규정하는 방식이다. 그럼에도, "여전히 말하자면 불안함 같은 걸 느끼는 부분"이 있다고 한다. 나는 더 알고 싶어진다.

브라이언이 자전거 타기를 즐긴다는 것은 시작부터 명확하다. 더블샷 에스프레소 커피를 마시면서, 현재 장거리 도로에서 자전거 타기를 시도하려고 훈련 중이라고 말하는 그의 표정은 신나 보인다. 그는 특히 비용과 출근 시간 절약과 같은 자전거 통근의 이점을 강조한다. 이러한 좀 더 체계화된 이유에 더해, 자전거 타기로부터 그가 얻는 즐거움이 있음이 명확해 보인다. "그러니까 내 속에 작은 꼬마가 있어서 '햐, 비오네' 하며 길을 달리며 물 튀기기 같은 것들을 참 좋아해요"라고 내게 돌아앉으며 말할 때는 차라리 사랑스런 순간이다. 이 순간, 나는 시드니의 훈훈한 빗속을 뚫고 달리며 젖은 도로면에 닿는 바퀴를 느끼며 그가 맛보았을 행복감을 상상해 본다.

그는 말을 멈추고 어깨를 으쓱해 보인다. "이렇게 말하고 보니 3, 4주에 한 번씩은 정말 기분 나쁜 경험을 하게 됩니다." 그의 불쾌함이 찌푸려진 미간에서 강하게 드러난다. "재미있는 건 이런 거죠. 나는 정말 자신감 있는 자전거 통근자예요. 하지만 무언가 일이 생겨서 내 취약함이 드러나면 자신감이 없어지고, 모르긴 해도 한 일주일 동안 맘이 편치 않아요." 앞서 롭이 경계했던, 극단적인 자신감으로 무장한 자전거 통근자를 가리키는 "자전거복 무리Lycra-clad gang의 일원"이라고 처음에 당당히 자신을 소개했던 사실에 비춰 보면 의외의 모습이 아닐 수 없다.[36]

그가 그 기억을 떠올리며 다시 상처받지 않기를 바라며, 나는 다소간 주저하며 그 순간을 얘기해 줄 수 있느냐고 묻는다. "그럼요." 그는 약간은 생기 있게 말한다. "두어 번 자동차가 내 앞을 가로질러 좌회전했었어요. 나는 웨스트 스트리트West Street 쪽에서 오고 있었고, 자전거 한 대가 내 앞에 있었죠. 나는 그 자전거 뒤에 바짝 붙어 있어서, 말하자면 우리는 함께 가는 것 같았어요. 앞 자전거가 좌회전 신호를 했고 그때까지 괜찮았어요. 그런데 나는 좌회전하지 않을 거였는데 자동차가 내 바로 앞을 가로질러 좌회전했어요. 나는 급정거했고 낮게 소리를 질렀죠. 그 운전자가 차에서 내렸어요." 그는 이야기를 자르며 "재미있어요. 사람들이 차에서 실수했을 때, 운전자들은 대개 공격적으로 반응해요. 그 운전자도 저한테 소리를 질렀죠."라고 말한다. 이 말을 듣는 나도 내가 경험했던 불쾌한 자전거 타기를 떠올리며 그의 분노에 감정이입하게 된다. 그는 이런 종류의 경험과 맞닥뜨리면 자신이 도로에서 손님의 위치에 있는 것처럼 느끼게 된다고 말한다. "운전을 할 수도 있지만 자전거 타기를 선택한 거고, 그것 때문에 내가 다른 사람보다 못하거나 권리가 적다고 할 수 없어요." 그의 말은 길에서의 상호작용이 인간 사이의 접촉이 되도록 만드는 눈 마주치기의 힘에 대한 벤과 가빈의 지적과 잘 조응한다.

이렇게 충만했던 자신감도 약해질 수 있다는 교훈을 얻었으니, 이제 떨어진 자신감을 어떻게 회복하는지도 궁금해진다. "의식적으로 다른 자전거 통근자들을 찾아 함께 다니면 약간은 안전하다는 느낌이 들어요." 그래서 가끔은 '자전거 통근 버스cycling bus'로 불리는, 고정된 경로를 정해진 시간을 지켜 함께 통근하는 집단과 함께 다니기도 한다. 그가 가입한 곳은 '손쉬운 성공자Easy Riders'라는 매우 적절한 이름의 집단이다. "이 집단의 자전거 통근은 혼스비Hornsby에서 일부 시작합니다. 그리고 커피 한 잔을 마시는 시드니 하버 브리지 남쪽 끝을 통과합니다. 그 길을 따라 사람들이 합류하지요. 아르타몬Artarmon에 이를 때쯤이면 약 30명 정도로 불어납니다. 30명씩 함께 다니면 정말 훨씬 더 안전하다니까요." 다른 자신감 회복 방법은? "천천히 자신감이 돌아오고 다시 전처럼 다닙니다. 그렇지만, 여전히 약간, 약간의…."

이 대화에서 중요한 점은, 매우 경험이 많은 사람이라도 통근 여정으로 발전된 신체적 기술은 쉽게 취약해지고 무너질 수 있다는 것이다. 자신감은 조여드는 주변 교통 흐름을 느끼는 방식을 변화시킬 수 있지만, 브라이언의 회고담이 보여 주는 것처럼, 그것은 일시적으로 약해질 수 있고 회복을 위해서는 재활이 필요하다.[37] 이 재활 노력은 다른 사람들과 함께 자전거 타기와 같은 새로운 통근 환경을 마련하는 것을 수반하기도 한다. 자신감이 돌아온 다음에도 이전 사건들의 흔적은, 브라이언의 통근에 "여전히 약간의 무언가"를 남기듯이, 현존한다. 브라이언의 이야기는 자신감이 믿음과 연관되는 방식을 강화시킨다. 이 경우, 브라이언이 전처럼 자전거를 타는 데 필요한 믿음을 망가뜨린 것은 불안을 야기한 특정 사건이다.

방해받은 습관

습관에 대한 지나친 자신감 역시 문제를 일으킬 수 있다. 애덤Adam은 시드니에서 80킬로미터 북쪽에 있는 센트럴 코스트Central Coast에 있는 작은 도시에 아내, 10대 자녀 둘과 산다. 그는 17년 전 시드니의 서부 중심에서 가족을 이루기 직전에 이사해서 도시 중심의 서쪽 공장 지역으로 자동차 통근을 한다. 그는 한 대기업의 기술 관리자로, 그의 일정은 한 달에 3주 동안 12시간 주야간 2교대와 밤낮 근무가 바뀌는 시기의 2~3일의 휴일로 구성되어 있다. 이른 아침 일과 시작에 따라 컨디션이 삐걱거리는 것을 느끼면서, 밤 근무 이후의 휴일을 즐기고 있는 그를 그가 사는 도시의 탁 트인 커피숍에서 만났다.

애덤은 근무 교대로 인해 일상을 주기적으로 바꿔야 한다고 연구 참여 신청서에 썼기 때문에 그를 만나는 것이 매우 고대되었다. 가장 최근의 밤 근무 통근에 대해 알려 달라는 질문으로 면접조사를 시작한다. "아, 그거 힘들죠." 그는 웃으며 얘기한다. "낮 시간에는 항상 생활이 있기" 때문에 때에 따라 서너 시간의 수면을 취한 이후 30분 정도 이어지는 출근 준비 과정을 간략히 설명한다. 그리고 곧바로 그가 "위안을 얻는 시간이자 가정의 삶에서 직장의 삶으로 평정심을 얻는 시간"인 고속도로 운전을 얼마나 즐기는지를 설명한다. 그것은 "고속도로의 그렇게 평온한, 그 윙윙거리는 소리" 때문이다.

이 경로를 18년 동안 다닌 애덤이 아주 자신감 있는 운전자라는 것이 느껴진다. "다른 통근자들, 매일매일 운전하는 사람들과 함께 다니게 되면 가끔씩 직장에 도착했을 때 어떻게 운전해서 출근했는지 기억나지 않을 때가 있어요." 그는 이러한 경험에 수반되는 운전 행태를 묘사한다. "나는 공격적 운전자가 아닙니다. 많은 사람들이 공격적이라고 오해하는 건 알지만, 나는 고속 주행 운전자입니다. 내가 앞서 나가려는 건 … 그러니깐 내가 말하려고 하는 건, 그동안 평균적으로 130~140킬로미터로 운전해 왔어요. 그렇지만, 아내와 같이 타고 있으면 아내의 기분을 존중해서 속도를 줄입니다. 적당한 상황과 그렇지 않은 상황에 따라 조정을 강요당하죠. 다른 운전자들은 여전히 130으로 달리더라도요. 통근할 때는 통근하는 사람들의 독특함을 볼 수 있어요. 우리는 모두 고속 주행 차선에서 앞 차에 바짝 붙어서 브레이크를 밟지 않고 달려요. 그렇게 미끄러져 빠져 나가며 잘 운전합니다."[38] 그는 이것을 가끔씩 운전하는 비통근 자들과 대비시킨다. "수영대회 같은 학교 운동 행사에 아이들을 데려가는 주부를 볼 겁니다. 그 사람은 그 시간에 통근에 끼어들지만 고속 주행 차선에서 110으로 달려요. 제동등도 들어오고요. 그러면 정신을 차려야 하지요."

애덤의 성찰은 그의 통근이 의식 저변에서 일어나는 완전히 습관화된 행동임을 나타낸다.[39] 그가 미끄러져 빠져나감으로 묘사한 것은, 철학자 맥신 쉬츠-존스톤Maxine Sheets-Johnstone이 의식적 주목을 요구하지 않는 침잠한 형태의 운동으로 서술한, 일종의 흘러가는 행동을 나타낸다.[40] 애덤이 정신 차림이란 말로 나타내는 것은, 좀 더 조심스런 비통근자들과 함께 운전하는 것이 잠재의식적 자동 항법이 아니라 의식적 주목의 상태로 돌아가 운전하기를 요구하면서 그의 통근 습관을 방해한다는 점이다. 하지만, 이것이 애덤이 경험하는 유일한 방해는 아니다.

애덤이 면접조사 내내 후렴구처럼 반복한 내용이 있다. "운전하면서 그렇게 하면 쉬워져요. 밤 근무 후에, 힘든 밤 근무 후에요, 고속도로 갓길에 세워 놓고 30분 동안 아주 얕은 쪽잠을 자도록 훈련해 왔어요. 경험을 통해서 이게 정말 효과적이라는 걸 배웠어요. 그리고, 두어 번 바위 벽 같은 걸 맞닥뜨려서 놀라 죽을 뻔한 적이 있어요." "무슨 일이 있었나요?"라고 내가 약간 급하게 묻자, 이전까지 활기찼던 그의 태도는 좀 더 진지해진다. "아, 보세요. 소름 끼쳤어요." 그는 자신의 팔을 가리킨다. 그의 두꺼운 구릿빛 팔뚝에 난

은빛 털들이 뻗치며 일어난다. 피부 표면에 갑자기 수천 개의 촘촘한 소름들이 솟아오른다. 그는 침을 삼키고 미간을 찌푸리더니 잠시 창밖을 응시한다. 눈썹을 찌푸린 채 얼굴을 돌려 나를 본다. 그리고 깊은 숨을 내쉰다. "놀라 죽을 것 같았어요. 그 순간 화가 났어요. '그놈의 일 때문에 왜 내가 이런 일을 자초하지?'"

애덤의 생각의 흐름은 깜빡 졸음으로 돌아온다. 그는 센트럴 코스트로 이사한 이후 그의 신체적 능력이 어떻게 변화했는지 설명한다. "나는 신체적으로 건강하고, 20년 전 서른한두 살 적에는 거침이 없었어요. 지금도 새벽 4시까지 파티에서 즐길 수는 있지만, 몸이 예전 같지는 않죠. 더 이상 그럴 수 없어요. 그럴 수는 있지만, 회복하기가 힘들어요." 통근에 대처하는 자신의 능력을 성찰하면서 그는 "항상 '누워서 떡 먹기군' 하고 생각했어요."라고 말한다. 다시 한 번 그의 상냥한 태도가 조금 차가워지더니 눈빛도 차가워졌다. "누워서 떡 먹기라고 생각하지 않아요. 운전하다가 잠에 빠져들고 사고가 나는 걸 걱정하기 때문이죠. 수년 전에는 오토바이로 통근해도 끄떡없었는데, 지금은 사고가 언제 일어날지 몰라요." 그는 말을 잠시 멈추었고, 나도 끼어들지 않는다. "휠체어에 앉는 신세가 되어 가족과 아이들에게 짐이 되는 것이나 교통사고로 죽는다면 하는 상상을 하면 분노가 치밀어 올라요. '제발 일어나지 않았으면' 하고요." 그는 깜박 졸음을 일으키는 조건들에 대해 설명한다. "스트레스를 받는 건 아실 거예요. 맑은 날이라면 햇볕은 (손짓하면서) 이쪽으로 비출 거예요. 내가 북쪽으로 향하고 있기 때문이죠. 편안함을 느낀다면 나는 단지 … 모르겠어요. 항상 '괜찮을 거다. 괜찮을 거다' 하고 생각하죠. 그리고 또 일어나고 모르겠어요. 의식적인 노력의 결과인지. 며칠 전에 일어난 건 스스로를 혹사해서 그랬던 건데. 한동안 일어나지 않았던 건 커피 한 잔을 한다든지 하는 예방 조치 덕분일 거예요."

우리가 개발하고 일상을 통해 의지하는 습관은 어떤 조건에서는 덜 도드라져 보일 수 있다. 여기서 애덤이 주는 단서는 교대 근무가 안전 운전에 미치는 영향이다. 비록 습관은 애덤이 계속 운전할 수 있도록 도와주는 안정화의 힘을 제공하지만,[41] 2차적 본성이라 할 어떤 습관은 지친 상태에서 끌어내기 쉽지 않다는 점을 드러낸다. 구체적으로, 안전 운전에 요구되는 집중력과 경계가 무뎌질 수 있다.[42] 그가 부인과 함께 운전할 때 일찍부터 느꼈다고 묘사한 습관의 단절은 의식적 노력("조정을 강요당합니다")으로 느껴지기는 하지만, 지친 상태에서 습관화된 행동의 갑작스런 붕괴는 마주한 상황의 심각성이 매우 현실적이어서 훨씬 더 강력하게 느껴진다. 브라이언의 불편했던 자전거 타기 경험의 흔적이 그 일이 지나간 후에도 남아 있었던 것처럼, 면접조사에서 얘기된 사건들에 대해 애덤이 분노로 반응하는 것은 지속되고 있는 그 붕괴의 효과를 증언하는지 모른다.

애덤의 기억에서 특히 주목할 만한 점은 자신의 습관에 대한 자신감("괜찮을 거다")과 깜빡 졸음 속에서 그의 주목이 무뎌졌을 때 일어나는 일에 대한 섬뜩함 사이의 긴장이다. 눈에 띄는 점은, 애덤이 햇볕이나 온기처럼 깜빡 졸음을 유발하는 조건들에 점점 더 민감해지고 있다는 점이다. 그래서 커피 마시기와 같은 전술을 통해 이런 조건의 일부를 변화시킬 수 있다. 그의 회고는 피로감을 강조하는 데 그치지 않고, 다른 신체 변화 과정들이 어떻게 그의 통근 경험에 굴절되는지가 전면에 등장한다. 그는 젊었을 때에는 신체적 피로에서 지금보다 빨리 회복할 수 있었다고 추억한다("지금은 사고가 언제 일어날지 몰라요"). 지금 그가 느끼는 취약함은 가족 부양 의무감 때문에 더 강렬해지고 있음을 느낄 수 있다.

지치게 하는 습관

퇴직 연령 상향을 두고 상시적으로 벌어지는 논쟁은 종종 대상자들의 직업이 요구하는 바를 그들이 수행할 수 있는가 하는 역량 문제로 이어진다. 그러나 이러한 논쟁에서 그들의 출퇴근 능력에 대한 문제는 빠진다. 애덤의 통근 역량이 시간의 흐름에 따라 어떻게 변화해 왔는지에 대한 그의 회고는 이것이 결코 사소한 문제가 아님을 보여 준다. 생애 후반의 모빌리티와 복지 사이의 복잡한 관계에 주목하는 학술 연구가 늘어나고 있지만,[43] 은퇴 직전의 삶에 주목하는 경우는 적다. 제니Jenny는 50대 중반으로, 모빌리티와 노화 연구라는 맥락에서 보면 노인으로 분류하기 어렵다. 하지만, 그녀와의 면접조사 과정에서 노화의 신체적 과정에 대한 문제들이 전면에 등장했다.

나는 제니를 어느 무더운 오후 그녀의 시내 중심부 아파트에서 만났다. 아파트의 모든 창이 열려 있어서 습기를 잔뜩 머금은 공기가 상쾌하게 퍼지는 걸 느낄 수 있다. 그녀는 시드니 서부 중심에 있는 이 아파트에서 19년 동안 살아왔다. 그녀는 서쪽으로 20킬로미터 떨어진 웨스트미드Westmead에서 일하는데, 그곳과 이곳을 오가는 통근을 17년 동안 해 왔다.

제니는 근무하는 5일 중 4일을 자동차로 출근한다. 변화하는 기분에 따라 통근 경로에 변이를 주었다는 점에서 수년간 발전시킨 그녀의 통근 경험은 특히 강렬한 인상을 준다. "좋은 점은, 말하자면 약간의 뒷길 경로를 타는 거죠. 여러 해에 걸쳐 다양한 경로들을 시험해 봤고 기찻길을 감싸듯이 섬머 힐Summer Hill, 애쉬필드Ashfield, 크로이돈Croydon, 버우드Burwood 등의 뒷길을 통하는 경로로 가죠. 최근 경로는 … 나는 아파트 건설이라고 생각했는데 버우드 기찻길을 따라 사무실 건물들이 건설되면서 거리에 일단정지 표지판을 든 남자들이 늘어났어요. 그러니까, 건물이 도로와 철길 사이에 있어 거기를 지나면 층층multi-multi story에 갇혀 있는 느낌이죠. 마치 터널을 지나는 느낌이랄까요? 그래서 나는 '저기를 따라 다니는 것이 좋지 않아'라고 그냥 생각했죠. 그래서 한 블록 올라와서 철길을 건너 샤프츠베리 에비뉴Shaftsbury Avenue로 들어가죠. 버우드 웨스트필스Burwood Westfield로 불리는 곳을 바로 통과해서 파라마타 로드Parramatta Road로 진입해요."

면접조사 초기에 명확히 드러난 점은, 그녀의 경로가 육체적으로 힘들다는 점이다. 아침 일상을 묘사하면서, 차에 도착하기도 전에 "때로 엉덩이 근처 근육과 관련된 내가 해야 할 체조를 다 해야 해요. 다른 운동도 시도하고 함께 해 보려고 운동기구를 여기저기 구석에 두고, 말하자면 운동할 구석이 생긴 거죠."라며 묘한 미소를 짓는다. 그녀는 작은 거실 구석을 가리킨다. "시험해 보고 이것들을 공간에 끼워 넣는건, 말하자면 서둘러, 서둘러, 서둘러 운동 몇 회 하고." 이렇게 말하는 그녀에게선 빠르게 스쳐 지나가는 가벼운 경멸까지 느껴질 정도로 그녀는 지쳐 있었다.

제니가 이 길로 통근한 지 여러 해가 되었음을 감안할 때, 그녀가 왜 이 아파트에 정착해서 살기로 결정했는지 놀랄 수밖에 없다. 그녀는 이 아파트를 구입했을 때에는 직장이 가까이에 있었다고 말한다. "이 아파트를 살 때에도 병원이 옮겨 갈 거라는 걸 알기는 했죠. '아, 좀 계획이 연기되나' 그러다가 '될 대로 되라' 식으로 할부금을 붇기 시작했는데 초기에는 그렇게 스트레스 받았던 기억이 없어요." 그녀는 의자에 깊이 앉아 창밖을 흘깃 보더니 귀찮아진 표정이 된다. 그녀가 이야기하고 싶지 않은 주제를 건드릴까 봐 걱정이 된다. "이건 확실히 나에게 축적되어 온 것이라고 생각해요. 내가 나이들면서 나는 정말 … 말하자면 통근을 그만두고 싶어요. 그렇지만 '음, 내가 해 왔으니', 말하자면, '다른 사람도 할 수 있어.'" 그녀의 어조가 갑자기 따뜻하게 변한다. "내가 심술쟁이 노파가 되어 가는 것 같아요. 사람들의 휴대전화와 다른 모든 것에 대해 넋두리를 해대는 노파가 나오는 텔레비전 프로그램을 본 적 있나요?" 나는 웃으며 조심스럽게 고개를 끄덕였다. 그녀는 좌절하는 것 같다. "모든 것이 스트레스나 짜증이 되는 정신 상태가 되어 가는 것 같아요.… 그러나 말이죠. 17년이란 시간은 확실히 대가를 요구했을 것이고, 나는 이걸 왜 계속하지"라고 생각해요. 계속 하면 할수록 '왜 이걸 하고 있지? 하고 생각해요." 그녀의 어조는 더 열정적이 되면서 그녀의 아파트 위치에 대한 화제로 돌아간다. "왜 직장에서 22킬로미터나 떨어진 곳에 사냐고요."라고 그녀는 수사적인 질문을 던진다. "그건 간단히 말해 너무 멍청해요!"

나는 이런 질문을 하는 것이 제니가 품고 있던 불만을 확장시키는 것이 아닐까 몹시 걱정되었다. 이전에는 이 불만들이 안전하게 억압되었을까? 궁금하다. 이러한 긴장 관계에 관심을 갖게 해서 그녀가 더 불안해지는 건 아닐까? 실제로 제니는 이 문제들 가운데 일부를 다시 반추한다. "한편으로, 나는 거의 통근 문제가 있다는 것에 감사해야 할 지경이에요. 이게 촉매가 되어 이사에 대한 생각도 하니까." 그녀의 어조는 이제 훨씬 더 결단력 있어진다. "그러니까 어쨌든 현재 나는 이사를 가기로 막 결정했고 … 운전이나 통근, 교통 증가와 같은 축적된 스트레스가 있겠지요. 하지만, 장래에 나는 꼭 도보 통근을 할 거예요. 지금은 그게 너무 매력적으로 느껴져서 주된 유인이 될 정도예요. '음, 아니야. 나는 일정 정도 저 바깥에 살고 싶지 않아, 하지만' 그러니까 '정말 원하는 게 뭐지?'" 그녀는 두 손을 맞잡아 올렸다가 다시 놓는다. 이 결정이 초래할 많은 긴장들을 속으로 처리하고 있음이 느껴진다. "나는 이제 55세이고 60세에 은퇴할 것이기 때문에 '계속 이러고 있어야 합니까? 따라서 내 생각에는 4년에 몇 개월 더해진 기간에 저 바깥 지역에 나가서 생활하다가 은

퇴한다면 나는 다시 여기로 이사 올 수 있고 혹은 은퇴 후 다른 곳에 살 수도 있어요. 별로 길지 않은 시간 같아요. 할 만해 보여요." 나는 감탄해서 말했다. "그러니까, 잠재적으로 지난 17년간 해 오던 통근을 할 시간이 한 달 반 정도 남았네요." 그녀의 얼굴에 미소가 번진다. 얼굴이 신나서 밝아진다. "그래요, 그렇다니까! 이제 결정하고 나니 그 후가 훨씬 더 어렵네요!"

결론

우리가 매일 하는 통근은 종종 똑같은 여정의 반복처럼 보일 수 있다. 같은 경로를 지날 수 있고, 같은 시간에 집을 나설 수도 있다. 같은 경치를 슬쩍 쳐다보기도 하고, 그 길에서 같은 사람들과 어깨를 비비기도 한다. 사회역사학자 조 모란Joe Moran은 매일의 일상을 다른 방식으로 생각하기 힘들다는 점을 인정하면서, 이는 "매일의 삶은 역사적 변동의 바깥에 존재하는 것처럼 보이기 때문"이라고 했다.[44] 그렇지만, 이 허상은 유사점에만 초점을 맞추는 우리 사고 습관의 효과이다. 지형학적으로 말해, 우리는 똑같은 여정을 움직이고서도 이 장에서 보여 주려고 했던 것처럼, 그 여정의 경험과 우리 자체이자 우리 환경과의 관계인 우리의 신체는 그 과정을 거치면서 시간의 경과에 따른 실체적인 변화를 겪는다. 새로운 여정의 이상함과 어떻게 이 여정이 다른 여정의 기억들에 침범당하는지를 보면, 통근은 결코 같은 것의 반복이 아님을 알 수 있다. 지리학자 이-

푸 투안Yi-Fu Tuan은 반복된 여정을 통해 우리에게 장소감이 나타난다고 묘사한다. "통로 자체의 습관적 사용의 결과로 의미의 밀도와 안정성을 획득하는데, 이는 장소의 가장 특징적인 성격이다."[45] 비록 투안은 반복이 생산하는 안정성에 주목하지만, 이 장의 조우와 회고는 많은 종류의 변화가 일어나고 있음을 드러낸다.

통근은 많은 상이한 기술들을 요구하고, 이는 발전시키는 데 시간이 걸린다. 운항술, 타이밍, 차량과 자전거 통제 등을 포함하며 찰라의 판단을 내리기 위한 미세하게 정교화된 반사 신경이 수반될 수 있다. 한번 개발된 다음에도 이러한 기술들은 지속적으로 변화하여 통근 경험은 시간의 경과에 따라 달라진다. 이 장이 기술 발전에 대해 어떤 점을 알려 주는가? '기술skill'이라는 말은 일반적으로 무언가 활동적인 것을 지칭한다. 예를 들어, 어떤 것을 잘하는 능력이다. 하지만 어원학적으로는 덴마크어 단어인 '분리'와 저지대 독일어 '다르다'가 혼합된, 이전에는 매우 수동적인 개념이었다. 여기서 기술은 무엇을 찾아가는 것 혹은 무엇인가를 드러내는 능력에 가깝고, 그것을 수행하는 능력은 아니었다. 이런 대안적인 의미의 인도를 받아 우리는 통근이 우리를 어떻게 변화시키는지를, 어떻게 찾아가는 것을 향상시키는지를 질문할 수 있다. 철학자 미셀 푸코Michel Foucault의 생각들 가운데 하나인 자아의 기술technologies of the self은 여기에 약간의 안내를 제공한다. 개인은 자아-기술을 통해 자기 신체의 모든 방법으로 작업하고 "성찰적이고 자발적인 실천을 통해 자신의 행위에 스스로 규칙을 정할 뿐 아니라 자신을 변화시키려 한다."[46] 우리의 목적에서 중요한 것은, 어떻게 자아 기술이 어떤 것은 작동하고 작동하지 않는 것을 성찰하는 것에 수반되는가 하는 것이다.

푸코는 자아-기술에 수반되는 활동을 강조하는 경향이 있었고, 이는 수동성의 간과라는 대가를 치르게 된다. 이러한 목적을 위해 핵심적으로 종종 간과되어 온 기술 발전의 부분은, 우리의 감각에 더 세심하게 주목하거나 우리를 압박하는 세상을 우리가 어떻게 느끼는지를 살피는 것이다. 어떻게 활동을 위한 기술뿐 아니라 통근이 우리를 변화시키는 상이한 방식을 탐색할 기술을 더 강화시킬 수 있을까? 통근에 수반되는 물리적 운동에 통달하는 것은 기술에 대한 적극적 이해를 필요로 한다. 통근이 우리 개인에게 어떤 영향을 미치는지 평가하고 통근으로 인해 우리의 어떤 능력이 강화되고 약화되는지를 탐색하려면 전혀 다른 (좀 더 수동적인) 기술에 대한 이해가 필요하다. 이 장에 등장하는 각각의 면접조사 내용은 통근이 그들에게 끼친 영향을 평가하는 작은 성찰의 계기들이다. 아마도 이 조우는 어떤 사람들에게는 변화를 주거나 약간 다른 방식을 시도하게 할 것이다.

"발만 이스트Balmain East, 달링 하버 서비스Darling Harbour service!"

젊은 연락선 노동자가 지붕이 있는 수상 플랫폼에서 승선을 기다리고 있는 작은 무리의 승객들에게 소리친다. 통근자들과의 면접조사의 첫 주를 마무리하는 금요일 늦은 오후다. 나는 다시 서큘라 부두로 돌아와 집으로 향하려 한다. 하늘은 짙은 푸른색이고, 황금빛 태양은 부두변 건물들의 지붕에 걸려 열기를 피할 수 있는 그늘을 길게 드리운다. 많은 이들에게 한 주가 드디어 끝났다는 안도감이 뚜렷이 감지된다. 와이셔츠의 첫 번째 단추는 풀어져 있고 넥타이는 벗은 상태다. 비록 짧지만 놀라운 경치를 즐길 수 있는 연락선으로 퇴근하는 건 특권이라고 생각하지만, 일주일 동안의 어려운 현장조사가 가져다준 피로감이 몰려온다. 지는 해를 보면서 뒤돌아 반성한다. 나의 면접조사 기술은 지난 주 동안 어떻게 변화했는지 성찰한다. 나의 질문지를 벗어날 용기가 늘고 자신감도 커졌다. 무엇보다 그들의 통근하는 삶에서 벌어진 예상치 못한 굴곡을 솔직히 보여 준 사람들의 관대함에 분에 넘치는 대접을 받은 느낌이다.

2장

고압의 강도

캡슐 집합체의 이상한 드라마

"빽빽이 들어찬 통조림 열차sardine express: 시드니 열차로 러시아워 통근을 시작하는 것을 환영함." 9번 채널 뉴스가 보도한다.[1] 이 낡아 빠진 별칭은 통근이 어떻게 신체가 다른 신체를 압박하는 공간을 형성하는지에 우리의 주목을 끈다. 시드니의 일부 열차는 정원의 167퍼센트, 한 칸에 약 187명의 승객이 들어찬 채 운행된다는 점을 감안하면 이 별칭은 잘 어울린다.[2] 전 세계에 걸쳐 도시의 대중교통수단의 혼잡도를 보여 주기 위해 사용되는 수치들은 매일 다른 사람들과 매우 근접한 채로 이동하는 것이 어떤 경험인지에 대해서는 별로 알려 주는 바가 없다. 이 장은 통근에서 사회적 관계를 탐색함으로써 이 과제에 도전한다.

매우 당연하게도, 사람들이 어떻게 이동 중에 사회적 관계를 맺는지의 문제는 특히 19세기 중반 동안 중요한 주제가 되었다. 철도의 성장으로 등장한 대규모 대중교통은, 서로 모르는 사람들이 근접한 채로 상당 시간을 함께 보내야 하는 이상한 사회적 상황을 만들었다. 이러한 익숙하지 않은 사회적 상황에 대해, 지리학자 나이절 스리프트Nigel Thrift는 낯선 사람과 마주 보고 앉아 있어야 하는 상황 자체가 어떻게 강렬한 불안감을 만들어 내는지 설명한다. "각각의 신체는 수동적으로 서로를 회피한다."[3] 비록 오늘날 편재한 이 사회적 상황의 새로움을 상상하는 것이 더 어렵기는 하지만, 영화나 텔레비전에서 교통수단 공간이 상당히 일관성 있게 그 저변에 위험이 도사리고 있는 곳으로 나오는 것은 이 공간이 여전히 긴장감 높은 곳임을 상기시킨다.[4]

폴 서로우Paul Theroux[5]의 연상적인 시에서 제니 디스키Jenny Diski[6]의 형식화된 재치에 이르기까지, 현대의 여행 이야기들은 종종 이야기의 단초를 익숙하지 않은 여행 중에 교통수단 공간에서 벌어진 다른 이들과의 조우에서 도출한다. 이 점을 생각하면 통근은 비교하자면 완전히 일상적으로 보일 수 있다. 그렇지만 우리는 종종 우리의 "특별한" 여정의 특별하지 않은 측면들을 간과한다는 점을 상기시키는 지리학자 팀 이든저Tim Edensor의 지적대로,[7] 이 장은 매일의 통근이 어떻게 사람들이 서로 만나서 만들어 내는 모든 종류의 강렬함들로 가득 차 있는지 탐색한다. 이는 분명 일회성 모험과는 다른 성격을 띠지만, 일상을 우리가 상상하는 것보다 조금 더 낯설게 그리고 예측하기 힘든 것으로 그려 낸다. 미세한 손동작부터 극적인 사건의 발생까지, 통근은 우리의 주목을 요구하는 사건과 조우들로 짜여져 있다.

통근은 사람들이 수많은 형태의 사회적 차이를 경험하는 시간이다. 나이절 스리프트는 "도시는 사람과 물건들을 수많은 조합으로 모은다"고 썼는데,[8] 대중교통수단의 혼잡도를 집계한 통계 수치들이 보여 주는 것처럼, 통근은 그러한 조합이 특히 강렬하게 일어날 수 있는 기회가 된다. 통근은 우리가 수많은 상이한 사람들과 어깨를 비비는 경험일 수 있다. 예를 들어, 지리학자 헬렌 윌슨Helen Wilson과 문화이론가 그렉 노블Greg Noble은 다문화도시에서 통근이 다름을 경험하는 핵심 장소임을 상기시킨다.[9] 그렇지만, 통근이 한데 모으는 것은 비단 사람들의 다양성만이 아니다. 통근의 공간 자체가 이러한 사회관계, 사건과 조우 등에 대한 우리의 경험에 강력하게 영향을 끼친다. 열차, 버스, 승용차 등 상이하게 고안된 캡슐화된 공간은 다른 사람과 함께 있는 것에 대해 매우 다른 감각을 추출한다. 통근의 기쁨과 좌절을 이해하려면 정확히 이러한 종류의 지나쳐 가는 사회성을 이해하는 것이 필수적이다.

이 장은 통근 속에서 벌어지는 사건과 다른 사람들과의 조우가 어떻게 통근자들의 성향을 미세하지만 강력한 방식으로 변화시키는지를 설명한다. 어떤 조우는 약한 흔적을 남긴다. 다른 조우는 더 강한 흔적을 남긴다. 첫째, 1절에서는 시드니의 남부 중심inner south을 통과하는 오전 통근 버스를 살핀다. 거기서는 내 주변에 앉았던 사람들이 나눈 서로 다른 갈래의 대화들이 몽환적인 분위기를 형성한다. 강도를 좀 더 끌어올려, 2절에서는 시드니와 월롱공을 잇는 좀 더 불안정한 열차 통근으로 간다. 승객들 사이의 열띤 대면이 그 객차 안에서 권능과 제약의 관계를 변화시킨다. 3절은 오랜 통근 경력 동안 수많은 강렬한 대면을 경험했다는 한 통근자와의 면접조사 내용이다. 하나의 증언에만 집중함으로써 이러한 영향을 받는 경험이 가진 복잡성을 더 예민하게 감지할 수 있다.

지나쳐 가는 분위기

꿈 같은 세계

오전 9시를 갓 지나 보타니 로드Bontany Road를 따라 310번 버스가 우렁차게 들어올 무렵, 빨간 옷을 입은 두 숙녀가 마주 보고 있다. 그들은 온화하게 주름 짓는데, 주름의 선은 그들의 눈을 따라 과거 웃음의 흔적들을 보여 준다. "시내에는 무얼 하러 가누?" 왼편 숙녀가 묻는다. 그녀는 내 정면에 앉아 있는 한 남자를 쳐다본다. 긴 침묵이 흐른다. 그녀가 그를 아는지 궁금하다. "가석방 담당관 만나러요." 그는 부드럽고 약간은 변명 같은 목소리로 속삭인다. "아, 뭔가 나쁜 일을 했구먼." 그녀는 버스 전체를 상대로 열심히 묻는다. "한참 전 일이었어요." 그는 흐릿하게 속삭이며 답한다. 내 뒤편에서 남자 목소리가 끼어든다. "나부터 잡아가야 하는데." 최소한 나한테는 그렇게 들린다. "오늘은 이중으로 나쁜 날이군." 그녀는 여전히 웃으며 답한다. 그녀의 목소리는 거칠고, 대화 상대가 가깝고 멀고에 관계없이 한 가지 목소리 크기를 만들어 낸다. 차례 주고 받기라는 지루한 형식성은 대화가 지속되면서 사라진다. 버스의 가속에 따른 엔진 소리 너머로 일관되지 않은 대응들이 이어진다. 나를 둘러싸고 있으면서 나에게는 아무것도 요구하지 않아서 즐거운 꿈 같다.

빨간 옷을 입은 여성이 말을 거는 대상은 순전히 상황에 따라 정해지는 경향이 있고, 나는 계속 그녀와 눈을 마주치지 않는다. 그녀의 머리는 왼쪽으로 돌아 마주 보고 앉아 있던 여성에게 향한다. "크롭탑이지 않우?" 그녀는 빨간 옷을 입은 다른 여성을 쳐다본다. "브라 같은 거요?" "어디서 났어요?" 그녀가 너무 작게 답해서 나는 들을 수 없다. "12?" 긴 침묵이 흐른다. "너무 비싸군요." 내 뒤쪽의 남자 목소리가 다시 들린다. "누구한테 이야기하는 거죠?" 그녀가 내 뒤쪽을 보며 웃으며 묻는다. "당신에게만요." 그녀는 다시 정면으로 돌아앉으며, "끼겠어. 그거 꽉 낄 거 같아."라며 정해진 대상이 없는 말을 한다. 잠시 후 내 뒤에 앉은 여성이 "뭐 좀 들었어요?"라고 묻는다. 아무도 그 말에 응답하지 않는 걸 보니 특정인에게 향한 것이 아니다. 빨간 옷을 입은 여성은 고개를 들어 다시 내 뒤편을 바라본다. "뇌도 없군요!" 그녀는 웃는다. "톱밥머리!" 그녀는 다시 돌아앉는다. "걱정 마세요, 이 사람이 내 사위예요!" 내 옆에 앉아서 노트에 뭔가를 끄적이던 남자가 고개를 들어 그녀를 보고 웃는다. "어디서 왔어요?" 그녀가 묻는다. "남아프리카요." 그가 말한다. 그녀는 마주 보고 있는 숙녀를 향해 "월요일에 무릎 수술을 할 거예요. 일요일에 입원해서 수술은 월요일에 해요." 남아프리카 남성은 그녀에게 "나도 수술한 적이 있어요."라며 진지하게 말한다. "무릎을 열네 번이나요." 비록 그녀가 "내 상태도 나빠요."라고 대답하지만, 그에 대한 그녀의 열정은 오래가지 않는다. 그녀가 대답할 즈음, 버스는 정차하고 나는 내린다.

다층적 궤적

지리학자 도린 매시Doreen Massey[10]는 어떤 장소를 경계선이 분명하고 단일하며 불변한 것으로 상상하는 것은 위험한 허구라고 경고한다. 그러면서 장소를 다층적인 궤적들이 뒤엉키면서 형성되는 방식으로 보라고 권한다. 통근을 통해 우리는 이러한 다층적인 궤적의 일부를 감지할 수 있을지 모른다. 버스 정류장에서 내가 봤던 310번 버스 노선표는 이스트가든Eastgardens에서 시드니까지 가는 동안 다른 장소들을 하나의 선으로 꿰고 있는 것처럼 그려져 있다. 선의 단순함은 그것이 버스에 승차한 각각의 사람들이 거치는 상이한 노선을 어떻게 연결짓는지를 간과하게 한다. 오늘 아침 나의 궤적만 해도 도서관 가기를 수반한 것이고, 대화 내용으로 미루어 보아 다른 사람들도 서로 다른 일련의 궤적을 보인다. 한 남자는 가석방 관리인을 방문하려 하고, 한 여성은 무릎 수술을 앞두고 있다. 통근이 지속되는 동안 이러한 다층적 궤적들은 한데 묶인다.

면접조사 과정에서 통근자들이 가장 많이 제기했던 화제를 꼽으라면, 다른 이들을 불편하게 하는 행동이 높은 순위를 차지한다. 냄새나는 음식, 좌석에 발 올리기, 발톱 깎기, 시끄러운 대화 등 목록은 기하급수적으로 늘었다. 앞서 제시한 장면에서도, 시끄러운 대화와 같은 일부 요소들은 지리학자 에릭 로리어Eric Laurier와 크리스 필로Chris Philo가 명명한 '사회성의 가벼운 접촉light touch' 형태의 한계에 이른 것처럼 보인다. 이 가벼운 접촉은 다른 사람들의 존재가 인정되지만, 그들이 공적 공간에서 간섭당하지 않을 권리 또한 존중되는 것을 뜻한다.[11] 사회학자들은 특히 사회적 에티켓이 파괴되는 것을 진단하는 데 관심을 표해 왔지만,[12] 이상적인 것이 완전히 일치하는 방식으로 상호작용이 일어나는 일은 별로 없기 때문에 그만큼 우리의 관심도 제한적일 수밖에 없다. 기본적으로 310번 버스를 타고 이동하는 모든 사람들이 동일한 이상적 규범을 체현하고 있을 것이라고 전제해서는 안 된다. 하루 중 혹은 일주일 중 상이한 시간에 상이한 규범적 이상이 있을 수 있다.[13] 더 중요하게는, 사건이 이상적 규범에 얼마나 일관적인지에 초점을 두는 것은 각각의 상황이 가진 독특함이 무엇인지를 간과하게 한다. 그 사건은 그 노선에서 그 시간에 이동하는 것에서 나오는 특징일 수 있고, 아니면 절대적으로 독특한 일일 수도 있다. 이러한 궤적들의 조합이 같은 방식으로는 다시 일어나지 않을 수 있다.

모호함

표면적으로는 중요해 보이지 않을 수 있지만, 각각의 통근에서 벌어진 사건은 부분적으로 독특한 상황에서 생기는 분위기atmospheres에 기여하기 때문에 중요하다. 지리학자 벤 앤더슨과 제임스 애쉬가 서술하듯, 분위기는 "효과를 끼치는 효과이다."[14] 이것이 의미하는 바는, 분위기는 조우의 효과이자 동시에 조우가 전개되는 방식과 그것이 감지되는 방식을 변화시키는 행위자란 것이다.

이 장의 처음에 나오는 대화가 전개됨에 따라, 버스 내부를 감싸는 독특한 분위기가 등장한다. 이 감싼다는 생각은, 분위기가 "어떤 공간을 연무처럼 어떤 어조의 느낌으로 채운다"고 주장한 철학자 게르노트 뵈머Gernot Böhme에 의해 개념화된 것이다.[15] 당시 310번 버스의 분위기에는 군집적 사귐 같은 어떤 것이 있었다고 할 수 있다. 그렇지만, 앤더슨과 애쉬는 그 속성이 "일시적이고 모호하며 산개해 버리는 것 같은"[16] 대상을 하나의 고정된 성격으로 규정하지 말 것을 당부한다. 분위기를 이런 혹은 저런 것으로 이름 지으면 그런 이름으로 안정되는 데 기여하여 잠재적으로 공존할 수 있는 다층의 '미세한' 분위기가 부정된다.[17] 버스 통근의 분위기가 군집적 사귐이라고 말해 버리면 모호함의 느낌들은 억압당한다. 모호함이 현장에서 감지할 수 있는 느낌에 더 가까운 사실적인 묘사이다.

버스에 탄 개인의 궤적들과 그들 자신의 일상 반복이 있는 것처럼, 다른 수준에서 각각의 발화들도 그 자체의 궤적을 갖는다. 각각의 발언은 그 자체의 생명을 갖는다. "톱밥머리!"는 분노를 야기할 수 있는 잠재성으로 버스의 친교적 분위기를 갈라 버릴 수 있는 철조망이다. 바로 그 순간 불안정성이 벌어지는 것이 감지된다. 여기서 침묵과 다음 순간 어떤 상태가 벌어질지에 대한 모호함이 있다. 결과를 알고 있는 상황에서는 이 상황이 편안할 수 있지만(상황이 통제에서 벗어나지 않기를 바랄 수 있다), 다음에 무슨 일이 일어날지는 모른다. 이런 맥락에서 여성의 너스레 ("걱정 마세요, 이 사람이 내 사위예요!")는 긴장을 약간 완화시킨다. 그렇지만, 전체적인 부끄러움의 어조는 분위기를 더 심하게 냉각시키는 것처럼 보인다.

지리학자 앨런 프레드Allen Pred의 연구에 등장하는 스톡홀름 거리로 일상적으로 통근하는 부두 노동자들의 통근 경험이 지나쳐 가는 윤곽선, 전이하는 인식, 모호한 감각으로 형성되어 있음을 떠올리게 할 정도로,[18] 통근 버스 장면 역시 통근의 분위기는 항상 전이 중에 있음을 상기시킨다. 앤더슨이 말하는 것처럼, 신체가 서로의 관계 속에 편입될 때마다 "분위기는 영속적으로 형성되고 파괴되며 생겨나고 없어진다. 분위기는 결코 최종적이지 않고 정태적이지 않으며 안정되어 있지도 않다."[19] 내 종이 쪽지 노트들로 구성한 이 사건에 대한 대본조차도 전개된 분위기가 다양한 갈래로 끝나고 있음을 잘 보여 준다. 대본은 사건의 불안정성을 더 확산시키는 방식으로 정초할 뿐, 나의 신체적 판단과 관찰 습관은 그것을 굴절시킬 뿐이다.

철회

대부분의 공적 공간 속에서도 끓어오르는 분위기에 어떻게 반응할지를 결정할 자유재량이 일정 정도 존재한다. 전개되는 사건에 끌려 들어가는 경우도 있을 수 있지만, 이전 절이 보여 주는 것처럼 주변에서 벌어지는 일에 개입할 수도 그 일에서 빠질 수도 있는 일정 정도의 자유는 있다. 사회학자 어빙 고프만Erving Goffman은 '개입 방어막involvement shields'에 대해 썼는데,[20] 이 전략은 책을 읽는 척하기처럼 공적인 곳에서 벌어지는 행동에 대한 개입을 회피하는 것이다. 이 생각을 개발시킨 매체 이론가 마이클 불Michael Bull은, 사람들이 휴대용 음악 재생기를 사용해서 어떻게 자신만의 개인화된 소리-환경을 만들어 주변 환경을 효과적으로 절연시키는지를 서술한다.[21] 물론 우리의 딴청 부릴 자유는 기술적 도움을 받은 결과라기보다는 귀가할 때 자리에 기대는 것처럼 하루 일과의 고단함에서 나오는 경우가 더 많다.[22]

310번 버스의 뒤편 좌석에 앉으면서 오늘 아침 내가 내렸던 길 반대편을 흘깃 보았다. 그 장소의 무언가가 나를 다시 오늘 아침으로 이동시켜 놓았다. 나는 남자가 가석방 관리관을 만나는 것에 대해 쓸데없이 즐거워한다. 나는 또 나도 모르게 톱밥머리라는 말을 되뇌인다. 수술을 앞두고 있다는 여성은 수술이 가까워지면 어떤 느낌이 들까. 나는 그들의 일과가 그들을 어디로 이끌고 갔을지 궁금하다. 그들의 궤적은 나를 만난 이후 수많은 다른 사람들의 궤적과 엉켰을 것이다. 버스의 시동이 걸리고 즐거운 꿈 같은 상태가 만들어질 즈음, 나는 몰려오는 피로감에 주변에서 벌어지는 조우들을 이해해 보려는 열정을 접는다. 어렴풋이 두 여학생이 내 뒤편에 앉아 있다는 걸 안다. 그들은 특정 교사가 친절한지 아닌지를 두고 의견 불일치를 보이다("그녀는 완전히 날 증오해!" "그래, 하지만 참 친절해!")가, 집에서 이후 1시간 동안 TV를 볼지 DVD를 볼지를 논의하다가, 벤엔제리Ben and Jerry's 아이스크림의 장점에 대해 논하다("그치만 너무 비싸!")가, 태권도를 하기에 적정한 나이가 있는지 얘기한다("아빠는 태권도를 하기엔 너무 늙었어").

권능 부여와 제약

조롱

"황금광들! 저 사람들 봐!"

노란 봉에 매달려 흔들리며 조롱하는 10대 소년이 소리친다. 사람들로 가득 찬 2층 열차 차량의 끝에 있는 '무대'에서 소년의 비난은 평온한 분위기를 일순 뒤흔든다. 특정한 사람에게 말하지 않았지만 그 소리에 모두 놀란다. "그가 황금광이야!" 소년은 마치 그의 탐욕을 폭로하기라도 하는 듯, 자기 근처에 앉아 있는 흰색 셔츠를 입은 남성에게 손가락까지 흔들어 대며 웃는다. 남성은 시선을 멀리 맞추며 소년을 쳐다보지 않는다. 소년의 눈은 가볍게 차량을 훑어본다. "그녀는 아니야!" 이번에는 소년의 대상이 누구인지 볼 수 없다. 세 명의 소년들이 그와 함께 하고 그중 하나는 기분 나쁘게 낄낄거린다. 이번 선택도 비슷하게 거들먹거리는 것이 분명하다. 모두 소년 쪽으로 향하도록 앉아 있는 열차 아래 칸 승객들을 향해 또 다른 소년이 소리치기 시작한다. "이게 다 돈, 돈, 돈 때문이죠!" "돈, 돈, 돈!" 다른 소년이 거든다. 이번에는 두 손을 바깥으로 내놓은 상태에서 어떤 감상을 보여 주려는 듯 엄지손가락을 손가락에 비비면서 더 자극적으로 말한다. 첫 번째 소년이 웃는다.

지리학자 피터 애디Peter Adey가 서술한 대로, 이동 중의 사람들은 이동 경험으로 상이하게 권능과 제약을 부여 받는다.[23] 공항이나 철도역의 건축가나 계획가들은 종종 이 권능과 제약을 고안하게 되는데, 그것은 특히 특정 집단의 사람들이 더 빠르고 안락한 여정을 위해 더 많은 돈을 지불한 용의가 있을 때 그러하다.[24] 하지만 권능과 제약이 덜 의도적인 것이 되기도 하는데, 특정한 종류의 신체가 빨리 편안하게 움직일 수 있는 환경 같은 곳에서 그러하다.[25] 이 절에서는 늦은 오후 통근열차를 살펴보면서, 통근 여정 동안 벌어진 사건과 조우가 어떻게 권능과 제약의 관계를 바꿀 수 있는지를 살펴본다.

소년이 소리치기 전까지, 에어컨의 간헐적인 으르렁거리는 소리만 객차를 감싸고 있었고 그 소리는 피곤한 신체들을 달래는 백색소음 같은 것이었다. 오후 5시가 한참 지난 시간이다. 객차에 탄 사람들은 대부분 일과를 마친 상태이다. 이마가 빛난다. 집에 도착하려면 한참 걸린다. 이 객차에 앉아 있는 사람들은 대부분 시드니에서 남쪽으로 60킬로미터 이상 떨어진 일라와라Illawara 지역에 산다. 오스트레일리아에서 가장 복잡한 통근 도로 가운데 하나이다. 8만 1천 명의 주민 가운데 2만 명이 일라와라에서 시드니까지 매일 통근한다. 이 가운데 약 15퍼센트가 열차를 이용한다. 많은 통근자들이 이 지역의 가장 큰 도시인[26] 월롱공에 산다. 시드니에서 월롱공까지의 여정은 1시간 45분 걸린다.[27]

이른 여름의 늦은 오후, 시내에 가까운 레드펀Redfern 지하역의 공기는 답답하다. 나는 앞쪽의 "조용한" 객차에 타서 2층으로 올라 몇 남지 않은 자리를 잡는다. 바깥의 습기로부터 벗어날 수 있게 해 주는 에어컨의 느낌은 아름답기까지 하다. 시드니에서 월롱공으로 돌아가는 거의 마지막 여정이다. 지난 1주일 동안 이 노선에서 참여관찰을 하고 있다. 오전 6시 56분에 월롱공에서 출발하는 열차를 타고 오후 5시 07분에 레드펀에서 돌아오는 가장 혼잡한 2시간 동안 열차를 이용한다. 휴대폰에 있는 노트 앱을 활용하여 각각의 여정에서 벌어진 일에 대해 간략한 메모를 티 나지 않게 적는다.

가짜 속눈썹

"저거 가짜 속눈썹인 거 같아요?"

소년 한 명이 1층과 2층 사이 좀 더 친숙한 지역으로 돌아가며 한 여성에게 농담을 걸었다. 십 수 명의 승객들이 소년들을 안쪽으로 마주하며 열차 이동 방향으로 앉아 있다. 소년들은 다시 객차 가운데 노란 봉 주변을 타고 다닌다. 한 소년은 객차 천장의 손잡이를 잡고 다리를 올려 버틴다. 그들에게 잡혀 있는 승객들은 소년들의 행동에 별 관심이 없다. 하지만 소년들은 말장난을 방해받지 않고 계속한다. "내 머리 스타일 어때요?" 흰색 윗옷을 입은 소년은 승강구 쪽으로 어때요~라는 단어를 길게 늘여 빼면서 웃음을 흘리며 수사적인 질문을 한다. 소년의 눈은 두 줄로 앉은 승객들의 얼굴을 응시하면서 그들의 반응을 억압한다. "더티 뮬렛dirty mullet?" 소년이 승객들의 답을 먼저 가로채려는 듯, 자신을 그들과 구별하려는 듯 자신의 질문에 답한다. "더티 뮬렛!" "더티 뮬레!" 그는 반복한다. 침착하게 고개를 끄덕이며 반복할 때마다 약간 더 천천히 말하며 마지막 티 t 발음을 하지 않는다. 지나칠 정도로 활기차게 녹음된 목소리가 객차 안의 긴장을 완화한다. "이 열차는 허스트빌Hurstville에 정차합니다." 승강구 쪽에 있던 여성이 내리기 위해 일어나고 다른 사람들도 따른다. 자동문이 다시 꽉 닫힌다. 소년 4명이 내가 앉아 있는 2층으로 올라올지도 모른다는 걱정에 나는 허둥지둥하는 느낌을 날카롭게 느낀다. 나는 객차를 옮길까 고민하지만, 객차는 잠시 조용하다. 에어컨의 소음은 위안을 제공하지만, 웃음소리에 위안은 갑자기 깨진다. 한 여성이 아래층에서 승강구를 통해 들어온다. "도망갈 필요는 없잖아요!" 소년 중 한 명이 그녀를 부른다. "사무실 의자에 하루 종일 앉아 있어서 괜찮아요." 그녀는 아연실색하고 피곤한 목소리로 대답한다. 웃음이 이어진다.

전개되고 있는 이 사건을 대중교통수단에서 벌어지는 또 다른 분쟁쯤으로 치부해 버릴 수도 있다. 하지만, 이 사건은 결코 사소하지 않다. 대중교통수단의 고안된 측면이라기보다, 상이한 행동의 힘들이 합쳐지면서 객차의 장소감을 적극적으로 변화시킨다. 소년들의 조롱하는 어조의 소리, 침묵과 소음의 교대, 문구의 반복 등이 그 힘들이다.[28] 객차 봉을 중심으로 흔들고 회전하는 몸짓, 자동문의 열림과 닫힘, 소년들의 조롱이 뿜어내는 열기와 자동화된 침착한 알림의 병렬, 여성의 반응에 담긴 피로 또한 포함된다. 각각의 요소들이 더해지며 이 사건으로 산출된 권능 부여와 제약의 구체적 상황에 기여한다. 각각의 미리 계획되지 않은 요소들이 축적되고 서로 결합한다.

이러한 권능 부여와 제약은 무엇인가? 미시 정치학의 개념은 상황에 구속받는 조우 속에서 혹은 조우를 통해 벌어지는 잘 보이지 않는 권력의 이행을 다룬다. 그렇기 때문에, 권능과 제약의 관계를 변화시킬 수도 있는 사건들을 사고할 수 있는 이상적인 개념이 된다. 이 책의 목적과 관련하여, 미시 정치학에 대한 유익한 이해는 스피노자Spinoza의 저작에 대한 질 들뢰즈Gilles Deleuze의 해석에서 나온다.[29] 들뢰즈에게서 추출한 핵심은 신체가 갖는 모든 조우는 행동을 수행하거나 감각을 수용하는 능력을 증가시키거나 약화시킨다. 이 점은 이 사건과 연관된 신체에 대한 우리의 이해 방식과 관련해 중요한 함의를 가진다. 우선, 신체는 행동을 수행하거나 감각을 수용하는 것으로 이해된다. 둘째, 만약 행동을 수행하고 감각하는 신체의 역량이 조우를 통해 변화된다면, 승객들은 자기충족적 실체가 열차 공간을 통해 위치 이동하고 있는 것이 아니라 신체 주변에서 벌어지는 일들과의 연관 속에서 미세하지만 항상 변화하는 존재이다.

조우의 상이한 질적 특징은 상이한 효과를 가진다. 어떤 조우는, 스피노자가 즐거운 조우joyful encounter라고 불렀던 것처럼, 신체의 행위 역량을 강화시키는 건설적인 성격을 가진다. 다른 조우는, 스피노자가 슬픈이란 단어를 사용한, 행동할 수 있는 역량을 감소시키는 파괴적인 것이다. 이것이 의미하는 바는, 조우는 미리 정해진 논리에 따라 본질적으로 좋거나 나쁜 것이 아니라는 것이다. 오히려, 수행과 감각의 변화하는 능력이라는 점으로 이해되는 신체의 힘은 사건 자체의 정확한 전개 상황에 의존하게 된다. 각각의 조우는, 크기에 상관없이, 관련된 신체의 역량을 다시 구성하는 것이라고 할 수 있다.

미시 정치학의 개념은 따라서 지금 이 시점에서 주체를 산출해 내는 힘들의 다층성을 음미하게 한다. 예를 들어, 공간 자체가 행동을 수행하고 감각을 수용할 수 있는 신체적 역량을 변화시킨다. 객차의 문이 허스트빌역에서 닫힘에 따라 그 공간은 탈출 가능성이 거의 없는 폐쇄된 캡슐이 된다. 이것은 잠재적으로 전개되는 사건이 감각되는 방식을 변화시키는데, 불안함을 느끼는 능력을 높인다. 따라서, 여기서 권력을 가지고 있는 것은 단지 소년들의 행동이 아니다. 객차의 닫힘으로 소년들의 수행 능력이 강화되는 것이 중요하다. 공간의 수행성은 소년들의 행동에 따라 강화된다. 객차에 탄 대부분의 통근자들은 시드니의 직장에서 돌아가는 중이다. 그들의 표정은 피곤함의 신호들로 새겨져 있다. 한 사람에게는 이 사건이 인내심의 한계까지 몰아 가는 신체적 영향을 끼치며 최후의 결정타를 날리고 있다.

모조 총

"애들아!"

아래층에서 한 남자의 목소리가 울렸다. "너네가 말하고 싶다면, 꺼져서 할래!" 표면의 긴장은 깨진다. 잠시 동안 침묵이 드리운다. 다음에 무슨 일이 벌어질지 상상하기 어렵다. "꺼져!" 소년 중 한 명이 더듬거리며 그에게 반응한다. 깜짝 놀랐거나 예상하지 않았던 반응을 여전히 처리 중인 듯 약간 어색하다. 그 소년의 반응에 따라 다른 소년들도 차례로 반응한다. 아래층 객차는 거칠고 겹치며 흩어진 욕설들의 급변 지대로 변한다. "너 이 씨발놈!" "더러운 개랑 붙을 놈!" "호모 새끼." 이 시점까지 생각에 빠진 듯 창밖만 응시하고 있던 내 옆자리의 나이 든 남자가 고개를 매우 천천히 돌려 정면을 응시하며 지치고 빈정대는 어투로 눈썹을 치켜뜨며 말한다. "니들 정말 똑똑하구나." 내 심장은 쿵쾅거린다. 소년들이 위층으로 와서 우리를 괴롭히기 시작할 수 있겠다는 생각이 든다. "너 안경 낀놈! 개새끼!" 소년 중 하나가 소리쳤다. "개새끼!" "개애새끼!" "개애

새끼!" "턱 부러뜨려 버린다!" 다른 소년이 소리친다. "그래, 그래. 이제 모두 쳐다보네." "노스 월롱공North Wollongong역에서 형이 날 찾으러 올 때까지 기다려." "왜 우리를 찍나?" "너 변태 새끼!" "그의 아이폰을 닫아!" 녹음된 목소리가 이러한 상황에 이상하게도 무심하지만 적절한 어조로 말한다. "이 열차는 서덜랜드Sutherland역에 정차합니다." 위층에서는 내 맞은편에 앉은 한 남자가 조용히 울리는 전화를 받는다. "예, 객차 오디육구이사. 지금 서덜랜드로 들어가고 있어요. 예, 소년 4명이요." 내 근처에 앉은 젊은 여성이 그에게 약한 미소를 짓는다. "예. … 그들의 얼굴을 볼 수 … 얼굴이 보이지 않았어요." 아래층에는 고함 소리가 계속된다. "이발해, 레게 머리 새끼야." 서덜랜드에서 열차 문이 열리고 아마도 소년들에게 참을성을 잃었던 사람인 것 같은 남자가 깔끔한 흰색 셔츠에 안경을 낀 채 플랫폼으로 나선다. 심호흡을 하더니 기다렸다가 열차의 앞쪽 끝까지 걸어내려온 두 명의 보안요원을 만난다. 4명의 소년은 플랫폼으로 나가서 왼쪽으로 돌아 아무 일도 없었다는 듯 걸어 나간다. 남자는 열차 보안요원에게 명함을 건넨다. 그 보안요원은 투명한 보라색의 플라스틱 모조 총을 들고 있다.

미시 정치학적 전이는 이 순간 발생한다. 감정 표현의 힘들이 흥미진진하게 섞여 현재 이 자리의 신체들에 영향을 끼친다. 남자가 외치는 소리의 크기에 담긴 분노와 좌절이 소년들을 놀라게 해 잠시 그들의 행동을 제약한다. 하지만, 잠시 동안의 무능력이 그들을 더 흥분하게 만든다. 소년들의 역량 전이는 그들의 날카로운 욕설에서 발견한 분노와 흥분을 통해 가시적으로 느껴진다. 동시에 사건의 불안정성은 열차 객차에 있는 다른 이들에게 새로운 제약을 산출한다. 승객들은 어떻게 반응해야 할지 몰라하고 폐소공포증 같은 느낌을 더 강하게 받는다. 동시에 승객들 중 일부가 다른 이들에게 연결하려는 역량을 만들어 낸다. 내 옆의 나이 든 남자가 피로감을 표현하러 나를 돌아봤을 때 그 상황은 나와 그 사이에 위로를 가능하게 한다. 전화를 받던 남자와 그 남자에게 미소를 지었던 여성 사이에 친밀함을 가능하게 한다. 마지막에 보라색 모조 총을 목격하면서 나는 지금 벌어지고 있는 일들을 이해하는 내 능력에 한계를 느끼며 이 이상한 드라마에 초현실적 느낌만을 강하게 받는다. 이 사건이 정확히 전개되는 과정 속에서 권능과 제약의 관계가 변화하고 있다.

사건의 집합적 차원에 대한 논의에서 철학자 브라이언 마수미Brian Massumi는 상이한 신체는 상이한 경향성과 역량을 가지고 있음을 상기시킨다. 이것이 의미하는 것은, 사람들은 같은 환경에서 살고 있는 사람들로서 "상이함으로 함께 반응할 것"이라는 점이다.[30] 짧게 말해, 사람들이 이 순간까지 진행해 온 궤적이 상이하기 때문에 같은 사건이라도 상이한 신체에 상이한 영향을 줄 것이다. 이 여정에 연구자로서 있었다는 것은 이 사건을 감각하는 내 역량을 당연히 바꿨다. 개인에 의해 사건이 감지되는 독특한 방식으로 인해 상이한 통근자들의 역량은 그 시점까지의 이전 조우의 흐름에 영향을 받는다. 신체 언어를 읽고자 하는 충실한 시도에 기반한다 하더라도 모든 사람이 그 사건을 어떻게 느낄지 대담한 추론을 감행하는 것은 따라서 적절하지 않다.

앵무새

기차는 지금 이 지역에서 나쇼Nasho라고 불리는 국립공원Royal National Park의 깊숙한 부분을 지난다. 시드니와 일라와라 사이에 있는 해안 황무지와 연안 우림 지대의 광활한 땅이다. 태양은 하늘에 낮게 걸려 있어 철로 옆 유칼립투스 숲은 명암을 통해 객차에 입체감을 드러내는 효과를 산출한다. 그 소년들은 다시 열차에 탔을까? 그들의 행선지였던 노스 월롱공은 아직 지나지 않았다. 열차는 엔가다인Engadine에 정차한다. 오스트레일리아 앵무새들의 지저귐 소리 속에 선로와 평행해 나 있는 고속도로에서 순찰차의 사이렌 소리가 들린다. 순찰차는 이 열차로 향하는 걸까? 히스코트Heathcote역에 정차할까? 열차가 정차하자 토끼가 숨으려고 허둥거린다. 워터폴역 Waterfall Station에서 출발할 때까지도 여전히 떨림을 느낀다. 안경 낀 남자 옆에 앉아 있었다면 무엇을 했을지, 그 소년들에 맞섰을지 상상한다. 약간은 너무 늦은 대응 개요가 내 마음을 스쳐 간다. 헬렌스버그Helensburgh역에서 경찰을 부른 남자가 일어나 객차 아래 칸으로 걸어 내려간다. 나는 약간은 예상하지 못한 목례를 건넨다. 내 주변의 숙녀는 플라이트 센터Flight Centre 여행사 취업 문제를 계속 푼다. 그녀는 유명한 장소와 나라를 연결하는 문제를 풀고 있다. 문제집에는 "유명한 장소로 당신을 데려다 줄 구직 훈련"이라고 적혀 있다.

그녀 옆에 있는 여성은 휴대전화로 비주얼드 게임을 하고 있다.

사건에 등장한 욕설들은 이 여정을 며칠 동안 겪고 나서 기대할 수 있는 배경 소음으로 점차 흩어진다. 내가 일라와라 노선을 일시적으로 이용하기 때문에 좀 더 자주 이용하는 통근자들은 간과할 일들에 더 민감하게 반응할 수도 있다. 하지만 나는 일시적 목격자이고 내일은 이 노선으로 통근하는 마지막 날이다. 이 사건이 수년 동안 이 노선으로 통근하는 사람들에게 어떻게 다른 권능 부여와 제약을 주었을까? 3절에서는 통근자와의 면접조사를 통해 강렬한 사건에 반복적으로 노출되는 것이 어떻게 상이한 변화를 낳는지를 탐색한다.

자제력 잃기

강렬한 조우

현장조사를 감질나게 하는 것 가운데 하나는 조우가 어떻게 전개될지 결코 알 수 없다는 점이다. 십수 번의 면접조사 후 내가 깨달은 것은, 내가 만든 양식을 통해 인터넷으로 제출한 통근자에 대한 대체적인 정보는 나중에 실제 면접조사에서 튀어나올 감당하기 힘든 강렬함을 예측하는 데 별 소용이 없다는 점이다. 클레어Claire는 전형적으로 그런 경우다. 버스 통근, 서부 중심에서 동부 근교 도시로, 8년 등 어떤 폭발력도 드러내지 않는 겉으로 무난하고 잘 정리된 단어들. 그것이 내가 예리한 관찰력과 뛰는 가슴으로 근교 도시 모퉁이에서 그녀를 기다릴 때 알고 있는 것의 전부였다. 내 시선은 금발의 여성에 고정된다. 그녀일까? 그녀가 걸어서 다가온다. "데이비드죠?" 우리는 근처 커피숍에서 커피를 산다. 하지만 커피숍 안의 소음이 너무 시끄럽다. "음, 비수를 감추고 있는 살인자처럼 보이지는 않으니 우리 집에서 이야기하죠." 이전까지 모든 면접조사를 공공장소에서 진행했던 나는 그녀의 제안에 약간 긴장한다. 하지만 농담 같은 그녀의 칭찬에 이상하게도 편안해진다. 사암으로 만들어진 아늑한 독립기 건축양식federation style 집의 거실은 시원하고 어둡다. 바깥의 반짝이는 아침 햇빛에 익숙해진 시력이 적응하는 데 시간이 좀 걸린다. 내가 연구 과제에 대한 틀에 박힌 설명을 하는 동안, 그녀는 냉장고 쪽으로 걸어가서 자석으로 고정되어 있는 종이 한 장을 떼어 온다. "장차 어떤 목적인지 물어도 될까요?" 그녀는 소파로 돌아오면서 방심하고 있는 나에게 날카롭게 묻는다. 이런 질문을 한 사람은 없었다. 나는 학술적 저작을 준비 중이지만 궁극적으로 "공공선에 도움이 되길 바란다"고 진술한다. 이제 나는 좀 부담스럽게 느끼지만, 그녀는 끄덕인다. 그녀는 종이 한 장을 들고 있는데 거기에는 제법 긴 손글씨 메모가 번호에 따라 적혀 있다. 이 조우가 그녀의 준비에 걸맞은 것이기를 희망한다.

이전의 면접조사 때처럼 나는 우선 그녀의 어제 통근을 묘사해 달라고 청한다. "음, 나는 날마다 다른 시간 계획이 있어요." 그녀는 답한다. "우체국으로 버스를 타고 가서 커피 한 잔 사고 반 블록 걸어 올라가서 다른 버스를 타죠. 그 버스로 센트럴Central역으로 와서 에

스컬레이터를 타고 내려가 터널을 조금 통과한 뒤 다시 내가 '비운의 섬'이라고 부르는 곳으로 올라와요." 폭풍이 휩쓸고 간 열대 섬에 대한 내 마음의 심상이 면접조사 내내 후렴구처럼 반복될 그녀의 장소에 대한 묘사와 섞인다.

어제 그녀는 운이 좋았다. 버스는 2분 만에 왔다. 그렇지만, "내가 그 버스를 놓쳤다면 그리 길게 보이지 않겠지만, 아마 20분쯤 거기에 앉아 있었을 거예요. 그래도 가방에 점심이 들어 있으면 … 플라스틱 통에 닭을 넣은 채 내리쬐는 햇볕에 앉아 있어요. 왜냐하면 어떤 똑똑한 사람이 버스 정류장을 유리로 만들기로 결정했기 때문이죠." 불편한 환경에 대한 그녀의 회고가 날카롭다. "게다가 좌석은 철제예요." 그녀는 빈정대며 말한다. "섭씨 42도에는 거기 앉아 있을 수 없어요." 그녀는 찡그린다. "좌석에 대한 대안은 기대 설 수 있도록 만들어진 파이프 구조물인데, 나같이 정장을 입은 여성은 바로 미끄러지죠. 소용이 없어요. 파이프도 철제여서 뜨겁기는 마찬가지고요. 그러니까요. 유리는 항상 지저분하고 더럽고 얼룩져 있고, 버스 정류장은 불쾌하죠." 그녀는 설명을 덧붙이려 잠시 멈춘다. "내가 이렇게 말하는 게 싫지 않으시다면 이게 내가 하고 싶었던 말이에요." 나는 갑자기 다가올 말들의 심각함을 감지하고 침을 삼킨다. "'비운의 섬'은 뭔가 기다리기에 끔찍한 곳이죠. 20분은 긴 시간이 아니지만, 누가 와서 괴롭히면 아주 긴 시간이 될 수도 있어요."

거실 분위기에 갑자기 긴장감이 감돈다. "몇몇 사람들은 그곳을 구걸 장소로 활용해요. 옛날 방식의 보행 보조기에 개를 담요에 싸서 넣어 다니는 여자가 있어요." 그녀는 똑부러지게 말했다. "그녀는 돈을 구걸하고 나는 싫다고 해요. 내가 싫다고 하면 그녀는 매우 시끄럽고 점잖지 않고 불쾌한 방식으로 15분가량 장광설을 늘어놔요. 이런 일이 반복되지요." 반복된다는 마지막 말은 불쾌함을 강조하려는 듯 보인다. "마지막으로 만났을 때 나는 과일 샐러드를 먹고 있었어요. 그녀는 내가 샐러드에 목이 막혀 죽기를 바란다고 했어요. 그녀가 무슨 일을 겪고 있는지 내가 모른다고요. 그녀는 매일 거친 환경 속에서 자고 성폭행을 당하고 살인을 당할 뻔하기도 했는데 그게 다 내 책임이라는 거지요." 클레어는 약간 시달린 표정이다. "마침내 그녀가 모든 말을 하고 걸어가 버렸을 때, 우리(클레어와 옆에 앉아 있던 남자)는 그냥 서로를 바라보며 이렇게 말했어요. '하루를 시작하는 엄청나게 불쾌한 방식이군요. 정말 충격이에요.'" 그녀의 목소리는 약간 차분해진다. "다행스럽게도 나이 든 여자 분 둘이 통로를 통해 나한테 다가와서는 '자기, 괜찮아요. 가던 길 계속 가서 일해요'라고 말했어요. '아, 누군가 나는 출근 중이고 이런 일을 당할 필요가 없다는 걸 알아줘서 기쁘다'라고 생각했어요."

"몇 주 전에 그녀랑 마주쳤기 때문에 당신과 이야기하고 싶었어요." 나는 그 다음에 무슨 이야기가 나올지 긴장한다. "내 옆에 나이 든 여성이 있었어요. 구걸하던 그 여자가 누군가에게 소리 지르기 시작했고 나는 약간 내 옆의 그녀를 보호하고 싶었죠. 그래서 '잠시만요. 우리에게 누가 소리를 지를 수 있으니 일어나서 저쪽으로 갈까요?'라고 말했고 그녀가 '좋아요'라고 답했어요. 그래서 우리는 일어나서 그녀가 움직이기를 기다리며 약간 어색해 보이는 자세로 서 있었어요." 클레어는 말을 멈추고 약하게 미소 짓는다. "그녀가 나를 알아봤던 것 같아요." 나는 가슴이 철렁한다. "'나 때문에 옮겨 갈 거 없어요.'"라고 클레어가 그녀를 흉내 낸다. 클레어의 어조는 더 다급해진다. "내 옆의 나이 든 여성은 버스가 와서 떠나고 나만 거기 남았어요. 보행 보조기 여자가 나한테 소리 지르기 시작했죠. 정말 지긋지긋했어요." 클레어는 계속 말한다. "그래서 '한 번만 더 나한 테 소리 지르면 경찰을 부르겠어요'라고 말했죠. 나는 그녀가 보행 보조기에 돌맹이들을 담아 다니는 건 몰랐고 그녀는 나한테 돌맹이 를 던지기 시작했어요. 다행히 버스가 도착해서 문이 열렸어요. 나 는 그저 돌조각 튀는 소리만 들었어요."

"정말이요?" 나는 클레어의 회고 속 드라마에 깜짝 놀라 묻는다. "정말이요." 그녀가 답한다.

그녀의 어조는 가볍게 변한다. "실제로 사람들은 매우 친절해요. 버스에서 보행 보조기에 개를 싣고 있는 그 여자를 본 적이 있는데 사람들은 다 못 본 척하죠. 그러니깐 아무도 그녀에게 따지지 않죠. 우리는 버스를 탄 미친 사람들에 익숙해져 있어서 '자, 눈 마주치지 말고 그쪽으로 가지 않으면 괜찮을 거야'라고 생각하죠. 통근자들로 구성되는 이 공중에서 우리는 '자 이런 일이 벌어지지만 우리는 그 냥 무시할 거야'라고 생각하죠."

"또 다른 사건도 있었죠." 이야기를 하면서 다른 기억도 떠오른 듯 클레어는 말한다. "시드니에서 집으로 가는 버스를 타러 가고 있었어요. 버스 정류장에서 친구와 마주쳤죠. 그와 나는 버스에 탔고 남아 있는 좌석은 오른쪽 맨 뒤였어요. 댄Dan과 나는 계속 이야기하고 있었는데, 이 여자가 갑자기 내 어깨에 머리를 기대는 거예요. 어떻게 해야 할지 몰랐죠. '머리 좀 치워 주세요'라고 말했죠. '싫어요. 이대로가 좋아요. 좋은데요.'" 클레어가 기억하기로 잠시 후에 다른 자리가 비었다. "'이제 일어납니다'라고 말했어요. 그리고 일어나서 그와 나는 앞쪽에 가서 앉았어요. 그러니까 그녀가 나한테 소리 지르기 시작했어요." 그녀는 내릴 때 그 여자가 따라올까 봐 걱정되었다고 한다. "그래서 우리는 계획을 세웠는데 내가 평소에 내리는 곳 대신에 (다른 곳에서) 미리 내려서 슈퍼마켓에 가는 거였죠. 그 여자가 여전히 소리 지르고 있었기 때문에 댄이 내리면서 '행운을 빌어요'라고 했죠. 그리고 나도 일어나서 버스에서 내렸어요. 그 여자는 정말 집요했어요. 버스 전체, 그러니까 모든 사람들 앞에서 '살찌고 못생긴 쓰레기, 넌 그냥 살찐 쓰레기야. 니 옷은 역겨워. 니 뱃살 좀 봐'라고 소리 질렀어요." 다시 그녀의 눈은 촉촉해진다. "그건 극단적인 형태의 개인적인 모욕이에요. 두려워요. 그러니까, 버스에 서서 문이 빨리 열리기만을 기도하다가 내렸어요. 문이 닫힐 때까지 그 여자가 소리 지르는 걸 들을 수 있었어요. 그녀는 내리지 않았고 나는 감사했어요."

이 사건들을 이어서 듣는 것의 효과가 놀랍다. 잠시 후 그녀는 다시 이 사건에 주의를 기울인다. "신체적인 것이어서."라고 그녀가 말한다. "그 버스에 타고 있던 사람들을 다시 볼 일은 없겠지만, 그건 공개적인 망신이기 때문에 정말로 화가 났던 것 같아요. 그 여자가 말했던 건 아주 개인적인 것이고 나는 정말로 수치스럽고 겁났어요. 이 두 가지 점은 함께 나한테 심대한 영향을 끼쳤어요." 나는 끄덕인다. 그녀는 그 사건이 그것을 회상하는 지금까지도 어떻게 지속적으로 그녀에게 영향을 끼치는지 되짚는다. "다음 날 직장에서도 여전히 화가 나 있었어요. 행복한 기분이 전혀 아니었죠. 내 상사에게 이야기했던 게 기억나요. '보세요. 이런 일이 버스에게 벌어졌답니다.' 상사는 말했죠. '그러니까 그건 개인적인 일이 아닙니다. 그 여자는 제정신이 아니었어요'라고 말이죠. 나도 다 알지만, 잔여효과랄까. 여기서 당신에게 이 이야기를 하는 건 그 사건이 여전히 내 맘에 남아 있어서죠." 이런 끔찍한 사건을 증언한 후 그럼에도 기존 방식대로 계속 통근해야 하는 이유를 정당화하려는 듯, 그녀는 지금 사는 곳의 이점이 "너무 크며" 이 사건으로 인해 더 조심해야 하는 걸 배웠다고 덧붙인다. "버스에서 약간 이상한 사람들을 보면, 그들의 시야에서 벗어나거나 그들이 다가오기 힘든 상황을 만들려고 해요. 버스에는 안전한 자리들이 있거든요."

그렇게 말한 뒤 그녀는 선언하는 어조로 "왜 당신에게 연락했는지 지금 말하려고요." 마치 이전 두 사건에 대한 회고가 그냥 머리말인 듯하여 나는 놀란다. 내가 낸 신문광고에 클레어가 반응하도록 이끈 것이 무엇인지 알고 싶어 조바심이 난다. 무대는 마련되었고 곧 드라마가 전개될 것이다.

"몇 주 전이었어요." 그녀는 자세를 잡으며 말한다. "4시쯤에 일과를 끝내고 시드니로 가는 373번을 탔어요. 나는 걸어 내려가 조지 스트리트George Street 모퉁이로 돌아들었죠. 이슬비가 내리고 있었어요. 조지 스트리트 버스 정류장은 많은 버스가 오기 때문에 버스들이 가끔씩 줄지어 있기도 해요." 나는 끄덕이며 그 장면을 시각화하려고 노력한다. "줄지어 있는 버스 중 네 번째 버스 번호까지 보려면 정말 종종걸음을 쳐야 해요." 그녀가 덧붙인다. "그런데 모퉁이를 돌아가고 있을 때 내가 탈 버스가 막 떠나고 있었고, 그건 늘 좌절감을 느끼는 일이지만 어쩔 수 없죠." 그녀는 철학적으로 덧붙인다. "비가 좀 더 세게 내리기 시작했고, 나는 목이 빠져라 버스가 오기만을 기다렸는데 주변엔 사람들도 별로 없었어요. 빗줄기는 굵어지고 목을 빼고 보니 이상적인 버스인 L39번 버스가 보였죠. 나는 내달렸는데 당연히 버스는 떠나고 있었고, 한 2센티미터쯤이었을까?" 그녀는 목소리를 높이며 막 떠나고 있는 상태를 암시한다. "버스는 떠나버리죠." 클레어는 손가락을 좌우로 흔든다. "그래서 줄 서 있는 세 대의 버스 중 제일 앞 버스로 뛰어 돌아갔는데, 그 버스는 정류장에 서지도 않고 떠났어요. 그건 의도적으로 좌절감을 주는 거예요." 어조가 점점 더 강렬해진다. "다른 버스를 봤는데 똑같은 일이 벌어졌어요."

"난 자제력을 잃었어요." 그녀는 머리를 흔들며 말한다. "정말 이성을 잃었어요. 흡사 오랜 고역에 시달린 뱃사람 같은 소리가 터져 나왔죠." 그녀는 당황하면서도 인정한다. "버스는 이미 멀어졌지만 거울로는 볼 수 있으니 버스에다 새를 날렸죠. 다 했어요. 버스를 향해 욕설을 퍼부으며 조지 스트리트 한복판에서 울부짖었죠." 그녀의 얼굴에 엷은 미소가 번진다. "음, 나는 혼자라고 생각했어요. 그런데 난 몰랐던 거죠. 비가 세게 쏟아지자 150명 정도의 사람들이 내 뒤에 있는 버스 정류장 처마에서 비를 피하고 있었다는 걸. 관객이 많았던 거예요." 그녀는 팔을 왼쪽으로 뻗는다. "돌아서서 사람들을 보니 말문이 막혔어요." 나는 반응하지 않을 수 없다. "세상에나 참 끔찍하네요. 그래, 무슨 일이 있었어요?" "한 여성 옆에 앉았어요. 그러면서 말했죠. '세상에나 정말 자제력을 잃었네요.' 그러자 그녀가 말했어요. '걱정 말아요. 나도 그렇게 느껴요.'" 그녀의 목소리가 훨씬 부드러워진다. "나는 놀랐고 돌아서 그 사람들을 볼 엄두가 나지 않았어요. 나는 사람들 쪽으로 가서 '보세요. 아까 그 일에 대해서는 유감스럽네요'라고 말하고 싶었어요. 그렇지만, 나는 그냥 거기 앉아서 아무도 날 몰라보기를 바랐죠. 끔찍했어요."

이렇게 극적인 서사 이후에 클레어는 침착함을 되찾는다. "어쨌든요." 그녀는 사건과 거리를 두며 수심에 찬 어조로 말한다. "집에 와서 두어 명의 친구에게 전화를 걸어 그 이야기를 했어요. 그들은 미친 듯이 웃었죠. 그들은 이 중년 여자가 이성을 잃었다는 것이 재미있다고 생각했어요." 그녀는 자신이 화를 쉽게 내기는 하지만 공공장소에서 자제력을 잃는 것은 다른 일이라며 왜 그런 일이 벌어졌는지 되짚어 간다. "이건 축적된 문제인 것 같아요. 몇 개의 작은 사건과 그리 작지 않은 사건들의 잔여 효과가 우리에게 남아 있어요. 계속되는 좌절감을 풀 수 있는 체계는 없고요. 이것을 더 잘할 수 있는 방식을 찾는 것이 당신이나 내가 해결해야 할 일이라고 생각해요. 정당화할 수 있는 분노 말이에요." 흥미롭게도, 사건들에 대한 그녀의 감정적 반응은 나에게 그걸 들려주는 동안에도 변화했다. "나는 앞으로 그런 것에 당황하지 않을 거예요." "그러니까 예전에는 당황했지만 더 이상 당황하지 않을 거예요. 꽤 재미있다고 생각해요. 좌절감을 때때로 조금씩 방출하는 것이 낫다고 생각해요."

이후의 면접조사를 통해 우리는 예의 없고 마초스러운 버스 운전사들과 표지판 문제, 교통 기반 시설 예산에 대해 논의한다. "와, 내가 불평이 많지요?" 그녀가 낄낄댄다. 그렇지만, 이전의 사건들은 이후의 논의와 지속적으로 조응하며 우리의 토론을 사로잡는다. 나중에 그녀는 명시적으로 이 문제로 돌아온다. "내가 조지 스트리트에서 이성을 잃었을 때 벌어진 일은 오랜 동안 쌓이고 있던 것이 알다시피 내가 피곤했기 때문에 벌어진 것 같아요." 그녀는 이것을 그녀의 연락 업무가 가진 치열한 성격과 연결 짓는다. "3주 연속으로 일을 하면 나는 내가 극도로 피곤해져 있는 상태임을 알아요. 진짜 탈진, 피로 상태까지 피곤한 거죠. 내가 피할 수 없는 축적되고 반복되고 좌절스런 경험을 지속하고 있는 거죠." "버스, 버스, 버스 때문이에요!" 그녀는 단호하게 덧붙인다. 여기서 반복은 그녀의 신념을 강화시킨다.

"그 밖에 다른 것에 대해 이야기하고 싶은 것 있으세요?" 내가 묻는다. "지금 목록을 보고 있는데 … 보행 보조기 숙녀분 이야기를 했고, 그 밑으로 약에 취해 망가진 정신병 소녀 이야기가 있네요." 주말에 선로 공사를 하는 것에 대한 짧은 논평에 이어서 그녀가 말한다. "하던 이야기를 마무리하자면, 두 개의 긍정적인 논평이 있어요." 그녀가 덧붙인다. "첫 번째는 버스 운전사인데요. … 운전사의 태도가 친절하고 협조적이면 버스 전체의 분위기가 바뀐다는 걸 알았어요." 그녀는 이것을 제안으로 이어 간다. "그래서 운전사들이 일정한 훈련을 받는 것이 필요하다고 생각해요. 우리가, 특히 여성들이 겪어야 하는 고통의 일정 부분을 정말로 낮출 수 있기 때문이죠." 감소를 의미하는 수평적 손동작이 뒤따른다. "나는 삶에서 긍정적인 태도를 유지하고 싶어요. 하지만 그게 어렵죠. 그래서 올해 정말로 특별하고 좋은 일이 일어났을 때 그걸 적어 두기로 결심했어요."

그녀는 단지에 손을 뻗는다. "한 장밖에 없네요. '1월 7일 버스 운전사가 조지 스트리트에서 문을 열어 날 태워 줬다. 처음으로 저녁 7시 뉴스에 맞춰 집에 왔다.' 운전사가 슬슬 출발하다가 날 봤기 때문이죠." 그녀가 자제력을 잃었던 사건을 기준으로 덧붙인다. "그건 정말로 흔치 않은 일이에요. 그렇지만 운전사는 내가 이렇게 (몸짓으로 보여 주면서) 씩씩거리는 모습을 보고 웃었고 멈췄어요. 나는 올라타서 '정말 고마워요'라고 말했어요. 그 버스는 L(급행)이었고, 집에 와서 뉴스를 볼 수 있었죠." "부정적인 일들에만 사로잡히기 시작하면 나에게 좋을 게 없고 다른 곳으로 나타나게 되죠." 나는 동의한다. "그래서 당신에게 감사하고 싶어요." 그녀는 덧붙인다. "이 모든 것을 정말 내려놓을 수 있게 되어서 이제 이 종이를 찢어 버릴 수 있어요." 그러면서 그녀는 종잇조각을 찢고 또 찢는다.

틈

이상의 면접조사에 등장한 조우를 특징짓는 '피뢰침' 같은 사건들은 1절에서 이야기한 모호하고 거의 꿈같은 사건과 대비되는 강렬함이 있다. 클레어의 이야기를 듣는 것이 끼치는 영향은 1절의 이상한 대화를 목격한 순간이 갖는 미세한 영향과는 다른 의미로 심대하다. 2절에서 내가 목격한 일회적 객차 사건과 달리, 클레어의 이야기는 통근이 가지는 반복적 효과를 보여 주는 예이다. 고립된 몇몇 문장을 증거로 잘라 쓰지 않고 면접조사의 조우를 다시 보여 줌으로써 그녀의 회고가 갖는 강렬함과 하나의 기억이 다른 기억을 어떻게 일으키는지에 주목할 수 있게 된다.

앤더슨과 애쉬가 말한 대로 분위기를 명명하는 것이 사건의 풍부함과 복잡함을 잠재적으로 축소할 수 있기는 하지만, 여기서처럼 긴장이 높아질 때면 명명의 유혹에 저항하기 힘들다. 괴롭힘을 당한 조우의 기억은 공포를 드러낸다. 문예 이론가 필립 피셔Philip Fisher가 지적한 대로, 공포 속에서 "우리는 우리 밖에서 우리에게 해를 끼치거나 우리를 파괴할 수 있다고 믿는 것에 사로잡히기"[31] 때문에 이것은 강력한 감정이다. 그러한 기억들은 또한 수치심도 드러낸다. 페미니스트 이론가 사라 아메드Sara Ahmed는 "신체는 지각된 부정으로 소진되는 것처럼 보인다. 그리고 주체가 '스스로에 반하여 존재한다'는 느낌으로 수치심은 피부에 각인을 남긴다"고 수치심을 묘사한다.[32]

그렇지만 다른 측면에서 클레어의 "자제력을 잃었다"는 표현은 이러한 경험들의 절정이다. 자제력을 잃었을 때 실제로 잃어버린 것은 자기통제의 느낌이다. 그녀의 고백은 사회화된 기대에 따르면 눈살을 찌푸릴 방식으로 통제력에서 벗어났음을 가리킨다. 좀 더 위안을 주는 측면에서 이야기하자면, 나이절 스리프트Nigel Thrift가 관찰한 대로 분노는 살아 있는 도시의 불가피한 저류라는 의미에서 통제력 상실을 생각해 볼 수 있다. 스리프트는 "인간의 사회적-생물학적-기술적 구성 방식을 감안할 때, 동료 시민들에 대한 혐오는 불가피한 것이다. 적대감의 편재성은 도시에서 생활하는 것이 낳는 피할 수 없는 부산물"이라고 지적한다.[33] 확실히 클레어의 진술에는 그녀를 괴롭힌 구체적인 사람들에 대한 분노가 명확하게 나타난다. 그렇지만 클레어의 분노는 동료 시민들에게 향한다기보다 대중교통수단을 이용한 통근의 축적된 경험에서 나온 것이다.

이 조우의 강렬함은 거의 어찌할 바 모르게 격한 경험이다. 8년 동안 쌓인 통근 불만족이 90분간의 조우에 응축되었다. 총천연색 광채로 그려 낸 각각의 사건들은 그 사건들이 얼마나 심대하게 그녀에게 영향을 주었는지를 단적으로 보여 준다. 불만족 요약 목록에 따라 진행된 클레어와의 조우는 한 사건에 대한 회고가 다른 사건 이야기로 이어지는 과정에서 압력이 고조되는 것으로 느껴졌다. 하나의 진술은 다음 사건을 경험하는 분위기를 형성했다. 면접조사 말미에 고백한 자제력을 잃었던 것에 대한 회고는 어떤 의미에서 공포, 수치심, 고통으로 특징지어지는 다른 회고의 절정이었다. 이런 효과는 클레어가 그녀의 "분노"를 "몇 개의 작은 사건들"이 축적된 효과라고 스스로 진단하는 데 반영된다.

궤적에 대한 앞선 논의로 돌아가면, 들뢰즈는 우리 자신은 많은 종류의 선으로 구성된다고 말한다. 거기에는 경직된 선이 있다. 예를 들어, 클레어는 주택 소유자이고 버스 통근자이며 다른 정체성을 획득하는 직장으로 이동한다. 하지만 들뢰즈는 분자적 선 또한 존재한다고 한다. 분자적 선은 외견상 고정되어 보이는 것 저변에 자리 잡고 있는 좀 더 유연한 선이다. 들뢰즈는 특히 "비밀스럽고 인지할 수 없는" 틈 혹은 "미세한 틈micro-cracks"이라고 부른 것에 관심을 기울인다. 그것은 좀 더 유연한 분자적 선에서 생기며, 반드시 경직된 기반 선에 일치하는 것은 아니다.[34] "당신이 이전에 매일같이 견뎌 왔던 것을 더 이상 참을 수 없었던" 때를 생각해 보라. 들뢰즈에게 이러한 시간은 어떻게 "욕망의 분배가 우리 안에서 변화하고 있는지"를 보여 주는 것이다.[35] 이러한 시각에서 클레어의 통근 성향은 이러한 유연한 분자적 선을 따라 형성된 틈으로 이해될 수 있다. 이는 그녀의 역량을 미세한 방식으로 변화시켜 결정적으로 그리고 잠재적으로 변화의 분기점으로 이끈다.

들뢰즈는 유연한 분자적 선을 따라 난 "조용한" 틈은 "멀리서 봤을 때만 그리고 너무 늦었을 때" 드러난다고 말한다.[36] 문화이론가 빌리 엔Billy Ehn과 오르바 뢰프그렌Orvar Löfgren의 지적[37], 즉 우리는 습관이 방해받을 때에만 그 습관을 인식하게 된다는 말을 참고하면 클레어가 자제력을 잃은 순간은 그녀가 분자선에 따른 인내의 한계에 도달했음을 감지하는 데 필요한 방해였다고 할 수 있다. 클레어의 면접조사 참여 욕구와 준비 그리고 면접조사 말미에 내가 느꼈던 그녀의 명시적 정신정화catharsis는 인내의 한계에 도달했음을 보여 주는 것일 수 있다.

결론

통근 공간은 흥미로운 공동체 장소이다. 그렇지만 '통근자'라는 이름이 모든 종류의 차이를 가리는 단일성을 함축한다. 예를 들어, 교육 이론가 콜린 시메스Colin Symes는 학생 통학자들은 시드니 열차에서 비학생 통근자들과는 다른 실천을 하는 닫힌 소공동체microcommunities를 형성한다고 지적한다.[38] 지리학자 아인슬리 휴스Ainsley Hughes, 캐슬린 미Kathleen Mee, 애덤 틴들Adam Tyndall은 같은 객차 안에 있는 장거리 통근자와 단거리 통근자 사이의 상이한 성향에 주목한다.[39] 통근의 사회적 동학에는 분명히 양식화된 특성이 있다. 대중교통수단을 승하차하는 때처럼 중요한 순간에 특히 통근은 잘 연출된 것처럼 느껴질 수 있다.[40] 그렇다면 실제로 우리는 시메스가 "사회적 격리와 통합의 위치적 미적분학"이라고 묘사한 것[41]을 인지할 수 있다.

지리학자 팀 크레스웰은 모빌리티는 그것이 권능을 부여하고 제약하는 사람과 행위라는 점에서 항상 사회적으로 격리되어 있다고 강조한다.[42] 그렇게 모빌리티는 깊숙한 사회 불평등을 재생산하는 데 기여할 수 있다. 이 장에서 서술한 사건들은 계급과 젠더화된 불평등이 작동하는 복잡한 불평등의 조합을 지적한다고 할 수 있다. 열차의 소년들과 클레어가 겪었던 괴롭힘 사건들은 모두 (상대적으로) 특권화되고 박탈된 신체들이 어떻게 충돌하는지를 보여 준다. 예를 들어, 소년들의 '황금광'이란 용어와 그것이 암시하는 인지된 재산에 대한 욕심은 소년들의 경제적이고 정치적인 박탈 상황을 반영하는 것으로 해석될 수 있다. 반대로, 클레어의 "비운의 섬"이라는 언급은 그녀가 두 개 노선의 버스를 갈아타기 위해 때로 그녀의 안전마저 위협하는 장소에서 기다려야 할 수밖에 없음을 제시한다.

그렇지만 이 장이 보여 주는 것처럼, 더 깊숙한 형태의 불평등을 굴절시키고 복잡하게 만드는 좀 더 전이적인 형태의 사회적 차이가 존재한다. 이는 우리가 우리의 "역량, 우리의 관계, 연결, 형성 중에 있는 삶의 방식"으로 이해한 "불확정적인 사회성"과 연관된다.[43] 모든 종류의 끌림과 거부감이 이 장의 진술에서 솟아나 그 과정에서 새로운 구성체를 만들어 낸다. 지리학자 데이비드 콘라드슨David Conradson과 앨런 래섬Alan Latham이 제시하듯이 "집합체 속에서 … 정동은 개인들을 특정한 구성체로 동원하고 연대하는 데 기여한다."[44] 클레어의 이야기를 고찰해 보면, 통근 중에 벌어진 사건이 어떻게 새로운 연대감을 만들어 낼 수 있는지 탐지할 수 있다. 예를 들어, 클레어는 버스 운전사에게 자제력을 잃은 이후에 눈에 띄지 않기를 바랐던 경험을 이야기했는데, 그때 옆에 앉았던 숙녀의 위로하는 태도를 기억한다. 이는 미세하고 일시적인 것이지만 일종의 새로운 연대감을 산출한다. 이 때문에 클레어가 느낀 수치심의 부담이 경

감될 수도 있다.[45]

하나의 여정에서 발생한 사건에 대한 우리의 성향이 다음 날 (표면적으로) 비슷한 사건에 대한 성향과 완전히 다를 수 있다는 것은 힘의 구성 변화가 경험을 조형함을 나타낸다. 클레어가 버스를 한 대, 또 한 대 반복적으로 놓친 경험을 묘사한 것을 떠올려 보라. 그것이 그녀를 자제력을 잃는 지점까지 이끌었다. 그녀가 삶의 다른 측면까지도 회고에 포함시켰다는 것은, 그녀의 연락 업무가 낳은 피로 같은 모든 힘들의 구성이 그녀에게 작용하고 있었음을 암시한다. 우리가 그녀의 진술에서 동시에 목격한 것은, 거세지는 빗줄기와 주위 사람들의 부재에 대한 인지, 이상적인 노선의 버스를 놓침과 같은 그 순간의 정확한 물질적 조건에 대한 그녀의 민감함이다. 이러한 독특한 힘들의 구성이 그 사건을 일으킨다. 이러한 통근의 전이적 성격은 어떤 포괄적 진단도 지속되고 있는 변이들에 무심한 것으로 만든다. 비록 클레어의 대화 목록지는 불만으로 가득 차 있었지만, 너그러움과 아름다움, 우아함 등 명확하게 그녀의 통근의 다른 측면들을 가리키는 순간들을 통해 진행되었다.

대중교통 초창기인 1862년에 '철도 여행자의 참고서The Railway Traveler's Handy Book'라는 유쾌한 이름으로 출판된 책은 초보 여행자들이 여정 동안 다른 승객들과 상호작용하는 데 도움이 되는 일련의 조언을 제공하였다.[46] 오늘날 이 같은 성향 분류에 따른 처방은 낡은 것처럼 보일 수 있다. 하지만 시드니 교통국에서 전개하고 있는 '짐승 같은 행동들 운동Beastly Behaviors campaign'을 생각해 보라. 포스터로 표현된 이 운동에는 외면적으로 비사회적인 것을 추출해 놓은 귀엽지만 물질만능주의적 느낌의 만화 캐릭터들이 등장한다. 예를 들어, "소리 지르는 사람The Yeller"에는 다음과 같은 설명이 달려 있다. "이 생물들은 전화와 친구(반경 50미터 안에 있는 모든 사람)에게 정말로, 정말로 시끄럽게 이야기해서 당신을 괴롭힌다고 말씀해 주셨습니다. 가장 좋지 않은 점은 대화 내용이 지루할수록 더 시끄러워진다는 것입니다." 전통적 농담이기는 하지만, 이 삽화를 곁들인 묘사는 통근자들에게 즉각적으로 인지되고자 한다. 더욱이 "말씀해 주셨습니다"라는 문구는 이 삽화에 진실성을 부여하여 모든 (존중할 만한) 통근자를 대표하여 말할 수 있는 능력에서 도출된 권위를 암시한다.

이러한 운동에서 생산된 물체들과 이야기들은 사회학자 스티브 울가Steve Woolgar와 다니엘 닐랜드Daniel Neyland가 "평범한 통치mundane governance"[47]라고 불렀던 것의 예이다. 높은 수준의 통치와 대비되는 평범한 통치는 평범한 물체와 기술을 통해 일어나는 규제와 통제의 형태들을 일컫는다. 열차에서 조용한 객차 환경을 부추기는 것 역시 이것의 또 다른 예이다. 신호와 방송 내용은 승객들에게 객차에 적절한 예의범절을 상기시키면서 객차가 자기 규율을 하도록 만들려 한다. 그러한 집합적인 자기 규율은 클레어가 사람들이 잠재적으로 불안정한 승객들을 도발하지 않도록 노력하는 "통근자들로 구성된 공중"이라고 말한 것을 상기시킨다.

하지만 어떤 종류의 적대감은 도시 생활의 한 부분일 뿐이라는 스리프트의 생각에 동의한다면, 특정한 종류의 성향이 고안될 수 있다는 생각 자체가 잘못된 것일 수 있다.[48] 통근 성향의 다양성을 다루는 더 나은 방법은 1절에서 묘사한 각각의 현 상황에 더 잘 적응하는 것을 수반하는 것일 수 있다. 그 전략은 지루한 사건이 가지는 아찔하고 불안정하며 압력이 고조되는 점을 집어내는 것이다. 혹은 클레어가 제시한 것처럼, 우리를 생기 있게 하는 구체적 사건들에 더 잘 적응하는 것이 통근 성향의 다양성을 다루는 더 나은 방법일 수 있다. 그 사건들이 평소보다 좀 더 지속되도록 하는 것이다.

3장

꽉 죄여진 전환

유실되고 되찾은 이동 시간

사람이 통근하는데 걸린 누적 시간보다 더 시사점을 주는 교통 통계는 없다. 오스트레일리아의 큰 도시들에서, 상근자의 평균 주간 통근 시간은 5시간 45분이다.[1] 이것은 매년 11일 반이 넘는 시간에 해당한다. 각 여정에 35분 정도를 보내는 시드니 사람들은 오스트레일리아에서 가장 긴 평균 통근 시간을 보인다. 이런 강력한 통계를 근거로 다른 연도와 도시를 비교할 수 있다.[2] 도시의 다양한 지역에서 측정했을 때, 이 통계는 그 지역의 주택 가격에 영향을 줄 수도 있다. 통계에서 통근 시간은 행복과 부정적 상관관계가 있음이 암시된다. 통근 시간이 길어질수록, 주관적인 행복 수준은 낮아진다.[3] 이 통계는 강력할 수 있지만, 이러한 측정에는 한계가 있다.

"분 단위의 계산, 도시에서 내가 느끼는 것이다. 그는 시간과 분, 모든 단어와 숫자, 기차역, 버스 노선, 택시 미터, 감시 카메라가 모두 얽혀 있다고 말했다. 이 모든 것이 시간, 흐릿한 시간, 열등한 시간이고, 시계와 유사한 장치, 기타 알람을 확인하는 사람들이다. 시간은 우리의 삶을 짜내고 있다. 도시는 시간을 측정하고, 자연으로부터 시간을 없애기 위해 세워졌다. 도시에는 끊임없는 카운트다운이 있다."[4] 돈 드릴로Don DeLillo의 중편소설《포인트 오메가Point Omega》에 등장하는 한 여성은 시간이 매우 다른 방식으로 느껴지는 미국 남서부 사막의 관점을 지닌 아버지의 도시 시간 경험을 비판적으로 성찰한다. 여기에서 주목할 것은, 이 평가가 시계의 끊임없는 째깍거림이 시간과의 다른 관계를 모호하게 하는 곳으로 교통 영역을 호출하는 방식이다.

통근 시간은 시계의 시간, 즉 측정해야 할 시간이다. 계기판, 휴대 전화, 플랫폼 및 손목에서 도시의 일상생활은 숫자가 진전하는 점에 요동치는 것으로 보인다. 우리는 심지어 삶의 속도가 빨라지고, 똑딱거리는 시계에 우리의 더 많은 것을 노예화시키고 있다고 느낄 수 있다. 사회학자 하르트무트 로자Harmut Rosa는 기술의 발전이 삶의 속도를 빠르게 하고, 시간을 부족한 자원으로 변화시킨 현상을 '사회적인 가속화social acceleration'로 명명했다.[5] 이 이론은 광범위한 지지를 얻었지만,[6] 현대사회의 가속화 성격에 대한 일반화된 진단은 종종 과장된 것으로 판명된다.[7] 최소한 많은 도시에서 통근 시간이 증가하고 있기 때문이다.[8] 더 중요한 것은, 이러한 포괄적 이론은 (디지털시계의 분과 시간 자릿수를 구분하는 분리 기호의 끊임없는 깜박임을 반드시 의미하는 것은 아닌) 우리와 시간의 관계에 대한 더 복잡한 그림을 숨길 수 있다.

이 장에서는 통근 시간을 측정할 수 있거나, 활동으로 채우거나, 다른 것들과 교환할 수 있는 용기 또는 자원으로 이해하기보다는, 우리 경험을 통해 적극적으로 창조된 것으로 고려하려고 한다. 우리에게 익숙한 측정 가능한 시간에 대한 확장적인extensive 이해와 대조적으로, 이 장에서는 새로운 경험을 생산하기 위해 서로 다른 시간이 공존하는 시간의 집약적인intensive 역동성에 주목하고자 한다.[9] 예를 들어, 계절의 변화, 일상 업무, 경력 단계, 생애 주기[10] 등은 복잡한 방식으로 겹쳐지면서 고유한 신체적 경험을 창출할 수 있다. 이러한 역동성은 통근자의 이동 경험에서 찾을 수 있다. 때로는 일반적인 것들을 암시하거나, 때로는 특정 사건을 언급하면서, 면접조사 자체는 다양한 시간 속을 자맥질하면서 시간의 매끄러운 단면에 구멍을 낸다. 늘 그렇듯, 그들은 다양한 과거와 다양한 미래를 현재에 모은다.[11] 그들의 이야기를 종합해 보면, 통근 시간은 드릴로DeLillo의 주인공이 도시에서 발견하고 한탄한 시계가 만들어 낸 '흐릿한' 시간일 필요는 없다. 대신에 좀 더 불안정한 어떤 것이다.

현장에서 마주치는 증언들을 통해, 이 장에서는 통근을 통해 어떻게 다층적이고 중첩된 시간들이 엮이는지를 보려고 한다. 1절에서는 통근자가 어떻게 시간을 관리하고, 경직되거나 유연한 일상을 가진 혹은 이동 시간이 다르게 평가되는 일상의 다층적인 경향을 드러내는지 밝히려고 한다. 2절에서는 지도를 집어 들고 도시를 확대하여, 훨씬 더 긴 여정을 통해 생존을 위한 다양한 시간적 관계와 전략을 보여 주는 장시간 통근자supercommuters의 시련과 고난을 추적한다. 3절에서는 그들의 "잃어버린" 시간을 찾기 위해, 통근 시간을 줄이려는 다양한 시나리오를 만나 본다.

시간 관리

조직된 시간

통근은 인상 깊은 조직적 성취일 수 있다.[12] 케이Kay가 간략히 서술한 사무실까지 그녀의 아침 통근을 보자. "나는 아침 6시 51분에 일어나서, 6시 57분에 집을 떠나요. 그리고 도보로 7분 거리에 있는 로즈힐Rosehill역까지 걸어가서, 기차에 올라탑니다. 내가 7시 11분에 타는 열차는 사실 센트럴Central역까지 가는 급행이지만, 클라이드Clyde역에서 5분 정차해요. 그래서 나는 다른 플랫폼으로 가서 다른 기차로 갈아타죠. 이러면 3분 일찍 도착할 수 있어요." 케이의 묘사는 시계의 언어를 통해 이루어진다. 그녀의 엄격한 타이밍은 감동적이다. 분은 분명히 중요하다. 3분을 절약하는 것은 한 열차에서 내려서 다른 열차로 갈아타는 노력을 들일 가치가 있다. 간결한 정밀도로 그녀는 대충 예상하지 않는다. 6시 50분이 아닌 6시 51분에 일어나는 것이다. 약간 부러워하면서, 나는 그녀의 효율성이 매우 감동적이라고 했다. "예, 그렇죠." 그녀는 동의했다. "나는 하루 전에 모든 준비를 해 둡니다. 자는 것을 좋아해서요." 케이는 어떤 의식적인 결정도 필요 없다고 암시한다. 그녀의 지식은 2년에 걸쳐 철저히 체화되어 있다.[13] 그러나 우리의 일상과의 관계는 때로 불안정할 수 있다.

지난 2년 동안 바이다Vida는 편도 1시간이 걸리는 서부 중심Inner West과 파라마타Parramatta역 사이를 통근하고 있다. 우리의 면접조사 초기에, 그녀는 "나는 일정에 따라 사는 것을 좋아하지 않아서 어떤 열차를 잡을지에 대한 사명으로 일어나지 않아요."라고 했다. 케이의 엄격한 스케줄과 달리, 바이다는 "나는 천천히 일어나야 하고, 준비가 되면 그때 일하러 떠납니다." 이것은 자주 운행되는 열차 노선에 거주한다는 이점 때문이지만, 분명히 무언가 작동하지 않는 것이 있는 것이다. "올해의 결심은 약간의 규칙성을 더하는 것입니다. 내 삶에 도움을 줄지 아닌지는 모르지만요. 그래서 같은 열차를 타려고 노력 중인데, 운이 별로 좋지는 않네요." 나는 그녀에게 왜 그런 변화를 시도하는지 물었다. "규칙성이 나의 하루를 좀 더 효율적으로 만들어 줄 것 같아서요. 같은 열차를 타면, 내 인생에 약간의 효율성을 더할 것 같아서요. 저도 왜 제가 이런 규칙적 일상을 싫어하는지 모르겠어요." 그녀는 잠시 숙고한 뒤에 "나는 내가 어떻게 하루를 살아가야 하는지가 내 일에 지배받는 것이 싫어요."라고 인정한다.

커뮤니케이션 이론가인 제임스 캐리James Carey는 시간의 표준화가 국가 및 기업 자본주의가 일상생활에 대한 지배를 확장할 수 있는 주요 규제 도구라고 지적한다.[14] 이 긴장은 바이다의 일이 그녀의 시간을 지배하는 것에 대한 그녀의 양면적인 태도를 설명하는 데 도움을 주지만, 다른 사람들에게는 이런 동기화synchronization가 더 도움이 된다. 킴Kim은 중앙업무지구에서 공무원팀을 관리한다. 그녀에게는 11살과 13살의 자녀가 있다. "우리의 아침 출근은 3인의 활동입니다. 보통 내가 일어나고, 옷을 입은 뒤 애들을 깨우고, 모두 같이 아침을 먹고 점심을 챙겨서 함께 떠나요." 굉장히 단순하게 들리지만, 사실은 조금 더 복잡하다. "실제로 몇 시에 집을 떠나고 어떤 역에 가는지는 그날이 무슨 요일인지, 그리고 애들이 어떤 일정이 있는지에 따라 달라집니다. 예를 들어, 월요일에는 아들을 7시 30분까지 스포츠 훈련에 참여할 수 있도록 학교에 데려다주고, 다시 차로 돌아와서, 차를 주차하고 터라머라Turramurra역에 가서 열차를 탄 후, 위니어드Wynyard역에서 도보로 사무실에 갑니다. 여기서 변형이 있습니다. 수요일에는 딸이 밴드 연습을 위해 7시 15분까지 학교에 가야 하기 때문에, 아들은 터라머라역에 내려 주고, 고든Gordon 역까지 가서 딸을 내려 줍니다. 차를 고든역에 주차하고 저는 열차를 타고 오는 것이지요."

그러나 이러한 변형이 매일 다른 시간에 일어나는 것을 의미하는 것은 아니다. 효율성에 대한 바이다의 의견과 반대로, 킴은 "아니요, 그건 너무 복잡해져서 나의 불쌍한 작은 머리가 과부화에 걸릴지도 몰라요. 그래서 나는 알람을 6시에 맞추고 걱정하지 않기로 했어요. 너무 복잡해지니 그냥 규칙적으로 하는 편이 쉬워요. 그리고 아침 6시에 누가 어디를 언제 왜 가야 하는지, 그리고 내가 지금 빨리 일어나야 할지, 조금 여유가 있는지를 생각하는 것이죠." 여기서 중요한 점은 킴의 통근은 자녀들의 활동과 조화를 이루어야 한다는 점이다.[15] 일주일에 걸친 이러한 다양한 스케줄에도 기상 시간을 표준화함으로써, 너무 많은 의식적 노력이 없이도 일상을 유지할 수 있다. 이것은 물론 그녀의 차가 제공하는 유연성 덕분이다.[16]

시간 생산하기

통근자의 일상적인 조직에 대한 성찰에서 시계는 어디서나 큰 소리로 째깍거리지만, 우리가 통근 여정에서 시간과 맺는 관계는 각자 다 다르다. 첸Chen은 이해하기는 힘들지만 받아들이려는 태도로 말한다. "버스에 앉아서 사람들을 보면, '우리는 전화와 아이패드 없이는 아무것도 할 수 없는가?' 싶어요. 모두 무언가를 들고 있어요. 몇몇은 노트북으로 발표 내용을 마무리하는 것처럼 보이고, 누군가는 거대한 종이 뭉치의 여기저기를 들춰 보고 있어요. 그건 놀라워요."

며칠 전 저녁 러시아워에 마틴 플레이스Martin Place 역에서 기차를 기다리면서 역에 줄 서 있는 수백 명의 사람들을 살펴보았는데, 모든 얼굴이 휴대전화에서 나오는 조명을 받아 푸른빛을 띠고 있었다.

교통경제학자들은 전형적으로 이동 시간을 금전적인 측면에서 이해하고, 이동 시간의 절약은 금전적인 이득으로 간주한다.[17] 그러나 좀 전의 장면에서 보았듯이 이동 시간이 반드시 낭비되는 시간은 아니다. 개인용 휴대 기기의 대중적 보급은 이동 중에 수행될 수 있는 일들의 한계를 변경하여, 우리의 통근 시간 경험까지 변화시켰다.[18] 예를 들어, 벤지Benji를 살펴보자. 법률회사에서 일하는 그는, 시내 남쪽의 집에서 항구 북쪽의 직장까지 버스와 기차를 타고 다닌다. 그의 일과에서 내가 놀란 점은 그가 말하는 아침 "휴대폰 의례phone rituals"이다. 그는 버스에 올라서, 보통 날씨 앱을 열어 그날의 비 올 확률을 확인한다고 말한다. "오늘 오후 2시의 비 올 확률은 40퍼센트입니다." 그는 확신에 찬 태도로 이야기했다. 그런 뒤, 의지와 강박이 뒤섞인 채로 버스에 내리기 전에 확인해야 하는 웹 사이트들을 나열한다. 인류학자 팀 인골드Tim Ingold는 '행위 경관taskscape' 개념을 통해 장소의 특성은 주어진 것이라기보다는, 우리가 관여하는 실천적 활동을 통해 나타난다고 설명한다.[19]

모바일 장치는 통근자들의 일상적으로 반복되는 이동 양식과 합쳐지면서 다양한 행위 경관을 변화시키고, 새로운 시간에 대한 인식을 창출해 왔다.[20] 믹Mick은 도시 북쪽의 집과 도심까지 23분간 기차를 타는 엔지니어이다. 면접조사 초기에, 그는 어떻게 그의 이동 시간을 평가하는지 명확하게 설명했다. 이것은 "본질적으로 다른 일을 할 수 있는 1시간 반"입니다. 그는 이동 시간이 낭비되는 시간이라는 입장에 동의하는 듯 보였다. "다른 일들이 나의 일상생활에서 훨씬 중요합니다. 시간을 현명하게 써야 하죠." 나는 이러한 자기 관리 속에서 믹이 자신의 이동시간을 어떻게 평가하는지 궁금했다. "예전에는 게임을 하곤 했는데, 이것이 특별히 생산적이거나 도움이 되지 않는다"는 것을 깨달았다고 한다. 일상의 변화는 이동 시간에 대한 그의 인식 변화에서 보인다. 지루한 시간의 경험은 그에게 새로운 실험을 하도록 만들었다.[21] 그는 "어떤 일에 지루함을 느꼈을 때, 석 달에서 여섯 달 간격으로 일상생활의 순서와 내용을 변화시킨다"고 한다. 이번 변화는 12월에 있었다. "나는 뉴스를 거의 보지 못했고, 그걸로 조금 괴로웠습니다. 그래서 포드캐스트나 트위터의 뉴스 피드를 읽기 시작했습니다. 사회경제적인 배경에서 제가 관심이 있는 것, 종교 대 과학 같은 것을 보려고 합니다." 믹에게 이것은 그가 설명한 "인생의 큰 질문에 답하려는" 그의 목표와 통근 시간을 연결시킨 결과이다.[22]

마르크스주의적 시각에서, 전후 프랑스에서 발생한 급속한 교외화에 비판적이었던 철학자 앙리 르페브르Henri Lefebvre는 통근 시간이 사람들이 집에서 누리는 자유 시간을 갉아먹는다고 우려했다. 통근 시간을 강박된 시간compulsive time으로 언급하면서, 그는 통근 시간이 자본의 영역으로 압축되어 가는 과정을 통해 "일 이외의 다양한 요구"의 하나가 되고 있다고 했다.[23] 그러나 일부 통근자들은 훨씬 덜 비판적인 방식으로 그들의 업무 관행을 이야기했다. 어떤 사람은 대중교통수단을 이용하면서 테스트나 과제 채점 같은 집에서 해야 할 일들을 한다고 했다. 미디어 이론가 멜리사 그레그Melissa Gregg는 모바일 기술의 등장이 가정과 직장의 경계를 침범하고 모호하게 만들지만,[24] 어떤 경우에는 사람들이 가정과 직장을 분리하는 데 도움을 준다고 말한다.

통신회사 임원인 미셸Michelle이 그런 경우이다. 그녀는 가장 가까운 역으로 10분을 운전해서 가서, 50분간 기차를 타고 통근한다. 그녀는 기차를 타는 동안 가장 긴급하고, 기차를 타지 않았다면 집에서 처리했어야 할 일을 처리한다고 말한다. 이동 공간을 모바일 오피스로 변화시키고자, 그녀가 객차에 준전용 공간을 구축하는 기준이 있다. "내가 앉는 자리는 사적이고, 내 어깨 너머로 아무도 넘겨보지 못해야 해요." 또한, 햇빛이 태블릿 화면에 반사되지 않는 것도 이상적인 공간 구축에 중요하다.

미셸의 경험은 이동 공간의 물리적 환경이 어떻게 통근 시간에 다양한 활동을 가능하게 하는지 주목하게 한다.[25] 일부 통근자들은 자신들의 통근 여건이 일을 하는 데 적합하지 않다고 안타까움을 표명하기도 했다. 예를 들어, 노선에 따라 휴대전화의 신호가 끊기는 지역에서 느끼는 불편함 같은 것이다. 그러나 대부분은 교통수단 그 자체에 대한 불만이다. 버스로 북서쪽 집에서 시드니 북쪽으로 통근하는 로렌Lauren은 통근을 시작할 때 통근 시간에 일을 할 수 있을 거라고 기대했다. "저는 원대한 계획이 있었어요!" 그녀는 외친다. "통근 중에 일을 처리할 수 있다. 이것이 저의 정당화였죠. '그래 이 시간이 있으니 시드니 북쪽도 나쁘지 않아.' 그래서 처음 6개월 동안 하루 전에 계획을 세우려고 노력했어요. 노트를 하고, 버스에서 아이패드로 이메일을 보내고, 그러나 충분한 공간이 주어지지 않았어요. 앞 좌석에 부딪히고 말죠." 마침내 6개월 뒤, 그녀는 포기하고 말았다. "버스에서 아무것도 할 수 없어요! 앞 좌석에 얼마나 많이 부딪혔는지!" 그녀는 화를 내면서 말한다. 독특한 운전 습관으로 유명한 버스 기사들도 있다고 한다. "그리스 낚시 모자를 쓰는 분을 만나면, 저는 다음 버스를 기다리죠." 심리학자인 제임스 깁슨James Gibson의 행위수용성affordance,[26] 즉 환경이 행동과 인식의 잠재성을 갖는다는 관점에 따르면, 각기 다른 통근 환경은 행동의 다양한 가능성을 수용하여 다양한 시간 인식을 창출한다.

전이하는 시간

사회학자 크리스티나 니퍼트-엥Christena Nippert-Eng은 출퇴근 시간을 가정과 직장의 영역 사이에서 가교 역할을 하며 다양한 전이적 활동이 발생하는 '경계의 시간liminal time'으로 명명했다.[27] 리즈Liz의 회고는 어떻게 과도기적 활동이 장시간 여정의 과정 속에서 시간에 대한 그녀의 관념을 변화시키는지를 명쾌하게 보여 준다. 교사인

리즈는 20년 넘게 서부 중심Inner West에 살았지만, 그 기간 동안 도시의 다양한 지역 학교들을 거쳤기 때문에 통근 길이도 그때마다 극적으로 달랐다. 그녀는 기차를 타기도 했고, 운전을 하거나 걸어 다니기도 했다. 내가 그녀와의 대화에서 가장 흥미롭게 느낀 점은, 이동 시간의 변화하는 경험이 어떻게 이동 방식을 형성하는지다.

현재 그녀는 시드니 북쪽에 위치한 학교에 기차를 타고 간다. "내가 기차를 타고 처음 10분 동안 하는 일은 명상이에요. 시계를 이용해서 시간을 재죠." 그녀는 손목시계를 보면서 말한다. 리즈는 그녀를 차분한 곳으로 데려가는 이 명상의 섬세한 힘을 암시하면서, "질문은 나에 대한 것입니다. 만일 다른 방법으로 이동해서 명상을 하지 못할 때면 내가 이 10분을 그리워할까요?"라고 질문한 뒤, "그 대답은 '예'입니다."라고 말한다. 그녀는 이 명상 덕분에 조급함에서 벗어나 다시 중심을 잡을 수 있었다고 회상한다. "어느 날, 열차를 타려고 숨이 차도록 내달려서 간신히 열차에 올랐죠. 그런데 10분의 명상 뒤 심장박동과 모든 것이 정상 혹은 더 여유로워져서, 이 동일한 일과가 창조한 급한 아침이 사라지고 다시 돌아온 것에 놀라지 않을 수 없었어요."

"10분 후에는 십자말풀이를 시작합니다." 그녀는 우리가 종종 우리 자신과 하는 힘든 거래를 암시한다. 명상이 여정의 전환이라면, 십자말풀이는 요일의 전환을 의미한다. 일주일간의 통근은 다른 음조를 가질 수 있으며, 이러한 다양한 음색은 우리가 참여하는 활동에서 나타난다. "오늘은 목요일이네." 리즈가 말한다. "목요일에는 십자말풀이죠. 십자말풀이를 하기 때문에 목요일이라고 느껴요. 인간은 습관의 동물이거든요." 그녀는 농담조로 덧붙인다. "목요일은 할 만하거든요, 그래서죠, 수요일, 월요일은 모르겠어요. 금요일에는 모든 에너지가 소진되어 전화로 게임을 하죠." 리즈는 자신에게 상기시키듯 말한다. "항상 다리를 건널 때에는 위를 봐야 해요. 왜냐하면 이곳은 아름다운 도시이고, 이 같은 순간을 경험하기는 어렵거든요. 일출은 너무나 아름답죠." 그 순간, 내 머릿속에는 기차가 도시 터널에서 나와 시드니 하버 브리지를 가로지르는 장면이 떠올랐다. 형광등의 격조 없는 회색빛은 오른쪽 창문으로 스며드는 눈부신 호박색 빛으로 사라지고, 따뜻한 빛이 시드니 오페라 하우스의 형체를 그려 냈다. "저는 항상 누군가가 이런 장관을 알아챘는지 보려고 주위를 둘러봐요." 리즈가 말했다. "정말 조용한 때라도, 항상 몇몇 사람들은 이 순간을 감상하고 서로 눈빛을 나누죠."

철학자 미셸 드 세르토Michel de Certeau는 열차 여행을 다소 비판적으로, 탈출구를 거의 제공하지 않는 "이동 감금traveling incarceration"의 모습으로 그린다.[28] 그러나 시간의 통제 효과와 열차의 물질적 제약과는 상관없이, 리즈의 회상은 그녀의 기차 통근이 명상과 십자말풀이, 그리고 숭고한 경치 감상의 중첩된 시간성으로 구성되어 있음을 보여 준다. 그녀는 이 경험을 일찍 도착해야 해서 운전을 할 때와 대조하여 이야기한다. "운전할 때는 나를 위한 시간이 주어지지 않아요." 그녀는 확신에 차서 말한다. 퇴근길에도 "대중교통을 이용하면, 집에 도착할 즈음에는 머릿속에서 이미 하루가 정리되어, 집에 도착했을 때에는 학교 일이 더 이상 관심사가 아니게 됩니다. 그러나 직접 운전을 하면, 집에 도착해서 또 15분을 하루를 정리하는 데 써야 해요."

리즈는 8년 동안 도시의 먼 서쪽에 위치한 학교로 통근했다고 한다. "고속도로 주행인 데다, 특히 복잡한 파라마타 로드Parramatta Road 였기 때문에, 꽤 고된 일이었죠." 사실 대부분의 시드니 사람들에게 그 길은 차들이 꼬리를 물고 서 있는 길로 연상된다. 그녀는 동료와 카풀을 했는데 ("우리는 여전히 좋은 친구입니다."), 그 시절에는 그 시간이 "그날의 불평과 고충"을 나누는 좋은 시간이었다. 그러나 그 동료가 직업을 바꾸면서 그녀는 혼자서 1년을 더 운전해야 했다. "난 할 수 없어, 죽을 거 같아. 너무 힘들어서 그만뒀어요. 지쳐 버렸죠. 집에 귀가하면 너무 늦었어요. 30분밖에 걸리지 않았지만, 힘든 운전이었죠. 주변이 온통 차로 둘러싸여 있어서 무슨 일이 일어날지 모르고, 다음 공격이 어디에서 올지 예측할 수 없었죠. 절대 긴장을 늦출 수가 없었어요." 리즈는 운전대를 단단히 붙잡고 앞을 뚫어지게 응시하는 흉내를 낸다. "나는 일하게 될 것이다. 하루를 시작하려면 좀 진정될 필요가 있었기 때문에, 일을 시작하기 전에 꼭 자리에 앉아서 차를 한 잔 마셔야 했죠." 그리고 그녀는 덧붙인다. "그 기억은 막연해요. 그러나 그것이 즐겁지 않았다는 점만은 분명히 기억해요."

리즈는 명백히 임계점에 도달했다. "마침내 대중교통수단을 이용하기 시작했죠. 1시간 40분이 걸렸어요." 30분 운전에 비교하면 꽤 충격적인 이야기였다. "학교 근처에 대중교통이 없어서 40분은 걸어야 했거든요." 그렇게 한 동기가 특이했다. "그저 《해리포터Harry Potter》를 읽고 싶었어요. 다른 방법으로는 1시간 반을 만들 수가 없었죠." 그녀는 무표정하게 말한다. 그녀는 혼자 살기 때문에 "시간이 큰 문제는 아니다"라고 했다. 내 표정을 보고 그녀는 "사람들이 내 인생을 좀 이상하게 여기는 걸 알아요"라고 했다. 그녀의 이야기는 교통공학 연구자인 글랜 라이언스Glenn Lyons가 지적한 이동 행위는 종종 합리적이거나 비용 최적화와는 거리가 멀다는 언급과 공명한다.[29] 그녀는 다른 직장을 찾을 때에도 통근이 중요한 부분이라고 말한다. "나는 걸어서 갈 수 있는 학교를 찾았어요." 이 결정은 전이의 시간이 그녀가 생각했던 것보다 더 중요하다는 걸 보여 준 결정이었다. "어느 날, 비가 내려서 운전해서 출근했는데, 2분이 걸렸어요. '나는 아직 일할 준비가 안 되었다'는 것을 깨달았죠. 그래서 차 안에 잠시 앉아서 생각했어요. '안 돼, 너는 아직 일어나지 못해.' 통근은 확실히 잠을 깨는 과정인 것 같아요."

꽉 짜여진 시간

교통 인프라가 우리의 일상에 미친 영향은 주요 통계만 봐도 극적으로 포착된다. 불과 200년 전 미국 사람들은 하루에 평균 50미터를 대부분 걸어서 움직였다. 그러나 이제 그들은 매일 50킬로미터를 자동차와 비행기로 이동한다.[30] 이는 우리의 일상 영역이 점차 확산되고 있음을 보여 준다.[31] 오스트레일리아에서는, 편도 100킬로미터가 넘는 장거리 통근이 증가하고 있다.[32] 비슷한 추세가 유럽과 북미에서도 관찰되고 있다.[33]

가장 외곽 교외와 도심 사이의 단절이 어떻게 도시를 마비 지점으로 밀어넣는지에 대한 논쟁적인 진단들이 제기돼 왔다.[34] 멀리 떨어진 베드타운이 사회 통합에 일정 정도 "병원성pathogenic"으로 작동한다는 것은 새로운 주장이 아니다.[35] 실제로 여기에는 중요한 사회적 불평등 문제가 있다. 연료 가격 상승은 직장에서 멀리 떨어져 사는 사람들에게 불균형하게 영향을 줄 수 있다.[36] 카타리나 만데르셰이드Katharina Manderscheid가 설명하듯이, 이동성은 "불평등한 삶의 기회가 지속적으로 재생산되는 계층화의 중요한 추동력을 구성한다."[37]

그러나 더 긴 통근 시간이 미치는 부정적인 영향에 대한 일반화된 평가는 다른 상황에 영향을 받는 장거리 통근자의 복잡성을 간과하게 할 수 있다. 이 절에서는 3명의 장거리 통근자를 추적하여, 긴 통근 여정이 발생시킨 변화들을 살펴보고자 한다. 이 축소판 초상화는 대부분 인용으로 구성되고, 면접조사 자체가 가진 강렬함과 양면성에 약간의 인상주의적 색채를 더하고, 면접조사에서 나타나는 다양한 시간성에 강조를 보완하는 것으로 이루어졌다.

초상화 1: (주말에) 발견된 천국

수세기 동안 시드니에서 150킬로미터 떨어진 남부 고지대의 깊고 시원한 유칼립투스 숲에서는 물촉생이 소리가 아침을 열어 왔다. 그날의 빛이 나타나기 직전, 물촉생이의 거친 웃음은 마치 늑대의 시간을 살아남은 것에 대한 안도처럼 침묵을 깨뜨렸다. 그러나 이제는 더 이상 물촉생이가 새로운 날의 선구자가 아니다. 드문드문 자리한 4개의 침실을 가진 대형 주택에서 나오는 날카로운 알람 소리가 여성들의 꿈을 끝낸다. 다이앤Diane은 알람이 울리기 몇 분 전인 새벽 3시 58분에 일어난다. 마치 알람이 가져올 고통을 그녀의 몸이 예상한 것처럼 보인다. 깜박거리며 빛나고 있는 시계의 콜론colon은 그녀의 부진한 신경세포에 어떠한 동정심도 없다. 생각하면 안 된다. 대안은 없다. 침대에서 양다리를 흔들면서 몸통을 일으켜야 한다. 이것이 무거운 담요와 더 무거운 눈꺼풀을 이길 유일한 방법이다. 여전히 희미하게 춤추고 있던 꿈은 가장무도회의 마지막 잿더미와 함께 사라져 간다.

손전등에 의지해 차로 걸어가면, 흑백의 유칼립투스 숲은 새벽 이슬에 젖어 있다. 핸드백을 어깨에 걸고, 왼손에는 큰 커피를 오른손에는 손전등을 들고, 차 문을 열고 거미가 있는지 확인한다. 최근 마주친 기억에서 여전히 두려움이 떠올라, 증가된 아드레날린이 그녀를 깨운다. 바퀴 달린 가방을 가지러 돌아간다. 자동차의 시동을 걸자, 눈부신 전조등이 진입로 건너의 주머니곰wombat을 깜짝 놀라게 한다. 고속도로에 진입하기 전, 진한 안개 담요가 길을 덮고 있고, 전조등은 구름 안에서 빛나는 것처럼 보인다. 라디오를 트리플 엠 Triple M에 맞추니, 안개는 록 음악을 위한 드라이아이스 장식처럼 느껴진다. 한참 뒤에, 고속도로에는 간신히 감지할 수 있는 하늘색 선이 수평선 낮은 부분에서 빛나기 시작한다. 그리고 저 멀리 나무 꼭대기의 실루엣이 드러난다. 조용히, 그 명암은 더욱 풍부해진다. 차가운 녹색이 추가되고, 플라밍고의 분홍색, 복숭아색, 그 후에는 금색이 더해진다. 그 색조가 밝아지면서, 풍경은 형태와 깊이를 얻고, 가장 먼 지평선까지 물결쳐 나간다. 헤드라이트 불빛으로 만들어졌던 터널은 사라진다. 다이앤은 핸드백에 손을 뻗어 목걸이와 귀걸이 그리고 아침을 집어 든다.

시드니에서 가장 멀리 떨어져 있는 촉수 중 하나인 캠벨타운 Cambeltown의 도시 경계선에서 도시 건설 붐을 일으키려 달려가는 픽업트럭 부대와 친구가 되어 같이 달린다. 건설 노동자들은 늦은 오후의 열기를 피하려 일과를 일찍 시작한다. 언젠가 이 트럭 중 하나가 그녀의 파트너 것이 될지도 모른다. 그녀는 이 트럭들을 "야간 선박"이라고 부른다. 이번 주에는 파트너를 금요일까지 보지 못할 것이다. 시내의 친구 집에 머물 예정이다. 매일 밤 운전해서 돌아갈 수는 없다. 가끔 그가 1시간 정도 휴식 시간이 생기면 주중에 만나 차를 같이 마실 수도 있다. 그녀는 M5 터널 공사로 인한 정체를 피하려고 페어필드 로드Fairfield Road로 고속도로를 빠져나온다. 고속도로의 높은 소음장벽은 사라지고, 단층 벽돌집과 빨간 지붕, 꼬인 송전선, 가정집 울타리, 바퀴 달린 쓰레기통 같은 풍요로운 거리 풍경이 등장하기 시작한다. 이제는 간헐적으로 패스트푸드 체인과 주유소 그리고 아직 잠들어 있는 작은 상점들을 지나간다. 라이드Ryde에 도착하기 직전에 차들은 꼬리를 물고 늘어선다. 출발한 지 2시간 30분

만에 그녀의 첫 번째 목적지인 채스우드Chatswood에 도착할 참이다.

그녀는 통근에 대해 낙관적이다. 그녀가 바라는 직업을 위해 항상 긴 통근을 해 왔다. 운전을 좋아했고, 12년 동안 이어 오고 있다. "특정 유형의 사람이어야 합니다." 정보통신회사의 관리자이지만, 하이랜드Highlands 지역에서는 그런 일을 찾을 수 없다. 주말 집은 신성불가침의 구역이다. 거기에는 사람은 없고, 노란꼬리앵무새만 있을 뿐이다. 그곳 사람들과는 관계를 맺지 않는다. 다이앤의 딸은 최근에 이사를 나갔다. 그녀의 파트너처럼, 딸과도 주말에만 본다. "딸은 이제 내 주변에 머물지 않기로 했어요." 그러나 둘이 함께 있을 때는 양질의 시간을 보내려고 노력한다. "이것이 낙원에서 살기 위해 지불해야 하는 대가"이다.

첫인상으로는 다이앤의 경험을 '수목 변경tree changer' 유형으로 분류하고 싶기도 하다. 오스트레일리아에서 상대적으로 부유한 도시에서 살던 사람들이 이상적인 전원 "피난처"를 찾아 떠나는 현상 말이다.[38] 물론, 다이앤의 경제경영 자본과 주중에 머물 수 있는 집이 있는 친구를 둔 사회적 자본이 결합되어 이러한 생활양식을 유지할 수 있다. 교통량과 통근이 이러한 교외 이주자의 두 가지 주요 동기로 파악되는데,[39] 다이앤의 경우는 분명 이러한 연구를 뒷받침한다.

다이앤은 한 번도 시드니에 산 적이 없다. 그녀는 근무를 시작한 이후 항상 장기 통근자였다. 이 점에서 우리는 그녀의 육체가 다른 사람에게는 상상할 수 없는 통근 리듬에 익숙해졌다는 것을 짐작할 수 있다. 너무 익숙해져서 그녀의 몸은 새벽 알람을 예측한다. 습관에 대한 펠릭스 라베송Félix Ravaisson의 이해에 따르면, 우리가 더 많이 할수록, 그것은 점점 더 쉬워지고 감각적으로 덜 예민해지고, 그 활동에 대한 우리의 인식은 더 날카로워진다.[40] 이 예리함은 남부 하이랜드 세계에서 오스트레일리아의 가장 큰 도시로 이동하는 아침 여행의 아름다운 풍경 변화에 대한 그녀의 섬세한 관심에서 분명히 드러난다.

그러나 다이앤의 사례에서 특징적인 것은, 장기 통근이 주중과 주말로 조각난 시간 리듬을 보인다는 점이다. 그녀의 파트너와 딸과의 관계는 라트LAT: Living apart together족[41]의 따로 살지만 함께인 새로운 가정 형태와 유사해 보인다. 주말은 가족을 위한 시간으로 치열하게 보존되는 것이다. 그녀의 주중을 특징짓는 하이퍼모빌리티를 보상이라도 하듯, 주말은 단호하게 앉아 덤불의 고독에 빠져든다.

초상화 2: 보류 중인 삶

새벽 4시 50분, 풍경 소리가 난다. 남부의 하이랜드에서 200킬로미터 떨어진, 중부 해안 마을의 작은 집에서 또 다른 여성이 침대 옆 탁자에서 울리는 휴대폰 알람 소리에 일어난다. 켈리Kelly는 몇 주 간격으로 알람음을 변경한다. 각각의 소리는 부드럽게 시작되지만 곧 커지고, 중단된 수면과 조화되면서 듣기 싫어진다. 그녀의 손가락은 알람 버튼을 끄려고 필사적이 되지만, 의지력으로 이겨 낸다. 의도만큼 조용하지는 않더라도, 파트너를 깨우지 않기 위해 침대에서 조심히 빠져나온다. 그 덕에 그는 두 시간 반을 더 잘 수 있을 것이다. (직장에 도착하면 그녀는 "일어났어? 기상! 기상!" 하고 문자를 보낼 것이다.) 이 4년간의 익숙해진 일상은 샤워하고 옷을 입고 5시 20분에 문을 나설 수 있다는 것을 의미한다.

켈리는 이 지역의 중심 역인 고스포트Gosford역까지 25분간 운전해 간다. 그곳에선 모든 노선의 열차가 정차한다. 아침 7시 이전에만 주차 공간을 찾을 수 있는 주차장에서 아침을 일찍 시작하는 작은 위안을 찾는다. 이곳의 겨울은 괴롭다. 차에서 내려 기차를 타러 가며 신호등을 기다리는 짧은 순간에도 우산을 쓰고 있어도 머리부터 발까지 흠뻑 비에 젖는다. 차라리 계속 운전해서 갔으면 싶다. 그녀의 동료들은 그렇게 운전해서 온다. 심지어 직장에는 주차 구역도 있다. 그녀가 관리직으로 근무하는 시드니 북쪽에 위치한 사무실 지역은 1980년대에 자동차 통근자를 위해 조성되었다. 그러나 이틀 반마다 한 번씩 기름을 채우는 것은 너무 돈이 많이 든다. 게다가 지금 그녀는 대출이 있다. 플랫폼에서 10분이나 좀 더 길게 대화를 나눈다. (5시 57분 열차는 정시에 출발하지 않는다.) 같은 플랫폼에서 기다리고, 같은 객차(3번)를 타고, 같은 자리에 앉는 다른 아침형 인간들과 말이다. 그녀는 그들이 무슨 일을 하는지, 어디에 사는지, 주말에 무엇을 하는지 안다. 오후의 풍경과는 전혀 다르다.

5시 57분 기차는 자는 사람들을 위한 열차이다. 아무도 말하지 않는다. (이것은 무언의 규칙 중 하나이다.) 새로운 기차 좌석은 멋지지만, 자기에는 적당하지 않다. 푹신한 초록색 가죽 좌석은 바로 잠에 빠져들 수 있는 오래된 "양철 캔" 객차 좌석과 각도가 살짝 다르다.

좌석은 딱딱하고 불편하다. "이 좌석을 디자인한 사람은 분명 여기에 하루 4시간씩 앉아 있지 않겠지!" 켈리는 이 새로운 차를 일부러 피하는 키 큰 사람들을 안다. 그녀는 에핑Epping역 직전에서 일어난다. 대부분의 경우, 종소리는 필요 없다. 가끔, 그녀 주변에 앉은 남자가 그녀의 어깨를 두드려 깨워 준다. 3번 객차에서는 누구도 자느라 내려야 할 곳을 지나치지 않도록 서로 살펴 준다.

켈리는 주말을 제외하고는 거의 남편을 보지 못한다. (그는 15분 출퇴근 거리에다 가사노동을 피할 수 있는 "운 좋은 사람"이다.) 하루를 마치면 제대로 된 시간은 없다. "일단 인사하고, 하루에 대해서 이야기하고, 저녁 메뉴 이야기하고, 저녁 만들고, 치우고, 그리고 내일의 점심을 준비하면 이미 잠자리에 들 시간이죠. 쇼파에서 잠깐 텔레비전을 보면 그걸로 끝인 거죠." 평일에는 집에 와서 아무것도 하지 않고 지나간다. 다른 것을 할 여력은 없다. 간단한 식사만 계속된다. 확실히 운동을 할 힘도 없다. 밤새 푹 자지도 못한다. 꼭 시간문제만은 아니다. 일찍 잠자리에 들어도 생각이 끊이질 않는다. 주말에도 주중에 하지 못한 장보기와 가사노동을 하면서 시간을 보내지만, 그래도 주말은 사치스러운 시간이다. 절대 필요 이상으로 움직이지 않는다.

"이것이 영원히 지속되지는 않을 거야." 그녀는 스스로 다짐한다. "평생 할 수는 없어! 죽고 말 거예요. 너무 하기 싫은 일이고, 삶의 투쟁이죠." 이 말은 그녀가 4년 동안 "해 왔던" 일의 무게를 줄여 주어 고통을 진정시킨다. 그녀는 딱 1년만 더 할 거라고 말한다. 그 뒤에는 임금이 줄더라도 해안에서 일할 것이다. 지난주에는 일을 하기 위해 64시간 동안이나 집을 떠나 있었다. 물론 일주일 64시간 노동에 대한 대가는 받지 않았다. 그녀의 하루의 반은 일하러 가고 오는 데 사용된다. 마침내 켈리는 아침에 잡담을 나눈 사람들이 사라진 3번 객차로, 다행히 1분의 여유를 갖고 연결편을 놓치지 않아서 적절한 시간에 집에 도착했다. "결국 나는 나 자신을 돌볼 것"이라고 그녀는 말한다.

다이앤과 비교할 때, 켈리의 사례는 장시간 통근에 대한 약간 다른 시간적 경향을 보인다. 시간성의 젠더화 혹은 사회학자 앨리 혹실드Arlie Hochschild가 명명한 여성의 '두 번째 근무second shift'[42]가 여기서 명확히 드러난다. 켈리의 장시간 통근과 파트너의 상대적으로 짧은 통근의 불평등은, 그가 가사노동을 회피하고 그녀가 집에 도착한 이후의 그 짧은 시간이나 주말에 그 노동을 해야 한다는 사실에 대한 그녀의 노기 어린 확신으로 배가된다. 확실히 켈리의 경우, 해야 할 일의 연속은 심지어 주말에조차 그녀에게 아주 적은 자유 시간만 주어져 "시간을 꽉 조이는" 경험을 낳았다.[43] 그녀의 출퇴근은 무급노동 활동의 일부가 되었다.

다이앤의 물질적 특권과 달리, 켈리의 경제적 부담, 즉 대출 책임감에 대한 언급이나, 차를 몰고 갈 수 없는 상황과 동료들에게 느끼는 은근한 부러움은 통근이 어떻게 자본의 요구에 조정되는지 보여준다. 이것은 다시 르페브르의 자유 시간을 침탈하는 자본의 시간에 대한 우려를 강화하는 것처럼 보인다. 그러나 켈리가 암시하듯,

단순히 통근의 물리적 시간만이 아니라 쉽게 극복되지 않는 해야 할 일들의 끊임없는 가속도가 그녀의 자유 시간을 빼앗고 있다. 그녀의 마음은 그녀가 잠이 들 때에도 달리고 있다.

그러나 켈리의 사례에서 가장 두드러진 점은, 스스로를 보호하기 위한 윤리적 의무를 미래의 시간으로 효과적으로 지연시키고 있다는 것이다. 역설적으로, 미래에 대한 기대가 현재의 장기 통근이 가져오는 어려움을 실제로 견딜 수 있게 하는 것은 아니다. 해안가에서 이루겠다는 허황된 미래는 그녀가 서술하는 물질적인 불편함을 달래기 위해서 동원된다.[44] 그때까지는 3번 객차에 존재하는 그 짧은 공동체, 에핑에서의 친절한 배려 같은 작은 안식들이 그녀를 지탱해 줄 것이다.

초상화 3: 왔다 갔다 하기

시드니에서 서쪽으로 100킬로미터 떨어진 블루 마운틴Blue Mountains에서, 새벽 5시 30분에 또 다른 알람이 울린다. 마이크Mike는 침대에서 몸을 끌어낸다. 그는 천천히 새로운 하루를 시작한다. 그는 역까지 10분간 운전하여 6시 49분 열차를 타고, 또 버스를 타면 출근 시간 5분 전에 도착할 수 있다. 여기서 작은 실수도 용납되지 않는다. 30초의 지연은 30분을 연장시킬 수 있다. "가장자리 제일 끝에 서 있는 느낌입니다." 그는 말했다. 매일 5시간의 통근은 이미 충분하다. 어느 날 기차가 오지 않았다. "그냥 오지 않았어요. 안내도 없이. 전화를 걸어서 이유를 확인했는데, '불편신고센터로 연결해 드릴 수 있습니다'라고 하더군요. 불평을 하고 싶은 게 아니라, 기차가 필요하다고요!"

마이크는 자주 운전을 시도한다. 특히 열차에 좌절감을 느낄 때 그렇다. 그러나 운전도 힘이 들기는 마찬가지다. M4 도로에 도착하면, 차들은 그냥 멈춰 있다. 자신을 다스려야 한다. 얼마나 걸리려나? 이제 조금 나아진다. 펜리스Penrith에는 "컴벌랜드Cumberland 고속도로 15분"이라는 신호가 있다. 그는 그곳에 도착했고, 50분이었다. 적어도 50분이라는 사실을 알면, 이제 안도할 수 있다. 물론 사람들은 여전히 그 사실이 마음에 들지 않겠지만, 그래도 모르는 것에 직면하는 것보다는 훨씬 낫다. 위안이 중요하다. 우리는 지금까지 우리의 교통 시스템이 처한 상황에 대해 읽었다. "보세요, 유감입니다." 이런 반응이 어떤 역할을 한다. 이것이 상황을 변화시키고, 차이를 만들어 낸다.

기차에서 자동차로 전환하는 것은 단기적인 구제책일 뿐이다. 기차에서 받는 것과 유사한 스트레스가 자동차에도 있다. 단지 자동차에서는 조금 다르게 일어날 뿐이다. "파도 같아요, 기차에서 차로 바꾸죠. 그리고 무슨 일이 생기고, 다음 날 밤 또 무슨 일이 생기는 거죠. 짜증이 나고, 그러면 다시 기차로 돌아오죠. 잠시 동안 괜찮아 보입니다. 그리고 곧 일이 생기고, 그래도 조금 더 버티다가 다시 차로 돌아가는 거죠."

마이크는 10년 전에 시드니를 떠났다. 그냥 떠나고 싶었다. "그냥 일이 생겼어요." 그는 충분히 생각하지 못했다고 한다. 그래서 통근을 해야 했다. 만약 그때 누군가가 10년 동안 통근해야 한다는 사실을 이야기해 주었더라면…! 절정은 몇 년 전에 일어났다. 그것은 너무 컸고, 모든 것이 무너져 내렸다. 마이크는 교통사고를 당했다. 그는 운전하다가 잠이 들었고, 너무 피곤했고, 지쳐 있었다고 했다. "모든 것이 너무 많아지고, 너무 스트레스가 심해진 상황이었죠." 그즈음 열차 지연은 전혀 다른 의미로 다가왔고, 훨씬 더 불안한 마음이 들었다. 1년 전까지만 해도 끝이 없는 것처럼 보였다. "세상에, 나는 죽을 때까지 이러고 살아야 할 거야." 현기증 나는 실존적 불안이 퇴적된 격렬한 좌절감이었다.

"다른 것을 보지 않고 통근만 살펴볼 수는 없어요. 같은 방식으로 통근한다고 해도, 사람들은 모든 것과 상호작용합니다. 집과 통근을 뭉뚱그릴 수는 없어요." 어떤 사람들은 그렇게 할 수 있는지 모르지만, 그는 할 수 없었다. 좋은 시절에는 통근이 정말 좋았고 모든 것과 잘 조화되었다. 지금도 벗어나고 싶은 상태는 아니다. 그는 통근이 "비록 그렇지 않을지라도" 자신만의 오롯한 시간을 가질 수 있는 유일한 방법이라고 했다. 어떤 일이 일어나는지에 따라 마음이 오락가락한다.

마이크는 "집에서 충분한 수면을 취하지 못하면 불안정해지고, 모든 것이 눈덩이처럼 불어납니다. 통근은 어떤 피해망상으로 변하죠. 기차가 반항하는 것처럼 보이고, 시스템이 인생에 불행을 더하려고 모의하는 것 같죠. 이것은 철도 위의 기차처럼 한도 끝도 없이 이어져요. 통제력을 상실했다고 느끼고, 특히 인생의 다른 부분에서 통제력이 없어지면 그 상실감은 더 커지죠. 항상 다른 사람들이 변덕을 부릴 대상이 되고, 갑자기 (사실 갑자기는 아니지만), 통제 불능 상태가 되죠. 어딜 가든지, 남은 생애 동안 우리와 계속 함께할 끝없이 우리를 괴롭히는 음모 시스템의 한 부분인 거죠."

사람들은 마이크가 어디서 살고, 어디에서 일하는지 말하면 몹시 놀라서 그를 바라본다. 그는 많은 조정을 해야 한다. 그는 어느 지점에서도 시간이 없기 때문에, 다른 사람들이 하는 것을 하려면 많은 것을 포기해야 한다. 병원이나 치과 약속 같은 것은 "약속을 잡기 전에 정말로 열 번은 생각해요. 일차를 쓰거나, 반차를 쓰거나 혹은 그것을 쓸지 말지 고민해야 하기 때문입니다." 2주 뒤에 학부모-교사 만남 행사가 계획되어 있다고 한다. 그는 이제 30분 일찍 떠나서 그곳에 정시에 도착하는 문제를 두고 2주 동안 고민해야 한다.

마이크는 조금 우울하다고 말한다. 심한 상태는 아니지만, 청회색의 단조로운 그늘 같다고 했다. 그는 이제 곧 블루 마운틴 마을에 산 지 13년이 되지만, 왔다 갔다 한 시간들 때문인지 여전히 공동체의 일원이라고 느끼지 못한다. 그는 전체 커뮤니티와 단절되어 있다. 부분적으로는 그의 성격에 기인했다. "나는 가장 좋게 보아도 공동체에 적합한 사람은 아닙니다." 그는 지금보다 좀 더 연결되어 있어야 하는데, 그렇지 않다는 걸 깨달았다고 한다. 그는 힘들어 하고 있다. "나는 모든 곳에 조금씩만 존재하는 느낌입니다." 마이크의 파트너는 블루 마운틴을 기반으로 생활하며, 공동체 활동에 좀 더 관여하고 있어서 균형이 맞는 셈이다. 그는 주말 일정을 계획하기 위해 열심히 노력하고 있고, 그러려면 스스로를 좀 더 강제해야 한다고 말한다. "그것이 반드시 즐거운 것만은 아니거든요."

다이앤의 사례가 생활양식의 선택lifestyle choice[45]이라는 용어로 가득 찬 독립성과 장거리 통근과 관련된 자기확신[46]을 연상시킨다면, 마이크의 다소 우울한 사례는 장시간 통근에 대한 주저하는, 심지어 말을 더듬는 논리를 제시한다. 그는 어려운 상황에서 자신을 분리시킬 필요가 있다고 암시하지만, 더 많은 정보를 나누고 싶어 하지는 않는다.

그러나 이 모호함에도 불구하고, 자동차 사고는 그의 초상화에 틈새로 작용하여 파고들고 확산되어 나간다. 사건을 일으킨 육체적 소진에 대한 마이크의 회고는 문학이론가 로렌 벌랜트Lauren Berlant의 '느린 죽음slow death' 개념, 즉 "공동체에서 오는 신체적 마모와 그 집단 내 사람들의 악화"라는 조건을 떠올리게 한다.[47] 이 개념은 "시간과 공간에서 어떤 자질과 형세를 지닌 시간 환경이 종종 삶의 영역인 평범한 일상의 현존과 동일시"되는 것을 의미한다.[48] 결정적으로, 마이크의 고백과 관련해, 느린 죽음은 "삶의 외형적 조건과 인간 삶의 마모가 구분될 수 없는" 순간에 발생한다.[49] 특히 그가 통제 불능 상태에 빠진 순간, 그러한 긴장은 마이크의 삶에 가해지는 압박을 잘 공감하는 듯 보인다.

삶의 조건과 삶의 마모가 마이크를 번갈아 괴롭히는 것처럼 보인다. 켈리의 사례에서 시간성이 보류로 특징지어진다면, 마이크의 사례는 왔다 갔다 함을 떠올리게 한다. 그는 기차에서 자동차로 통근 방식을 전환하는 것이 가능하지만, 이러한 전환이 그의 적극적인 선택의 결과라기보다는, 그의 끊임없는 좌절이 만들어 내는 임계점에 의해 일어난다. 그의 사례에서 그는 통근 상태가 자신의 인생에서 진행되는 다른 부분에 환원 불가능한 영향을 미친다는 점을 비판적으로 잡아낸다. 표면상 유사한 상황이 현재의 조건, 운송회사가 위로의 표식을 제공하는지의 여부에 따라 매우 다르게 느껴질 수 있다. 이러한 차별화된 인지는 그의 통근이 끝없는 것일지를 두고 시간 경험을 재구성할 수 있다. 특히 흥미로운 점은, 통근이 그가 자신에게로 가는 유일한 시간이자 동시에 박해의 대상이라는 것이다. 그의 사례에서 보이는 생산적 모호성은 겉으로 보기에 긴장 속에서 공존하고 있는 일관성 없는 성질의 공존에서 기인한다. 비슷한 긴장감을 거주 지역공동체의 일원이 되지 못한다는 초초감과, 그러한 성향이 그에게 어울리지 않는다는 우울한 회고 사이에서 찾을 수 있다.

되찾은 시간

장시간 통근자의 초상화는 긴 통근 시간이 만들어 낼 수 있는 다양한 종류의 압력을 조명한다. 각 초상화는 이러한 압박에서 살아남기 위한 장시간 통근자의 시간 전략을 암시한다. 주말의 매혹, 통근이 끝나 가는 것에 대한 기대, 교통수단의 변화 등 그 각각이 생존을 약속한다. 이 절에서는 통근자가 기존에 통근에 쓰이는 시간을 줄이거나 심지어 없애기 위해 찾아내는 급진적인 해결책을 살펴본다. 이러한 해결책이 잃어버린 시간을 되찾게 해 준다고 할지라도, 예측할 수 있는 것처럼 그 방법들은 또 다른 의외의 문제를 야기하기도 한다.

통근 시간 줄이기

시드니의 가장 번화한 교차로들에서는 다른 지역보다 빨간 신호등이 더 길게 유지되는 것처럼 보인다. 이 익숙한 모습에서의 탈출을 유혹하듯 요란한 선전들이 급하게 붙여진 테이프에 의지해 흔들린다. 시간당 50달러, 집에서 일하세요. 지금 전화하세요. 재택근무나 살짝 철 지난 용어를 사용하자면 원격근무telecommuting의 유혹은 통근자가 느끼는 시간적 압력에 대한 하나의 반응이다. 앞으로 살펴볼 킴Kim과 에바Eva와의 면접조사는 재택근무에 대한 관리자의 복잡한 입장이 어떻게 그들의 출퇴근 경험을 축소하거나 확대하는지 보여 준다.

킴은 시드니 중심가에 있는 대규모 공무원팀을 관리한다. 우리의 조우에서 특히 놀라웠던 점은, 팀원들이 느끼는 통근 압력에 대한 그녀의 감각적 인지였다. 우선, 그녀의 매니저는 월롱공의 극서지역인 사우스 코스트South Coast에서 매일 출퇴근한다. 그는 매일 기차에서 일하면서 하루에 4시간을 보내고, 이를 통해 일상적인 조직운영을 진행한다. "우리는 그에게 처리해야 할 서류를 오후에 건네죠." 그녀가 말했다. "그러면 그는 기차에서 4시간을 보내면서 그걸 읽고 다음 날 가져옵니다. 블랙베리 휴대전화의 메시지가 울리거나 이메일이 도착하면, 우리는 그가 기차에 탔다는 사실을 알 수 있죠." 팀 관리 차원에서 볼 때, 킴이 속한 공공 부문의 유연 근무 규정은 아침 7시 30분에서 9시 30분 사이에 일을 시작하고, 이론상 3시 30분에서 6시 30분 사이에 마칠 수 있음을 의미한다. 그녀는 팀원들의 일하는 습관에 대한 지식이 쌓이면서, 특정 시간에 전화할 수 있는 사람을 알 수 있게 되었다고 한다. "만약 난감한 일이 발생해서 팀원 중 한 사람에게 조언이나 도움을 구해야 할 때, 누구에게 연락해야 할지를 알아야 하죠." 그리고 덧붙였다. "짐은 아침형 인간이고, 밥은 6시까지 퇴근하지 않고 일하는 편이죠."

그녀는 아이들이 어렸을 때 5년 동안 집에서 일했다고 했다. 그녀는 학부 논문이 재택근무에 관한 것이었기 때문에 자신이 무엇을 하려는지 알아야 했다. "외로운 일입니다." 그녀는 말했다.[50] "누군가 대화할 상대가 필요해서 자원봉사 활동을 시작했죠." 그녀는 이 경험이 동료들이 느끼는 통근 압력에 민감하도록 만들었다고 했다. 사람들의 편의를 최대한 존중하면서 "재택근무하는 사람들이 느끼는 현실에 민감해지려고 노력하죠." 그녀는 올해 처음으로 학교에 입학한 아이가 있는 팀원이 두 명이나 있다고 했다. "그래서 그들에게 학교 행사나 혹은 다른 일들이 있는지 알려고 하죠." 특히 감명을 받은 순간을 떠올리면서 "센트럴 코스트Central Coast에서 통근하는 직원이 있었어요. 근데 센트럴 코스트에 자리가 생겨서 그에게 그 자리에 관심이 있는지 물었어요. 그러자 그의 얼굴이 밝아지면서 '아,

그건 애들이 밤에 잠들기 전에 제가 집에 갈 수 있다는 뜻이네요.'라고 했어요. 이 대화는 저의 마음을 너무 아프게 했죠." 그는 이제 2시간이 아닌 7분이면 통근이 끝난다. 그녀는 이런 삶의 변화가 강렬하게 울려 퍼지는 듯 머리를 흔들며 "아이들의 엄마로서, 그가 그 이야기를 할 때 제 마음이 너무 아팠어요."라고 했다.

에바의 상황은 다르다. 그녀는 월롱공에서 시드니 사이를 기차로 매일 3년 동안 통근했다. "주중의 출퇴근을 회복하는 데 이틀이 걸렸어요. 통근은 하루를 길게 만들었기 때문에 주말 내내 회복해야 했죠." 그러면서 가족과 공동체 생활에서 놓친 것이 많다. "제 큰아들이 학교 생활을 시작했는데, 학교에서 하는 행사들을 다 놓쳤습니다. 부활절 모자 퍼레이드나 그와 비슷한 종류의 작은 일들을 모두 다. 다른 엄마들과 만나서 친해질 기회를 놓쳤고, 그래서 아이 친구들의 부모를 만날 수 없었죠. 아이의 친구들을 방과 후에 놀러오라고 초대할 수도 없었죠." 그녀의 회고는 담담했지만, 목소리 톤에서 삶에서 잃어버린 기회가 여전히 그녀에게 큰 무게로 남아 있음을 느낄 수 있었다. 갑자기 우리 옆 테이블에 앉아 있는 두 엄마가 눈에 들어왔다. 그들의 행복한 모습은 에바가 표현하고 있는 슬픔을 더 강하게 만드는 것 같았다.

결국 에바는 통근을 그만두었다. 이제 그녀는 집에서 사업을 운영하면서 조직의 변화를 돕고 있다. 그녀는 특히 조직의 습관이 재택근무를 포함하여 사람들이 유연하게 일하는 것을 방해하는 것에 대해 우려하고 있다. 그녀는 재택근무와 관련된 조직 문화가 여전히 "공장 사무실 정신factory-office mentality"이라고 불리는 것과 결합되어 있는 것 같다고 했다. 제조업 생산 경제에서 지식 경제로의 변화가 이끌어 내는 생산양식의 변화를 언급하며,[51] 그녀는 후자가 인력 관리 면에서 더 어려워지고 있다고 했다. "사람들은 그들이 익숙한 영역에서 벗어나고 있어요. 많은 사람들이 기꺼이 그렇게 가고 있는 건 아니죠." " 관리자의 관점에서 볼 때, 갑자기 사무실에는 절반만 남고, 나머지 반은 전화로 연락해야 하는 거죠."[52] 사람들은 자기 공간을 양보하는 것을 꺼리기 때문에, 공용 공간으로 사무실 공간을 공유하는 것조차 어렵다고 한다.

재택근무와 같은 유연한 근무 환경의 조성은 노동 관행을 강화시키는 역효과를 가져올 수 있고, 때로는 노동자의 더 강한 자기관리를 요구하기도 하지만,[53] 에바는 통근을 그만두면서 생긴 학위 취득 등을 비롯한 많은 것을 가능하게 한 3시간 반의 자유 시간에 대해 열정적으로 이야기한다.

통근자에게 편의를 제공하는 유연한 근무 환경에 대한 에바의 열의에도 불구하고, 재택근무는 파트타임 근무자일 경우에 가장 효과적이라고 한다. "사람들은 여전히 근무지와의 연결을 원합니다." 또, "사람들은 여전히 관계를 구축할 수 있어야 하고, 가장 효과적인 방식은 얼굴을 대면하는 것"이라며 신뢰 관계 창출에서 대면의 중요성을 강조한 존 어리의 주장을 뒷받침한다.[54] "직장에서 자신의 자리가 없어지고 본인 집에 그 공간이 있다면, 왜 직장 문화에 관심을 가질까요?" 이런 직장 문화에 대한 충성이 긍정적인 작업 환경을 만드는 데 중요한 요소라는 것이다.[55] "좋은 일터는 열정을 나누고 동기를 부여하는 능력이 있는 곳인데, 자기 공간에 있으면 이 부분은 힘들어지죠."

직장 환경의 역동성에 대한 이러한 견해는 내가 몇 개월 전 만나 재택근무에 대해 이야기했던 기술회사 관리자의 견해와 대조되었다. "두려움을 없애고, 위협을 제거하고, 신뢰도 제거합니다. 모두 핵심 성과 지표KPIs: Key Performance Indicators로 관리하면 됩니다." 에바는 다소 암울하게 말했다. "내 말은, 적어도 나에게는 이건 흑과 백처럼 명백해 보입니다. 아주 쉽게 관리할 수 있죠."

통근에서 탈출하기

내가 만난 많은 통근자들이 그토록 꿈꿔 온, 그러나 아직 이루지 못한 계획은 사람들의 삶을 다양한 방식으로 조형해 온 통근을 그만 두는 것이다. 하지만 리즈Liz는 달랐다. 그녀는 매일 4시간 동안 기차로 시드니까지 오가던 통근을 크리스마스 일주일 전에 그만두었다. 평온한 브리즈번 워터Brisbane Water와 유칼립투스 보호구역 사이에 자리 잡은 그녀의 집 식탁에 앉아서 그녀를 만났다. 그녀는 결혼 직후에 남편과 함께 이 센트럴 코스트 지역으로 이사 왔다고 했다. 시드니에 살 수 있었다면 살았겠지만, 1987년 당시는 시드니 부동산이 급등한 직후로 이자율이 17퍼센트에 달해 그러기 어려웠다. 그때 친구들이 해안으로 이사 와 살라고 권했다. "매일 휴가를 보내는 것 같아!" 밖에서는 불처럼 빨간 목향화 방울이 산들바람에 끄떡이고 있다.

오후 3시 30분이었다. 3개월 전이라면 2시간 동안 기차를 타고 집으로 돌아오기 위해 직장을 막 떠났을 시간이다. 리즈는 유연한 노동시간에 그녀의 편의를 좀 더 배려하는 기획회사에서 일했다. 그러나 매일 일하는 시간만큼 통근에 사용하고 있다는 생각이 점점 더 커졌다. 그녀는 고등학교에 입학하는 아들과의 관계를 좀 더 개선하고 싶었다. 지금까지 수업 전 프로그램, 방과후 프로그램, 그리고 아들이 어려서는 놀이방에 의존했다. 후회와 슬픔이 뒤섞인 어조로, 리즈는 아들이 오전 7시부터 오후 6시까지 외부에 맡겨져 있었다고 말했다. "내가 저녁 6시까지 돌아오지 못하면, 매 5분마다 50달러씩 청구됐죠."

그때, 한 소년이 방충망을 열고 리즈에게 미소 지었다. "칼Carl, '안녕하세요' 해. 이분은 데이비드야. 우리가 어떻게 지냈는지 알고 싶대." 그녀는 굳이 과거형으로 말했다. 소년의 의아함을 눈치채고 내가 "통근Commuting"이라고 하자, 리즈도 "통근"이라고 동의했다. "통근!" 칼이 무미건조하게 말했다. 방 안의 먼 지점을 바라보며, 마치 그것을 발음하며 그 단어가 어떻게 자신의 인생 전체에 영향을 미쳤는지 깨달아 가는 것처럼 말이다.

소년은 리즈가 앉아 있는 곳으로 걸어간다. 그녀는 팔을 아들의 허리에 감고 볼에 뽀뽀했다. 아이는 머리를 약간 뒤로 뺀다. 리즈는 여전히 아이의 허리를 단단히 안고는, 마지막 근무일에 칼과 함께 출근길에 올랐다고 말했다. "우리는 모든 사람들에게 작별 인사를 했어요." 그녀는 단호하게 말했다. 20년간 이어진 여행의 마지막 순간을 기념하는 의식. 그녀는 마침내 그 종착지에 왔다는 것을 믿을 수 없었다. "가서 냉장고에 있는 오후 차를 마시렴." 그녀는 아이의 등을 두드리며 말했다.

"누군가 곁에 있어 주어야 하는 나이예요." 리즈는 말한다. "같이 있고 싶었어요. 항상 칼이 아플 때 집에 일찍 올 수 있을지 걱정했죠." 그녀는 이곳에 다른 가족은 없고, 몇 안 되는 친구만 있다고 했다. 그녀는 주변을 둘러보고, 아들이 없다는 것을 확인한 후 부드럽게 말을 잇는다. "숙제를 하라고 해야 해요." 임계점은 작년 말에 다가왔다. 칼은 3시 30분이 되면 학교 생활이 어땠는지 말하기 위해 전화를 했다. 그것은 상황을 더 어렵게 만들었다. "이런 관계는 어린 시절부터 형성되었죠." 그녀는 말했다. "어떤 친구는 잘 대처하지 못했어요." 남편은 24년 동안 시내로 오가는 데 매일 4시간씩 보내고 있다. 칼이 더 어려서는 주중에 아버지를 본 적이 거의 없다. 14간의 지친 하루를 보내고 침대로 들어가기 바빴다. 리즈는 부부의 일과가 부모 자식 관계에도 영향을 미쳤다고 생각한다. "그것은 나와 칼을 더 가깝게 만들었고, 부자 관계는 덜 가깝게 했죠."

이제 더 이상의 통근은 없다. "이 일상을 사랑합니다." 여전히 매일 새벽 6시면 눈이 떠지지만, 더 잘 수 있다는 사실을 깨달으면 너무 기쁘다. "저는 그렇지 않아요." 그리고 이내 덧붙인다. "아침에, 이어폰을 끼고 눈을 감고 음악을 들었어요. 지금 그리운 건 그 정도네요." 물론 그건 그냥 잃어버린 시간은 아니었다. 처음 10년 동안,

그녀는 기차 안에서 원격 교육과정으로 경제학 학위를 땄다.

그러나 좋은 일만 있는 건 아니다. "적은 돈을 벌기 위해 더 열심히 일하고 있어요. 신문 구인광고를 보면 관리직으로 일했던 사람이 할 수 있는 일이 거의 없어요." 그녀는 센트럴 코스트에서 찾을 수 있는 모든 사무직에 지원해 봤지만, 일을 찾기가 쉽지 않았다.

노인 돌봄과 육아, 소매는 이 지역 취업 기회의 삼위일체를 형성한다. 할머니들과는 잘 지냈기 때문에 첫 번째 옵션에 지원했다. 통근이 필요 없는 일이다. 그 덕에 오후에는 집에 있을 수 있다. 오후 2시 30분에 집에 도착하지만, 일주일에 나흘은 새벽 5시에 일어나서 새벽 6시 교대를 해야 한다. 이건 통근할 때보다 더 일찍 일어나야 하는 것이다. "내가 바랐던 것만큼 시간이 엄청 여유로워진 것 같지는 않아요. 20년간의 통근이 요양원의 하루보다 쉬워요." 그녀는 단호하게 말했다. "그곳에는 해야 할 일이 많고, 바깥세상은 다 잊어버리죠. 사실 기쁨이 많은 곳은 아니라고 말해야겠네요."

리즈의 집을 나와 버스 정류장으로 걸어가면서, 칼이 학교에서 집에 도착했을 때 리즈의 얼굴에 나타난 감정이 계속 떠올랐다. 아들에 대한 사랑을 목격하고 감동받지 않을 수 없었다. 평범한 순간이었지만, 그녀의 회상 속에서 드러났던 긴장감과 분명 대비되었다. 통근 생활을 마친 데에서 오는 뚜렷한 즐거움은, 아마도 그 강도는 덜할지라도 여전히 경험하고 있는 시간에 대한 압박 및 새로운 시작의 불안함과 공존하는 듯 보인다. 경제학 학위로 얻을 수 있었던 재무 행정직 경력을 빼앗기고, 그녀는 더 어렵고 덜 즐거운 데다 수입도 더 적은 현재의 직업에 불안하게 머무르고 있는 것처럼 보였다.

결론

통근 시간은 종종 몇 시간 몇 분이라는 수량적 개념으로 다소 직설적으로 표현되곤 한다. 경제학자들은 이 출퇴근 시간과 분을 경제적으로 더 효율적으로 사용할 수 있는 시간을 잃어버리는 것으로 간주한다. 그러나 좁은 경제적 관점으로는 통근 시간이 어떻게 경험되고, 인지되고, 관리되고, 다양한 기회와 도전을 창조하는지를 볼 수 없다. 이동 시간은 사람들이 수행하는 실천을 통해 생산되는 어떤 것이다. 이동 시간의 살아 있는 경험은 훨씬 다양하고, 이는 통근자가 스스로 그 시간을 어떻게 경험하는가의 측면에서 상당한 차이를 만들어 낸다. 이는 다양한 경로를 시도한다든가 혹은 통근 시간 동안 다양한 활동의 실험을 하는 것과도 관련이 있다. 이러한 시도는 통근 시간이 어떻게 평가되고 인식되는지에 영향을 준다. 이렇게 함으로써 다른 시간적 리듬도 살펴볼 수 있다. 계절의 변화, 가족의 삶, 심지어 일주일 동안 어떤 난이도의 십자말풀이를 각 요일에 지정할지 같은 중요하지 않은 것까지도 말이다.

그러나 통근 시간이 갖는 가치에 대해 낙관적인 시각만을 강조하는 것은 교통 문제에서 시간이 얼마나 다양한 방식으로 변화할 수 있는지를 고려하지 않는 것이다. 여기서 신자유주의 고용정책이 가져온 불안정하고, 임시적이고, 적은 임금으로 특징지어지는 노동 경험을 표현하는 '불안전성precarity' 개념이 유용하다. 이 장에서 살펴본 많은 면접조사 참가자들은 다양한 종류의 직업을 수행하지만, 여기서 중요한 것은 불안정한 노동은 노동 그 자체로 끝나지 않고 인생의 다른 영역들과 얽혀 있다는 점이다.[56] 어떤 연구들은 가족 역학과 복지 지급을 다른 영역이라고 주장한다.[57] 그러나 이 장에서 살펴봤듯이, 통근은 불안정한 삶을 구성하는 중요한 요인임에도 불구하고 충분히 주목받지 못했다.

켈리와 마이크의 장거리 통근 경험담은 통근이 만들어 낸 그들의 신체적 취약성을 보여 준다. 그들은 통근 때문에 삶의 한계까지 밀려났고, 견디기 힘든 고비에서 비틀거리고 있는 것처럼 보인다. 이 지점에서 켈리에게는 통근이 고통스러운 노동으로 변했고, 마이크에게는 좀 더 심각한 수난의 대상이 되었다. 불안정성은 사람의 운명을 예측할 수 없다[58]는 점에서 출발하지만, 특히 마이크에게 통근은 그를 삶의 가장자리로 내모는 피할 수 없는 운명 같은 것이다.

그러나 우리에게 통근이 정확히 무엇인지 단정해 버리면, 면접조사로 드러나는 다양한 뉘앙스를 간과할 수 있다. 어떤 사람들에게는 이동 시간 자체가 참기 힘든 것이 아니라, 그 시간으로 인해 잃어버린 기회가 견디기 어려웠다. 이렇게 잃어버린 것이 있다는 것은 일상적이고, 가장 평범한 순간에 현실화된다. 리즈에게 학교 수업을 마친 아들에게 전화를 받은 어느 날 오후의 경험은 아들과 함께 좀 더 시간을 보내고 싶게 만들었고, 마침내 통근에 종지부를 찍게 했다. 확고한 진단은 이러한 경험의 변화 가능성에도 둔감하다. 마이크가 말했듯이, 통근이 너무 고통스러운 시기가 있고, 너무 좋은 시기도 있다. 통근을 극복하는 것은 새로운 직업훈련처럼 사람들의 노동 경험에 일어나는 급진적인 변화와 관계 있을 수 있고, 아니면 점진적인 일정 변화로 나타나기도 한다. 이러한 미묘한 변화와 통근이 우리에게 작동하는 방식에 적응하면서 우리는 통근 시간과 조화롭게 살 수 있는 능력을 갖출 수도 있다.

4장

실험적 중단
공간 감각 꾸미기

통근길에는 공간이 부족할 수 있다. 사진작가 마이클 울프Michael Wolf의 연작 〈도쿄 컴프레션Toyko Compression〉은 이 사실을 통렬하게 보여 준다.[1] 울프의 작품 속 통근자들은 도쿄의 지하철 객차 안에서 짜부라진 채, 움직이기는커녕 숨 쉴 공간도 부족해 보인다. 창문에 맺힌 물방울로 흐려진 화면에서 아래를 향하며 창에 눌려 있는 얼굴은 개인 공간의 제한을 날카롭게 형상화한다. 태평양의 다른 쪽에서는 로스앤젤레스 고속도로의 교통 체증에 붙잡힌 마이클 더글러스Michael Douglas가 영화 〈폴링 다운Falling Down〉의 시작 장면에서 자신의 한계를 실험하고 있다. 차들이 끊임없이 늘어서 있고, 움직일 자리는 없다. 이러한 사례들은 통근에서 가장 빈번히 일어나는 두 가지 문제, 인구 과밀과 교통 체증이 공간 부족과 연관이 있음을 보여 준다. 이에 대한 일반적인 정책 대응은 열차와 버스의 수를 늘리고, 도로를 확장하거나 건설함으로써 더 많은 공간을 창출하는 것이다. 이러한 물리적인 기반 시설에 대한 개입이 필요하다는 명백한 사례들이 존재하지만, 통근 공간은 다른 많은 방법으로 변화하고 있다.

통근 공간을 더 많거나 적은 사람들 혹은 차량을 수용하는 컨테이너로 상상하는 것은 다소 정적인 이해를 제공한다. 저작《공간의 생산The Production of Space》에서 앙리 르페브르Henri Lefebvre는 공간이 훨씬 더 복잡하다고 설명한다. 르페브르는 공간은 물질적·정신적 그리고 사회적으로 이해될 수 있다고 주장한다.[2] 다른 말로 하면, 그것은 실제적이고, 동시에 상상되며, 그리고 그곳에서 살아가고 있는 것이다. 여기서 중요한 것은 길이나 철도 수송칸은 정책 입안자와 운송 기관에 의해 설계되고 건설되지만, 그 공간 자체는 그것을 인지하고 그 안에서 살아가는 사회적 행위자와 집단에 의해서 변형된다는 것이다.[3] 이러한 통근 공간에 대한 접근은 컨테이너 개념으로 그려 낼 수 있는 것보다 더 많은 상상 가능성을 제공한다는 점에서 흥미롭다.

통근 '공간'이라는 개념 자체가, 통근이 특정 공간에 있기보다는 표면적으로 공간을 통과하거나 혹은 공간 사이를 이동하는 것임을 감안할 때 혼란스러울 수 있다.[4] 그러나 통근을 이해하는 데 공간은 중요한 개념이다. 통근을 구성하는 다른 공간들의 다양성에 관심을 기울일 수 있기 때문이다. 또한, 공간을 변형시키는 데 참여하고 있는 다양한 행위자를 확인하고 추적하는 데 도움을 준다. 통근 공간에 대한 학문적 연구는 종종 설계나 관리와 관련한 물질적 시설의 문제에 중점을 두었다. 최근에야 사람들이 어떻게 사회 기반 시설과 관련되는지, 기반 시설이 사람들을 어떻게 구성하고, 다시 어떻게 그것에 영향을 받는지를 더 심각하게 고려하게 되었다.[5] 이 장에서는 통근 공간의 변화에 대한 여러 권위자들의 연구를 소개하고, 설계 요구 사항들이 암시하는 것보다 훨씬 가변적인 잠재성이 있는 공간으로 변화될 수 있는 통근 공간에 대해 추적한다. 철도 플랫폼과 보행자 교차로는 도시 생활의 가장 진부하고, 표면적으로 사건이 없는 공간이지만, 이렇게 가장 간과되는 부분이 심대하게 영향을 끼칠 수 있다.

이 장은 세 부분으로 나뉜다. 1절에서는 다양한 종류의 경험이 통근 공간으로 "설계되어 가는" 방법과 범위를 탐구한다. 운송 노동자와 광고계에서 일하는 사람들과의 면접조사를 통해, 통근 공간이 다른 요구들 사이의 긴장으로 나타나는 과정을 살펴본다.

2절에서는 다양한 통근 공간이 완벽한 여행을 창조하려는 기술적 발전으로 더욱 연결되고, 이로 인해 통근 경험이 어떻게 변화하는지 다룬다. 실시간 전송 앱을 개발하는 소프트웨어 개발 전문가와의 면접조사를 통해 그런 앱에 의존하는 부분 시각장애를 가진 통근자의 삶을 들여다보고, 교통 스마트카드 디자이너와의 면접조사에서 순조로움이 어떻게 이동 경험에서 중요한 요소로 자리 잡고, 다른 것들과 연결되어 연결성을 창출하는지 살핀다.

3절에서는 통근 공간이 통근자에 의해 어떻게 다르게 감지되는지를 탐구한다. 저속 사진 촬영 실험과 두 가지 면접조사를 통해 공간의 과거 삶이 어떻게 강력한 방식으로 현재에 영향을 미치는지 살핀다. 이 절에서는 통근 공간의 변화 가능성을 다양한 힘이 만화경처럼 변화하는 효과로 본다.

공간 공학

공학은 통근 공간에서 수시로 발생하는 "물질적인" 건설, 유지, 보수업무를 떠올리게 한다.[6] 실제로 통근자들에게 공학은 이 과정에서 방해받은 일상을 연상시키면서 진저리치게 만드는 단어가 되기도 한다. 그러나 더 폭넓게 이해하면, 공학은 통근자의 경험을 변화시킬 수 있는 통근 공간에서의 더 넓고 미묘한 과정을 보여 줄 수도 있다. 이 절에서는 기관과 통근자들이 공간을 통과하는 구체적 통근 경험을 "고안해" 낼 수 있는지 검토하고, 공학 논리의 한계를 검토한다.

매끄러운 통로

멜Mel은 시드니의 재앙 중 하나인 교통 혼잡을 관리하는 남부럽지 않은 역할을 수행한다. 우리의 대화에서 그녀는 그녀를 이끄는 철학을 이렇게 소개했다. "제가 생각하기에 사람들에게는 인생이 한 번 시작되면 쉽고 원활하게 돌아간다는 이상한 인식이 있는 거 같아요. 그게 우리의 기대가 되죠. 그렇죠? 그런데 사실은 그렇지가 않아요. 모든 순간에 우리는 선택에 직면하고, 갈림길을 만나게 되죠. 이것이 스트레스의 기원이 되죠."

나는 힘이 다른 힘에 작용할 때 스트레스가 발생한다는 것을 두 개의 상반된 영역에서 잡아내는 그녀의 묘사에 놀랐다. 이것은 개인의 신체적 고통을 스트레스에 대한 일반적인 심리적 정의와 비교할 때 더욱 신선하다. 그녀의 요점은 심오하다. 인생은 그녀가 묘사한 대로 세계의 물질성 자체가 느껴지는 "갈등과 교환의 순간"으로 가득하다. 이것은 인류학자인 애나 칭Anna Tsing이 주장한 불화는 "세속적인 조우"에 있다는 주장과 연결된다.[7] 여정에 대해서 생각할 때, 멜은 사람들이 이런 부분을 무시하는 경향이 있다고 말했다. "우리가 집 뒷문을 나서서 차나 보행로로 이동하려고 할 때, 우선 문을 열어야 하죠. 그런데 가끔 문이 뻣뻣해서 잘 안 열리죠. 그럼 짜증이 나죠? 저는 아니에요. 이건 그냥 내 여정이 잠시 방해받은 것뿐이야. 그렇게 생각하죠." 그녀는 적절하게 평범한 예를 들어 설명했다.

"교통 혼잡과 혼잡을 해결하는 방법에 대한 우려 중 하나는, 여정을 떠날 때마다, 이것은 복합 수송을 경험한다는 뜻이죠. 이제는 복합 수송이 아닌 여정은 없습니다." 그녀는 중요한 문제를 제기했다. 모든 통근자는, 운전 여부에 상관없이, 이후 그녀가 '중단 공간interruption space'이라고 명명하는 "갈등과 교환의 순간"을 경험하게 된다는 것이다. "만약 제가 사람들의 이동을 훨씬 더 원활하게 만들 수 있고, 사람들이 그들의 여정에서 그들 각자가 각각의 구성 요소에서 영향을 준다는 점을 받아들인다면, 스트레스의 일부는 사라질 것입니다." 일정 부분은 기대치 변화에 의한 것이다. 그녀는 시드니 남쪽의 프린스Princes 고속도로를 따라가는 자동차 여정으로 예를 든다. "수학적으로 내가 모든 신호등에서 초록색을 만난다면 10분이 걸릴 겁니다. 만약 빨간 신호등을 세 번 만나면 12분이 걸리겠죠. 이건 간단한 산수죠. 그렇지만 이 간단한 산수가 사람들을 괴롭히는 것이 됩니다. 그렇다면 사람들에게 '이런 상황을 여행을 망치는 것이 아닌 여행의 일부로 받아들일 수는 없나요?'라고 하면 어떻게 될까요?" 이것은 "실제 시간의 문제나 지연 혹은 다른 무엇이 아니다."라는 그녀의 지적은 우리 삶의 많은 부분이 기다리는 데 쓰인다는 사실을 떠올리게 했다.[8] "이동은 그 자체가 목적이 아니라, 매우 빠르고 효율적이어야 한다고 기대되기 때문에" 특이성을 지닌다.

멜의 업무 중 상당 부분은 갈등과 교환이 집중되는 특수한 종류의 이동 공간인 환승로를 포함한다. "사람들을 괴롭히는 일이 환승로에서 끊임없이 일어납니다." 이를 극복하기 위해 "환승로의 특수한 환경은 매끄러워야 한다." 이러한 수송 논리는 종종 운송 분야의 특정 난제를 해결하는 데 초점이 맞춰진 기반 시설 계획의 배경이 된다.[9] 회의에서 그녀가 하는 역할은 무엇일까. "우리는 연결 도로 건설을 멈추고 입체 환승로를 만들기 시작해야 한다'고 말하죠. 정작 우리가 하는 일은 연결 도로를 만드는 것입니다. 그러면 알다시피, 저는 '버스 정류장은 어딘가요?'라고 말할 것이고, 그들은 '정류장은 저기입니다'라고 하죠. '저는 버스에서 기차를 타려면 어떻게 하나요? 얼마나 효율적입니까? 얼마나 걸어야 하나요? 도로 포장과 가로등 상태는 어떤가요?'" 멜은 설계 요건들을 다시 우리의 기대에서 유추한다. "현재 우리 사회는 우리를 산만하게 하는 사회입니다." 이는 사회학자 게오르그 짐멜Georg Simmel이 도시 생활을 "자극, 호기심, 그리고 시간과 관심을 끄는 것들"로 관찰한 것과 맥락을 같이한다.[10] "그래서 그들은 생각하지 않고 다음 지점까지 걷기를 바라죠. 그들은 복잡해지는 것을 바라지 않아요. 직관적이기를 원하죠."

모빌리티 이론가인 질리언 풀러Gillian Fuller는 대중교통 공간이 단순한 화살표 같은 다양한 표지판과 상징으로 가득 차 있다고 묘사한다.[11] 멜이 말하듯이, 이러한 장치들은 종종 무의식적인 차원에서 이동을 지시하기 때문에 직관적일 수 있다. 이외에도 "효율적이고 매끄러운 환승"은 "연속성"을 의미한다. 멜은 기차를 갈아타야 했던 본인의 통근 경험과 관련하여 이것을 설명한다. "기차에서 내려 플랫폼을 가로질러 다른 기차로 가서, 바로 떠났죠. 전혀 신경 쓰지 않았어요. 대기 시간도 없었고요. 비록 시간이 있더라도, 기차에 타고 있는데 기차가 바로 떠나지 않더라도, 나는 여전히 노트북을 끄지 않은 채 문자메시지를 보내는 중이었고, 음악은 여전히 흘러나왔고, 노트도 여전히 펼친 상태였고, 안경도 쓰고 있고, 기능적으로 전혀 변화가 없었죠."

재미있는 통로

위로는 금융지구가 아래로는 지하철역이 만나는 마틴 플레이스의 미로 같은 통로에 어떤 일이 일어난다. 녹색 야자나무 잎들로 벽과 바닥, 천장을 장식한다. 매미와 귀뚜라미 소리가 하이힐의 또깍거리는 소리와 철도역 안내 방송의 장조 화음과 조화를 이룬다. 희미한 코코넛 향기가 공기로 퍼져 나간다. 이 모의 지하 열대우림의 짧은 백일몽은 통로를 나서면 달콤한 튀김 음식 분위기로 바뀌고, 결국 빛 속으로 사라지는 것처럼, 약간 방향을 잃은 듯이 보인다. 잘 알려진 선글라스 회사 로고 옆 "이국적인 삶을 살아요"라는 조언이 바닥을 장식하고 있다.

원활한 통행을 위해 통근 공간을 설계하는 것이 임무인 수송 기관들 외에도, 이 마틴 플레이스의 경험은 다소 다른 요구에 따라 이러한 공간을 구성하는 다른 기관이 있음을 상기시킨다.

사회학자 앤 크로닌Ann Cronin은 "광고는 현대 도시의 빠르게 돌아가는 시각적 혼란 속에 우리의 시야가 우연히 걸려들기를 바라면서 형성된다"고 말한다.[12] 이것은 특히 통근 공간에서 두드러진다. 맥Meg은 이 설치를 계획한 광고회사에서 일한다. 나는 상업적 관점에서 통근 공간에 대해 어떻게 생각하는지 알고 싶었다. 그녀를 만나서 처음 한 얘기는 마틴 플레이스에서의 경험이었다. "역을 장악했어요! 굉장하죠!" 그녀는 열정을 발산하며 환호했다. 그녀는 이러한 에워싸는 듯한 광고 캠페인이 통근자를 대상으로 어떻게 설계되었는지 설명했다. 그들은 자주 방문하는 관객이기 때문에, 전시는 그 영향력을 위해 오직 1~2주만 지속된다.

통근자들은 "특히 집으로 돌아오는 길에, 훨씬 긴장을 풀었을 때" 더욱 수용적이 된다. "그들은 확실히 메시지를 흡수할 마음가짐이 되죠." 맥은 말했다. 나는 그날 타운 홀Town Hall역에서 지나쳐 온 거대한 천장에서 바닥까지 연결되는 스크린을 장식한, 반짝이는 픽셀들이 결합하여 출구를 지나서까지도 가장 둔감한 망막조차 눈부시게 했던 다른 광고를 언급했다. "그건 우리가 와우 벽wow wall이라고 부르는 거예요." 맥은 웃으며 말했다. "그걸 보면 내가 그런 말을 한다는 것조차 인식하지 못하고 말하죠. … '오 와우!'라고요." 맥의 설명은 현대 광고가 어떻게 인지적 사고에 의존하기보다는 즉각적이고 감각적인 신체 각인을 통해 작동하는지를 보여 준다.[13]

사람들이 주목경제attention economy[14]라고 부르는 현상이 나타나는 상황에서, 맥의 회사에서는 이러한 현장 광고와 통근자들이 휴대전화에 몰두하는 현상의 관계를 어떻게 생각하는지 물었다. "우리의 광고는 사람들을 온라인으로 유도하여 더 많은 정보를 검색하게 합니다. 그들은 휴대전화를 손에 들고 있고, 그건 좋은 일이 되죠. 그들이 우리 광고를 보고, 열차 플랫폼이나 기차를 타러 내려가면서 검색하게 되는 거죠." 즉, 질리언 풀러가 "저장하고 앞으로store and forward"라고 말한 것처럼,[15] 통근을 특징짓는 대기와 진행의 리듬감 있는 상호작용이다. 바로 이런 점이 통근 공간을 맥의 회사에서 매력적으로 바라보는 이유이다. 그녀의 회사가 통근자의 오래 바라볼 이 시간을 포착하기 위해 1만 6,000개 이상의 버스 정류장 광고 패널을 보유하고 있다는 언급은 이를 뒷받침한다.

지리학자 커트 이브슨Kurt Iveson이 말한, 광고가 공공장소를 어떻게 변화시키고 있는지에 대한 비판적인 토론을 떠올려야 한다. 역사적으로 이러한 광고는 시각적으로 오염시키는 "형편없는 상업주의"로 비판받아 왔지만, 이브슨은 더 나아가 공공장소에서 비영리 포스터나 커뮤니티 메시지 같은 다른 미디어에 비해 상업 미디어가 특권을 가지는 것은 비민주적이라고 주장한다.[16] 맥은 물론 좀 더 낙관적이다. "우리 광고는 확실히 철도 환경을 개선했어요. 수많은 예가 있죠." 그녀는 설명했다. "통근자를 즐겁게 합니다. 알다시피, 그들은 광고를 바라보고, 광고는 그들의 관심을 사로잡죠. 네, 그래서 그 장소를 밝게 만들었습니다." 이 엔터테인먼트 개념은 버스 정류장에 대한 대화에서도 드러난다. 그들은 때로 일시적인 몰입 경험을 창조하기 위해 버스 정류장을 개조한다. "최근에는 오스트레일리아 오픈이 있었어요. 해당 광고사는 테니스 코트 의자를 똑같이 만들어서 정류장에 설치했죠. 통근자를 즐겁게 하고, 정말 '와우' 순간을 갖게 한 거죠."

마틴 플레이스의 이국적인 가상 열대우림 모습과 마찬가지로, 내가 정류장에서 본 많은 광고들이 출퇴근길을 넘어 세계로 이어지는 창이 되었다. 환한 표정, 화려한 색채, 배낭과 우산 등 통근 도구들로부터 해방된 신체가 이러한 세계의 공통된 특징이다. 시기 반 질투 반을 일으키는 크루즈 선박회사의 거대한 천장에서 바닥으로 이어지는 타운 홀 지하철역 광고는 통근자들에게 "이런 통근은 어때?"라고 묻는다. 이 광고에 등장하는 구릿빛 커플은 끝없이 푸른 하늘 아래 완벽하게 푸른 바다에서 카약을 끌어내고 있다.

그러나 모든 광고 캠페인이 거대한 도피의 비유를 사용하는 것은 아니다. 댄은 통근자에게 조금 다르게 접근하는 초콜릿 회사 광고를 만들었다. 좀 더 겸손하게, 그는 광고주가 전달하려는 메시지는 그 초콜릿이 "통근자들의 삶에 아주 작은 기쁨의 순간"을 더할 수 있다는 것이라고 했다. 30초짜리 텔레비전 광고는 무표정한 통근자들이 바쁜 플랫폼에서 열차를 기다리는 장면을 보여 준다. 그때 예기치 않게, 보라색 증기기관차가 플랫폼으로 다가오고, 댄서와 연주자, 그리고 초콜릿 바를 나눠 주는 쟁반을 든 사람들이 열차에서 내린다. 이 광고에서 가장 강력한 대목은 통근자들의 표정을 포착하는 방식이다. "이 광고를 볼 때 사람들이 느끼기를 바라는데, 광고는 사람들의 얼굴에서 나오는 놀라움과 기쁨을 잘 잡아내고 있습니다." 댄의 설명에 따르면, 광고가 촬영된 장소에 있던 어떤 통근자도

보라색 기관차가 들어올지 몰랐다고 한다. 카메라는 역 곳곳에 숨겨져 있었다. "우리도 텔레비전 광고를 촬영한다고 생각하지 않았습니다. 우리는 사람들이 이야기하고 싶은 경험을 생각했죠." 댄은 이 광고의 성공은 빠른 감정 전환과 유머였다고 평했다. "사람들이 감정을 풀고 웃게 만들고, 무언가를 느끼게 만들면, 그것은 훨씬 더 강력해지죠."

사회학자 앤서니 엘리엇Anthony Elliott은 새로운 서비스 제공 형태의 실험이 오늘날 "경험경제expereice economy"의 중심이라고 설명한다.[17] 이 절의 서두에서 논의한 짜증 나는 방해를 완화하려는 맥의 노력과 달리, 댄은 이 광고 캠페인은 다른 성격의 작고 실험적인 방해를 의미한다고 말한다. 광고는 "지루한 일상을 무언가 다른 것으로 변화시킬 기회를 제공하고, 이를 통해 소비자들은 일종의 놀라움과 즐거움을 느낀다"는 것이다. 이 광고 촬영지로 통근 공간을 선택한 것은 우연이 아니다. 익숙한 통근과 이국적인 휴일 이미지를 대비시키는 방식에 도전한 것이다. "우리는 좀 더 우울하고, 지루하고, 부정적인 노동에 지친 삶의 영역을 보았고, 사실 많은 사람들이 비슷한 경험을 하고 있죠." 댄은 그러면서 과거 통근 공간에서 겪은 경험이 가진 숨은 잠재력을 보았다. "오래전 기차 여행이 가지는 구시대의 장엄한 성격, 그리고 1920년대 스타일의 기차가 현대적 통근 환경에 들어왔을 때 그것만으로도 상황을 변화시킬 작은 마법이 시작되는 거죠."

통로 전시하기

지금까지 운송회사와 광고대행사의 관점에서, 통근자에게 다양한 통근 경험을 제공하는 차별화된 전략이 쓰이고 있음을 소개했다. 이제부터는 통근자가 자신의 공간 경험을 어떻게 관리하는지를 추적하면서 이런 논의의 편재성에 의문을 제기하려 한다.

앤Ann은 센트럴 코스트에서 시드니 북부에 있는 역까지 열차로 통근한다. 그녀는 에핑Epping에서 열차를 갈아탄다. 이 환승 경험에 대한 그녀의 묘사는 완결된 통과라는 멜의 묘사와 사뭇 다르다. "나처럼 운동하는 사람이 세 명 더 있어요. 우리는 에핑에서 약간의 운동 시간을 가지죠. 저는 항상 에스컬레이터를 걸어 내려가서 기차가 오기를 기다리며 8자 모양으로 플랫폼을 걸어다니죠. 여기 말고 제가 어디서 운동을 할 수 있겠어요? 그래서 저는 그걸 두 번 해요. 만약 에너지가 더 남으면, 에스컬레이터를 다시 걸어 올라가서, 이건 60보를 걷는 걸 의미하죠. 그리고 다시 반대 방향으로 내려와요. 이것은 폐를 계속 움직이게 만드는 거죠." 나는 그 장면을 상상했다. 4명의 사람들이 기다리는 승객들 주변을 돌아다니면서 운동을 하고, 서로를 짧게 확인하고, 어쩌면 가벼운 미소를 지을지도 모른다. 이 광경에서 좋아 보이는 것은, 통근 공간이 실험적인 방식으로 이용되고 있다는 것이다. 앤은 자신이 왜 그러는지를 설명했다. "저는 항상 아침에 걸었고, 저녁에도 걸었어요. 근데 통근을 시작하면서 시간이 없어졌어요. 그래서 지금은 통근 시간과 기차를 갈아타는 시간에 운동을 하게 된 거예요." 아마도 이것은 통근자가 가장 일상적이

고 제약이 있어 보이는 공간의 잠재력을 이용하는 방법을 적절하게 보여 주는 사례일 것이다.[18]

　마지막 예는 현장조사 초기의 만남에서 찾을 수 있다. 동쪽 교외에 거주하는 존John은 도시 곳곳에서 계약직을 수행하며 2~6개월마다 근무지를 변경해야 했다. 그는 이처럼 유연하게 일할 수 있었던 것이 모두 자전거 덕분이라고 했다. 짧은 거리는 자전거를 이용하고, 좀 더 긴 거리는 자전거를 들고 기차에 오르는 방식으로 해결했다. 그의 가장 최근 근무지인 올림픽 파크Olympic Park도 이렇게 다녔다. 그가 집에서 올림픽 파크까지 통근한 이야기는 나에게 놀라움을 주었다. "나는 완전히 다르게 다닙니다. 이렇게 하면 비용이 더 들지만, 자전거를 타고 올림픽 파크 연락선 선착장으로 가는 거죠. 자전거를 배에 싣고 서큘러 키Circular Quay로 가서 내리죠. 그러려면 비싼 표를 사야 해요." 나는 그의 경험에 흥미를 느꼈다. "외국 관광객들로 가득하죠. 보통 오후에는 관광객들이 블루 마운틴 버스 관광을 하고 연락선 선착장에 내리죠. 저는 선착장에서 이 버스에서 내리는 외국 관광객들을 기다려요. 그들은 블루 마운틴에서 받은 감동으로 가득 차 있고, 이 아름다운 여행과 시내 숙소로 돌아가면 무엇을 할까를 놓고 이야기하고 있죠. 그 무리 안에서 저는 4~5명의 현지인 중 하나입니다. 이 도시를 처음 보는 사람들의 시각을 나누는 것은 항상 재미있고 즐겁습니다. 그들과 함께 여객선을 타고 가다 보면 곧 시드니 하버 브리지가 보이기 시작하고, 이내 시드니 오페라 하우스가 나타나죠. 그럼 그들은 모두 뛰어올라 사진을 찍기 시작하며, 종종 주변 사람에게 말을 걸기도 하죠. 이건 정말 재미있어요."

존이 집으로 가는 여정을 어떻게 "큐레이트"하는지는 완벽한 수송이 반드시 통근에서 가장 중요한 논리가 아닐 수 있음을 보여 주는 예이다. 무엇보다 그의 여객선 통근은 시간은 더 걸리고, 더 비싸다. 타운 홀 역에 전시된 통근자들에게 구애하는 이국적인 휴일 광고가 암시하는, 기쁨은 다른 곳에서 찾을 수 있고, 확실히 이 통근에서는 아니라는 주장은 다시 고민해야 한다. 블루 마운틴에서 일정을 마치고 돌아오는 관광객들의 흥미로운 잡담에 휩싸이면서, 존은 그들의 기쁨에 전염된다. 존은 운 좋게도 이 여정을 이용할 수 있지만, 댄의 광고가 공략하려는 통근 공간의 디스토피아적 운명을 저버린 예이다. 존의 묘사에서 관광객들은 통근 공간의 분위기를 바꿀 뿐만 아니라, 존이 도시를 느끼는 감각을 되살려 준다. 앤의 8자 운동처럼, 존의 기록은 통근자가 어떻게 자신의 경험을 바꾸는 방식으로 그 공간의 잠재력을 실험할 수 있는지 보여 준다.

연결되는 공간

지금까지 교차로에서 역 통로, 플랫폼에서 여객선 선착장에 이르는 다양한 통근 공간을 살펴보았다. 그러나 지난 10년간 디지털 기술의 보급과 증가, 특히 위치 인식 핸드폰이 어떻게 통근 공간을 다른 방식으로 변화시키고 있는지는 살펴보지 않았다. 이 절에서는 디지털 기술이 어떻게 새로운 감각의 연결성, 새로운 형태의 접근성, 그리고 새로운 인터페이스를 제공함으로써 통근 공간을 변화시키는지 살펴본다.

실시간으로 공간 압축하기

나는 종종 면접조사 장소에 도착하는 가장 빠른 방법을 찾기 위해 구글 지도를 사용했다. 가장 가까운 버스 정류장까지 걸어가면서, 트립뷰TripView 앱으로 버스나 기차가 정시에 도착하는지를 확인하여 타이밍 정보를 추가로 제공받았다. 오늘 나는 트립뷰의 디자이너와 만나 어떻게 실시간 모바일 앱이 통근 경험을 변화시켰는지를 들으러 간다. 지난 몇 주 동안 제트랜드Zetland의 버스 정류장을 오가면서, 내가 달려가면 그곳에 6분 안에 도착할 수 있음을 알았다. 오늘 아파트를 나설 때 트립뷰의 간략한 인터페이스는 센트럴 스테이션으로 향하는 다음 343번 버스가 3분 늦게 (연착은 작은 빨간 사각형으로 표시된다) 도착한다고 알려 주었다. 그래서 14분 내에 도착한다고 했다. 나는 집으로 돌아갈지 말지를 잠시 고민하다가, 버스 정류장까지 좀 더 여유로운 산책을 선택했다. 버스 정류장으로 이어지는 대부분의 경로에서 풍기는 달콤한 레몬향 나무 냄새를 즐기기로 한 것이다.

나는 버스에서 내리기 바로 전에 센트럴Central역에서 가장 먼저 출발하는 플랫폼을 확인하여, 센트럴에서 채스우드Chastswood역까지 기차를 타고 간 뒤 카페에서 닉Nick을 만났다. 닉은 통근 문제를 해결하기 위해 이 앱을 개발했다고 말했다. "휴대전화를 힐끗 보고 다음 기차가 언제 오는지 알면, 정류장까지 걸어야 할지 달려야 할지를 정할 수 있다면 유용할 거라고 생각했죠. 규칙적인 통근자를 겨냥한 앱이죠. 그 당시 저는 도시에서 일했기 때문에 항상 같은 열차를 탔고, 내가 기다려야 할지 여부가 알고 싶었거든요."

문학이론가 해럴드 슈바이처Harold Schweizer가 말한바 기다리는 것은 종종 일탈로 해석된다는 주장과 유사하게,[19] 닉은 자신의 통근 문제를 해소하고자 이 앱을 디자인했다. "예전에 대학에 다닐 때에는 사설 버스를 타곤 했는데, 버스가 올 것이라는 확신이 전혀 없었습니다. 버스가 오기로 예정된 시간에 정류장에 도착하면, 버스가 일찍 지나갔는지 아직 오지 않았는지 확인할 수가 없었죠. 만약 실시간 정보가 있다면 안심했겠죠." 그날 나의 경험과 유사하게, 닉도 "이 앱을 집에서 나올 때 사용하고, 걸으면서는 얼마나 빨리 걸어야 할지 계획을 세울 때 사용한다"고 했다. "직장에선 마지막 열차를 놓치지 않으려면 언제 나가야 할지를 확인하는 데 씁니다." 내가 어떻게 면접조사 장소까지 왔는지를 돌이켜 보며, 나는 그가 개발한 앱이 실제로 얼마나 도움을 주는지 고마운 마음이 들었다.

소프트웨어 개발자로서 닉은 통근자와의 관계가 중요하다고 말한다. 특히 새로운 기능에 대한 피드백과 아이디어는 앱 개발의 핵심이다. "내가 한 일이라곤 모두 고객 피드백에 대한 반응이었습니다. 초기 버전은 나의 개인적 요구에 맞춰져 있었죠. 그런데 나는 버스는 잘 타지 않았고, 여객선도 타지 않았죠. 그래서 내가 한 첫 번째 업데이트는 버스와 여객선을 추가하는 것이었죠. 사람들이 그것을 요구했기 때문이죠." 그는 트위터를 모니터링하여 변화를 평가한다고 했다. "무언가 잘못되면, 트위터에 불평을 늘어놓을 겁니다. 버스의 실시간 정보를 추가했을 때에는 트위터에 엄청난 반응이 올라왔죠." 그가 개발한 앱이 대중교통을 이용하는 새로운 가능성을 열었다는 것이 앱 사용자들의 피드백 중 특히 기쁜 부분이었다. "과거에는 이런 운행 정보가 없어서 이용할 수 없었던 대중교통을 이제 더 많이 이용하게 되었다는 피드백이 많았습니다. … 이것은 단지 내 근처에 내가 가고자 하는 곳까지 가는 버스가 있다는 걸 아는 것이었죠."

닉은 자신의 앱이 다양한 이동자들에게 새로운 통근 경험을 창조한 부분을 자랑스럽게 여긴다. 한번은 시각장애인 여성이 전화해서 피드백을 해 왔다. "버스 정류장에 가도 버스 운행 정보를 읽을 수 없어 불편했는데, 앱의 보이스 오버 기능을 사용하여 버스가 언제 도착할지 알게 되어 편리하다는 얘기였죠." 실제로 많은 휴대전화에는 접근성 기능으로 보이스 오버 옵션이 있다. 그 덕분에 "가벼운 장애를 가진 다른 고객도 주변 사람에게 물어보지 않고 어느 플랫폼에 열차가 오는지 알 수 있게 되었습니다." 이 앱이 일부 통근자들에게는 새로운 형태의 신뢰를 얻게 된 것이다.

흥미롭게도 닉은 앱 개발자와 주정부 간의 막후 관계에 대해서도 이야기했다. 트립뷰 앱의 많은 부분이 고객 의견에서 나왔기 때문에, 고객과 앱 개발자 사이의 경계는 분명치 않다. 운송 업체가 자체 앱을 개발하는 다른 주의 도시들과는 달리, 뉴 사우스 웨일스New South Wales주 정부는 개인 앱 개발자를 열정적으로 지원한다. 주정부에서 포스터를 통해 선전하는 실시간 버스 정보를 보여 주는 앱을 개발하는 대회 등을 열어서 말이다. 이 앱을 개발하고 몇 주 후, 닉은 시드니 트레인Sydney Trains의 한 관리자와 이야기하면서 주정부의 앱 개발 열의를 확인했다. 그는 닉의 앱에 추가된 시드니의 기차와 버스의 정확한 위치를 보여 주는 지도 기능을 직접 보며 주며 기뻐했다. 예전에는 무대 뒤의 운송 작업 직원만 접근할 수 있었던 이 조감도가 나를 매혹시켰다.

나는 닉과의 대화를 되돌아보면서 채스우드역에 걸어갔다. 그의 모바일 앱이 통근자가 공간을 감지하는 새로운 방법을 제시했다는 점이 놀라웠다. 이것은 지리학자 애쉬 아민Ash Amin이 말한, 도시에서의 근접성과 거리감에 대한 감각은 새로운 방식으로 구겨지고 구부러지고 있다는 논의를 떠올리게 했다.[20] 이전에는 저 멀리 보이는 버스의 모습이나 오랜 경험으로 터득한 엔진 소리로 버스의 도착을 예측했다면, 이제는 닉의 앱에 뜬 실시간 위치 정보로 버스와 기차가 정확히 어디에 있는지 알 수 있다. 이것은 지리학자 데이비드 하비David Harvey가 명명한 이동과 통신의 기술적 발전이 장소 간의 상대 거리를 압축할 수 있다는 시공간 압축time-space compression의 예기치 못한 효과이다.[21] 지리학자 줄리엣 자인Juliet Jain은 이러한 지식 덕분에 기다리는 시간을 줄이고, 잠재적으로 원활한 여행을 가능하게 하고, 적은 시간을 최대한 효율적으로 조직하고 활용할 수 있게 되었다고 말한다.[22] 지리학자 스티븐 그레이엄Stephen Graham이 말한, 소프트웨어가 인터넷 사용 장치에 접속할 수 있는 사람과 그렇지 못한 사람 간의 이동성 경험을 가르는 강력한 도구라는 비판적 주장도 떠올랐다.[23] 이러한 기술들이 다른 방식으로 다양한 신체에 미치는 영향을 떠올리면서, 나는 기차 여정에서 실시간 애플리케이션 사용을 좋아하지 않는다고 한 어느 기차 통근자와의 면접조사도 기억났다. 그녀는 모르는 것의 가치를 언급하며, "늦었다고 화가 난 채 시간을 보내느니, 차라리 모르는 편이 낫다"고 했다.

공간 지각 기술

미아Mia의 시력은 건강한 사람의 10퍼센트에 불과하다. "나는 멀리 보지 못해요." 그녀는 면접조사 초반에 언급했다. "1미터 정도 볼 수 있지만, 색은 알아보지 못하죠." 나는 그녀를 만나기 전까지 이 사실을 몰랐다. 그래서 우리가 만나고 있는 서큘러 키 카페에서 보이는 시드니 하버 브리지 전망에 대해 떠들었던 것이 떠올라 조금 부끄러워졌다. 그녀의 고백은 우리는 모두 "차별적인 이동성"을 가진다는 미디어 이론가인 킴 소척Kim Swwchuk의 언급을 떠올리게 한다.[24]

미아의 인생은 대중교통을 중심으로 이루어진다. "저는 운전하지 않기 때문에 어디서나 기차와 버스를 타요." 항구의 북쪽에 사는 그녀는 대부분 기차를 이용해 두 가지 파트타임 일을 하러 간다. 하나는 서큘러 키에 있고, 다른 하나는 시청 근처에 있다. 그 밖에 도시 서쪽의 스트라스필드Strathfield에서 일주일에 두 번 스포츠 훈련에 참여한다.

우리의 대화는 그녀의 통근 문제에서 표면상 오랜 화두였던 짐 이야기로 시작되었다. 오래전부터 그녀의 동료들은 그녀에게 이렇게 말해 왔다. '너는 항상 너무 많은 짐을 들고 다녀!', '이제 어디 가려고? 무슨 일을 할 계획인데?' 사람들은 이런 대화를 그녀에게 끊임없이 건넨다. "그러면 저는 '나는 짐을 넣어 둘 차가 없어,' '차 트렁크에 여분의 신발이 없어서'라고 대답하죠." 그녀는 미적 감각과 실용성 사이의 긴장을 이야기한다. "직장에 갈 때에는 멋져 보이기를 바라지만, 동시에 불편한 가방을 메고 다니고 싶지는 않아요." 그녀는 어깨를 늘어뜨린다. "하루 종일 이곳저곳으로 짐을 끌고 다니다 보면 노새가 된 느낌이죠." 그녀는 트립뷰 같은 모바일 인공 보정물이 어떻게 다른 방식으로 삶을 활성화하고 제한하는지를 보여 준다.[25]

미아는 자신의 태블릿을 톡톡 치면서, "매사 정리가 돼 있어야 해요."라고 한다. "이 앱이 제일 좋아요. 트립뷰 앱을 사용하면, 모든 계획을 잘 세울 수 있거든요." 그녀는 이 기술이 나오기 전에는 얼마나 어려웠는지 말한다. "가방에 백만 개의 시간표를 가지고 다녔지만, 다 소용없었죠. 너무 작게 적혀 있어서 읽을 수 없었고, 그걸 읽으려면 돋보기가 가지고 다녀야 했어요." 그녀는 1년 전에 태블릿을 샀고, 그 이후 그녀가 움직이는 공간과의 관계가 달라졌음을 느끼고 있다. "더 이상 기차 시간표를 보려고 고생할 필요가 없어요. 지금 트립뷰 앱을 보고 거의 입구에서 플랫폼만 확인하죠."

사회학자 롭 아임리Rob Imrie는 무의식적으로 건강한 사람들을 우선시하는 많은 도시 공간이 어떻게 장애인 신체를 소외시키는 역효과를 만들어 내는지 설명한다.[26] 이 점은 미아가 버스 통근의 어려움을 설명할 때 명확해진다. "버스 번호를 볼 수가 없어요. … 그래서 저는 모든 버스를 세우고 '이곳에 가나요?'라고 묻죠. 기사들이 '아, 버스 번호판을 읽을 수 없나요?' 물으면, '저는 번호판이 안 보여요. 그냥 어디로 가는지 말해 주세요.' 하는 거죠." 그녀는 장애인이라 버스를 무료로 탈 수 있지만, 이 혜택에 대해 잘 모르는 운전기사들과 실랑이하기 싫어 버스를 잘 타지 않는다. "그렇게들 물어요. '아, 맹인이군요. 그럼 안내견이나 지팡이가 있어야 하는 것 아네요?' 그럼 저는, 어느 정도는 보인다, 그런 건 필요 없다고 대답하죠." 그런 의심을 받는 건 분명 모욕적이다. "그건 마치 뺨을 맞는 것 같아요."

미아는 익숙한 경로에서는 시각적 단서를 개발해 둔다고 한다. 스타라스필드역의 플랫폼 끝에는 개집처럼 보이는 작은 오두막이 있다. "그래서 그 오두막을 보면, '좋아, 여기서 내려야 해' 하는 거죠. 버스는 더 힘듭니다." 대학 통학 첫날이 그런 날이었다. "경로를 준비하고, 버스에 올라탔죠. 라넬레이Raneleigh 정류장에 내렸다고 생각했는데, 쿠링카이 체이스Kuring-gai Chase 국립공원역이었죠! '여긴 대학이 없어!'" 그녀는 한숨을 쉬었다. "결국 학교까지 걸어갔는데 정말 절망적이었죠. 이제 막 대학 생활을 시작했고, 그건 정말 내 인생에 큰일이었죠. 부모님께 의존하고 싶지 않았지만, 엄마에게 전화할 수밖에 없었어요. '엄마, 나 좀 데리러 와 줘요.'" 위치 인식 태블릿은 이 모든 상황을 극적으로 바꾸었다. 그것은 그녀의 공간 감각을 변화시켜서, 이동 중에도 장소에 대한 좀 더 신뢰할 수 있는 위치 정보를 제공한다. 그녀는 모스만Mosman으로 떠났던 최근 여행을 회고했다. "버스를 타야 했고, 어디서 내려야 하는지 몰랐어요. 버스기사는 이번에도 큰 도움이 되지 않았죠. 그래서 아이패드를 꺼내서 아이패드의 지도를 보며 내가 가려는 곳에 가까워졌다고 느낀 지점에서 내렸죠. 지금은 길을 잘 모르겠으면 제 지도를 따라가요."

미아는 최근에 도시의 북서쪽에 있는 부모님 집에서 항구의 북쪽 가까이에 있는 역 근처로 이사를 했다. 그래서 좀 더 독립적인 느낌이 든다고 했다. 그러나 그녀의 사례는 독립감도 항상 상대적인 개념임을 알게 했다. 태블릿이 있어도 그녀의 여정은 어려울 수 있다. "운전기사들은 항상 약간씩 다른 지점에서 태우거나 내려 주죠. 언제나 동일한 지점에서 멈추는 것이 아니에요." 그래서 그녀는 언제나 버스기사에게 그녀가 내릴 정류장에 멈춰 달라고 말한다. "사람이 많은 시간대에는 옆 승객에게 알려 달라고 부탁하죠. 나 혼자 그렇게 할 수 없다는 건 항상 실망스러운 일이죠."[27]

자동화된 공간

통근 공간에서 월요일은 독특한 분위기를 뿜어낸다. 신선함, 휴식에서 오는 활력이 있고, 일주일에 5일간을 일하는 사람들에게는 금요일의 지평선에서 연결되는 거의 감지할 수 없는 시간 감각이 있다. 어떤 사람에게는 행복하고 느긋한 주말의 리듬에서 너무 빨리 이동해 온 것 같은 느낌이 들기도 한다. 월요일 아침 시드니 기차역에선, 기계적이고 무표정한 매표구 유리 칸막이 뒤 얼굴과 마주하면서 주간 티켓을 사려고 길게 줄을 선 통근자들 외에 딱히 눈에 들어오는 게 없다. 이 월요일 대기열 주제는 기차 통근자들과의 면접조사에서 반복적으로 등장했다. 이를 위해 월요일에는 좀 더 여유를 갖고 역에 나와야 했다. 그런데 시드니 통근 공간에 새로 도입된 어떤 물건 때문에 이 영원할 것 같던 타임 스탬프가 사라지고 시간 속에 봉인되었다.

"우리는 탐험가와 일반인의 중간을 목표로 삼았습니다." 비Bea는 이 물건의 새로운 성격을 이렇게 묘사했다. "저는 그 광고에서 보여 준 유머 감각을 아주 좋아했어요." 그 순간, 내 머릿속에는 최근 텔레비전 광고에 자주 등장하는 젊은이가 검은 양복을 입고 '오팔Opal'이라고 수놓아진 커다란 검정 카드를 머리에 쓴 채 만나는 사람마다 붙잡고 구애하는 장면을 떠올렸다. 비는 시드니에 소개된 새로운 비접촉식 교통용 스마트카드 브랜드를 개발하는 데 참여했다. 그녀는 어떻게 이 작은 스마트카드를 중심으로 이 브랜드의 세계가 구성되고, 통근자들을 정서적 · 신체적으로 이동시킬 힘을 갖게 되는지 설명했다. "우리의 고객 접근 방향은 단순하고, 가치 있고, 빠르고, 편리하고, 안전하고, 안심할 수 있고, 개방적이고 정직합니다." 그녀는 엄지로 그녀의 휴대전화 케이스를 열고 오팔카드를 보여 주었다. 거기에는 검은 배경에 4색으로 구성된 알파벳 오O와 하늘색 문자들이 빛나고 있다. "이 카드는 아름답습니다." 그녀의 목소리에선 자부심이 느껴졌다. 그녀의 공식적이고 사업적인 목소리와 그 묘사는 조용한 숭배로 이어졌다.

사회학자 팀 던트Tim Dant는 움직이는 데 도움이 되는 모든 물체와 물질로부터 분리된 이동하는 신체를 상상하는 것은 의미가 없다고 주장한다.[28] 이와 관련하여 오팔카드는 시드니 통근자들에게 없어서는 안 될 부분이 되었다. 비는 이 점을 상기시키며, 오팔카드는 그녀가 가지고 다니는 단 식 장의 카드 중 하나라고 했다. 그녀는 카드에 지역 상징이 가득하다는 점을 강조하지만(검은색 오팔은 시드니주의 공식 보석이며, 알파벳 오0의 4색은 카드를 사용할 수 있는 4가지 운송수단을 상징한다), 이 카드가 또한 통근의 감각적인 경험을 바꾼다는 점도 언급한다. 그녀는 기차역과 선착장에 설치된 새로운 카드 인식기가 디자인상을 수상했다고 했다. 선착장 리더기의 개선이 통근자들에게 영감을 주었다면서. "나는 그 리더기가 자랑스러워요. 아름다운 스테인레스 스틸이죠."

오팔카드는 사회학자 미미 셸러Mimi Sheller와 존 어리John Urry가 신체의 물리적 이동성과 정보, 소프트웨어의 가상 이동성 간의 수렴으로 묘사한 것의 강력한 예이다.[29] 비는 이러한 수렴이 새로운 편리함을 나타낸다고 말한다. 그녀도 종종 "특히 월요일에는 그 주의 티켓을 깜빡하고 가져오지 않아서, 그런데 그 긴 대기열에 서는 건 싫어서" 운전을 하는 경우가 있었다. 오팔카드는 이러한 월요일의 대기열을 사라지게 했다. "오팔카드는 너무 편리해요. 나는 이 카드를 너무너무 사랑합니다." 그녀는 이 기술이 일상을 미묘하지만 강력한 방식으로 변화시켰다고 했다.

이러한 편리함의 감각은 더욱 확장된다. 앱 디자이너인 닉과의 면접조사에서, 사람들이 버스를 갈아타면서 얼마나 많은 요금 단계를 통과해야 하는지 혼란스러워한다고 했던 것이 떠올랐다. 오팔은 이것을 변화시켰다. 모든 계산은 시스템으로 이루어진다. 이러한 지급 연기는 사회학자 패트리샤 클로Patricia Clough가 '새로운 기술 무의식new technological unconscious'라고 부르는 것과 유사하다. 소프트웨어 알고리즘이 우리가 인식하지 못하는 사이에 우리 일상의 존재 조건을 점차적으로 조절한다.[30] 나이절 스리프트Nigel Thrift와 숀 프렌치Shaun French는 지능형 교통 시스템이 "공간의 자동적 생산automatic production of space"에 이르게 된다면서 이 주장을 더 확장한다.[31] 오팔의 맥락에서, 자동화의 용이성은 새로운 기회를 창조한다. 과거에 다른 티켓은 다른 종류의 여행과 다른 운송 수단 제공업체를 의미했다. 오팔은 이러한 혼란스러운 지역 구분을 제거하고, 도시의 잠금을 해제하는 하나의 열쇠로 자리 잡으며, 대중교통에 더 쉽게 접속할 수 있게 만들었다. 일부 학자들은 이 개방성이 통근자의 이동을 기록하기 때문에, 증가되는 감시라는 비용을 지불해야 한다고 경고하지만,[32] 비는 "우리 카드에는 개인이 완전히 익명을 유지할 수 있는 옵션이 있고, 카드를 사서 통신사만 적으면 되도록 만든다"고 안심시켰다.

오팔카드는 시드니 통근자에게 새로운 감각 경험을 선사했다. 그것은 새로운 몸짓을 만들었다. 비의 설명에 따르면, 카드 제작자는 새롭고 익숙하지 않은 몸짓, 내릴 때 카드를 찍는 몸짓에 관심이 있다고 한다. "개인적으로 타면서 교통카드를 찍는 건 괜찮은데, 내릴 땐 찍고 싶지 않아요." 비는 그러면서 "어제는 카드가 잘 반응하지 않아서 버스에서 시간을 지체했고, 그 때문에 약간 스트레스를 받았다"고 했다. 오팔카드는 카드 잔액이 얼마인지 보여 주는 새로운 기능도 추가했다. 또한, 판독기에 카드를 갖다 대면 충전금에 따라(예를 들면, 잔고가 낮아지고 있다거나 너무 낮음 등) 다른 소리가 난다. 카드 잔액이 10달러 이하로 떨어지면 자동충전을 할 수 있는 기능도 추가되었다.

아마도 가장 흥미로운 부분은, 이 새로운 기술이 돈을 절약하는 새로운 형식을 창조했다는 것이다. 이 카드를 처음 도입한 해에, 교통부 장관은 이렇게 말했다. "저는 사람들이 시스템을 이기길 원합니다. 사람들이 이 시스템으로 돈을 절약하기를 바랍니다."[33] 이 "게임 시스템"은 인터넷 포럼에서 열심히 논의된 끝에, 주의 전반부에 점심시간을 이용해 불필요하고 짧고 저렴한 탑승으로 일주일 8회 사용을 채운 뒤, 후반부에 요금이 더 비싼 통근을 공짜로 즐기는 것으로 합의되었다.

감지되는 공간

통근 공간은 특별한 경험을 생성하도록 설계될 수 있다. 면접조사에서 알 수 있듯이, 열차 역에 걸린 몇몇 광고는 재미있는 경험을 창출하려고 했고, 교차로의 디자인은 완전무결한 경험을 만들기 위해 노력했고, 스마트카드는 새로운 여행 기회를 창출하려고 노력한다. 그러나 이 마지막 절에서는 이러한 기술이 결정론적인 방식으로 작동한다고 상상하는 것에 의문을 제기하려고 한다. 확실히 이러한 논리가 작용하고 있지만, 일부 분석에서 제시하는 것처럼 그렇게 만연한 것은 아닐지도 모른다. 이 절에서는 통근 공간이 어떻게 감지되는지 살피고, 어떻게 단일 논리가 암시하는 것보다 훨씬 다층적인 감각들이 공존하는지 보려 한다.

일반적인 이동 강도

우리는 3장에서 공공서비스 관리자인 킴과의 면접조사를 통해, 그녀가 복잡한 아침 일정을 조직하는 방법을 논의했다. 여기서 다시 그 타이밍의 복잡성으로 돌아가 보자. 11살과 13살의 두 자녀가 있는 킴은 아침 7시 반이면 자동차로 집을 떠나서, 뒷골목에 주차를 하고(그들이 항상 바라는 황금 자리가 아닌, 오늘은 그냥 "일반적인" 주차 공간이다), 언덕 위 역까지 걸어간다. 여기서 역 플랫폼은 특별한 공간은 아니다. 그러나 그녀의 이야기를 들으면서, 나는 그 공간이 움직이는 강도가 혼재되어 있음을 알아차렸다.[34] 왜냐하면 그 역은 매일 세 명이 헤어지는 곳이기 때문이다.

"한 명은 혼스비로 떠나는 기차를 타죠. 나머지 두 명은 시드니로 향하는 기차를 타고요. 제 딸은 고든Gordon에서 내리고, 저는 계속 가죠." 그러면서 킴은 "알다시피 열차 플랫폼 어디에 서는지는 애들이 그날 저를 좋아하는지 아닌지에 달렸죠."라고 지체 없이 말했다. 나는 그녀의 섬세한 곤경에 미소를 지었다. "아들에게는 열차 플랫폼에서 말을 걸 수 없어요. 그건 멋진 모습이 아니래요." 그래서 세 사람은 역의 중앙홀에서 "작별 의식"을 한다. "뭐 말하자면, '안녕, 엄마' 그리고 이 모습은 친구들에게 보이면 안 돼요. 그런 뒤에 우리는 열차 플랫폼으로 걸어 내려가고, 저는 딸에게 작별 인사를 하죠. 딸은 아직 저를 의식하거든요." 그녀는 기분 나쁜 표정을 지었다. "제 딸은 우리 사이에 말다툼이 있거나, 컨디션이 좋지 않은 경우가 아니면 저에게 말을 걸어 줘요. 그런 뒤에 '이제 가죠, 엄마'가 돼요. 그래서 저는 플랫폼 제일 아래쪽에 있는 마지막 열차칸까지 가죠." 킴은 그 순간에 느껴지는 좀 더 우울한 차원의 감정을 숨기기 위해 다소 과장된 언변으로 이야기를 이어 갔다. 그녀는 잠시 말을 멈추고, 입술에 주름을 살짝 잡고 어깨를 으쓱했다. 그 정적에서 나는 세 명이 그 작은 역에서 서로 떨어져서 따로 서 있는 모습을 상상했다. 다른 통근자들이 플랫폼으로 퍼져 나가서 그 세 명 사이의 공간을 채우지만, 그들 사이는 보이지 않은 끈으로 단단히 연결되어 있다. 이제 그들은 단지 누군가의 딸, 누군가의 아들이다. 나는 킴이 플랫폼을 가로지르는 아들과 눈이 마주치는 일이 있는지 궁금해졌다.

나는 그 역이 그녀와 아이들 사이의 진화하는 관계가 뚜렷하게 감지되는 공간임을 느낄 수 있었다. 가족으로 자라면서 경험하는 복잡한 긴장감, 특히 아이들이 사춘기의 정점에 있는, 극적이지는 않지만 가슴 아픈 기억을 주는 공간인 것이다. 이러한 긴장 속에서, 우리는 친구들에게 부모와 함께 있는 모습을 보여 부끄러워질 가능성에 대한 고민이 어떻게 자식들에게서 멀어져야 하는 엄마의 소외를 만들어 내는지를 상상할 수 있다. 물론 그 이별의 순간, 킴은 더 이상 아이들을 돌보지 않아도 된다는 책임감에서 벗어나 안도를 느끼기도 한다. "아이들이 어렸을 땐 항상 엄마를 찾았죠."

킴과의 면접조사는 오늘 아침 나만의 감각에 빠진 채 플랫폼에 서 있을 때에는 상상하지 못했던 감각의 집합에 대해 알려 주었다. 동시에 내가 나중에 윈야드Wynyard 교차로 보행자들에서 발견했다시피, 통근 공간에서 느끼는 다른 감각들에 대응하는 다른 방법도 존재한다.

저속 촬영

통근은 강력하게 집단적인 활동이다. 고속도로를 따라 운전을 하든, 도로를 따라 서행을 하든, 우리는 우리와 나란히 움직이는 사람들의 속도에 따라 움직인다. 피터 애디가 지적했듯이, 같이 움직이는 경험은 연대감과 사람들 사이의 유대감을 창조할 수 있다.[35] 함께 움직이는 것은 통근하는 동안 우리가 느끼는 감각과 인식을 형성한다. 만약 갑자기 멈추고 이 흐름을 깨 버린다면 어떻게 될까? 어떤 종류의 지각과 감정이 창조되는 것을 멈추게 될까? 멈추는 것이 평상시에는 잘 보이지 않던 통근의 동질감을 감지할 기회가 될 수 있는가?

시드니 도심의 윈야드 스퀘어Wynyard Square는 시드니에서 가장 주요한 통근 공간 중 하나이다. 버스 터미널은 1880년대에 설립되었고, 기차역은 1932년에 문을 열었다. 오늘날에는 항구의 북쪽에서 출발하는 버스와 열차에 탄 승객 대부분이 이곳에 내린다. 멀리 떨어진 캐슬 힐Castle Hill 중심지에서 북부 해변까지, 많은 사람들이 이곳에 도착하기 위해 1시간 이상 이동하고, 여기서부터 다시 밀리터리 로드Military Road, 퍼시픽 하이웨이the Pacific Highway, 그리고 M2 도로의 교통 체증을 견뎌야 한다. 나에게도 윈야드는 이 연구를 시작하기 위해 처음으로 탄 필드워크의 버스에서 내린 의미 있는 곳이다. 이 공간은 버스 및 기차 객차의 밀폐된 공간에서 도시를 걷는 다른 경험으로 이동하는 공간이다. 통근이 항상 다측면적임을 보여 주는 다른 예인 것이다. 이 공간은 사람들이 직장을 오가는 여행의 시작점이다. 빛, 음영, 소리 및 냄새가 달라지는 대기의 변화가 느껴지는 변화의 공간이다.

시드니는 윈야드 스퀘어에 수렴한다. 아침 7시면 이를 느낄 수 있다. 11월 하순의 화요일 아침, 나는 윈야드과 요크 거리York Street가 만나는 교차로의 보행로에 서 있었다. 대부분의 사람들이 버스에서 내리는 곳 바로 옆이었다. 질리언 풀러가 말한 것처럼 여행의 저장과 진행 규칙에 존재하는 잠깐의 휴식인[36] 보행자 교차로의 반대편에 서 있었다. 카메라는 땅 가까이 삼각대 위에 설치되었고, 셔터를 조작할 수 있는 리모콘을 가지고 있었다. 시범 삼아 나는 7시 10분부터 10분마다 한 번씩 두 시간 동안 사진을 찍을 계획이었다. 나는 아드레날린과 졸음으로 약간 흥분 상태였다. 긴장은 나를 돌처

그림 4.1 요크 거리 교차로, 원야드, 오전 7:10, 2013년 12월 3일, 촬영 데이비드 비셀

럼 느끼게 만들었고, 나는 간신히 요크 거리를 보기 위해 좌우로 몸을 움직였다. 얼굴이 붉어지는 것이 느껴졌다. 7시 9분 56초였다. 나는 조용히 휴대전화기로 그 마지막 4초를 세고, 천천히 셔터 버튼을 눌렀다.

1970년대에 사회학자 윌리엄 화이트William H. Whyte는 사람들이 도시 공공 공간을 어떻게 사용하는지 관심을 가졌다.[37] 그는 사람들이 어떤 일을 하는지, 그리고 왜 하는지 설명하기 위해 그 행위의 일상적인 세부 사항을 포착하는 방법으로 저속 촬영을 사용했다. 그는 사회생활이 어떻게 조직되는지 관심이 있었기 때문에, 그의 저속 촬영 사진은 그가 식별한 패턴과 규칙성을 그렸다. 그러나 반복되는

그림 4.2 요크 거리 교차로, 원야드, 오전 7:20, 2013년 12월 3일, 촬영 데이비드 비셀

사건을 정확하게 동일한 사건으로 해석하는 규칙성에 초점을 맞추고 시간 경과 사진을 사용하면, 작을 부분일지언정 그곳에서 발생하는 차이점을 간과할 수 있다.[38] 실제로 원야드의 환경도 10분 동안 변화되었다. 10분 전의 긴장은 조금 사라지고, 나는 다음 사진까지 마지막 3초를 셌다.

지금 무언가가 일어나고 있다. 이제 투영과 회고로 너무 자주 희미해진다. 사진을 출력한 후, 나는 사진을 보면서 그 장면을 좀 더 자세히 살펴보았다. 등에 배낭을 맨 젊은 남자는 내가 나중에 보았던 실종자 전단을 보고 있었다. 실종! 대니 테네글리아를 보신 분이 계신가요? 검은 옷을 입은 여성이 횡단보도로 내려가고 있었는데, 왼발이 도로 포장 석판에 곧 닿을 듯하다. 횡단보도를 지나가는 다른 남자의 오른쪽 운동화 발뒤꿈치가 바닥에 닿으려 하고, 손은 주머니에 넣어져 있다. 자동차는 오른쪽에서 속도를 내고 있다. 3개의 낙엽. 보기, 힐끗 보기, 기다림, 걸음, 지체. 버스는 내게 가까이 다가오고 있다. 항구 방향에서 불어온 바람이 반대편 가로등에 달린 크리스마스 현수막을 흔든다. 주변 건물의 그림자로 생긴 차가운 청색 톤은 신호등의 붉은빛으로 상쇄된다. 반대쪽 유리 문은 건너편의 붉은빛을 반사한다. 이러한 조우로 만들어지는 이 순간은 절대 안정화되지 않는다. 이 사진은 수많은 진행 중인 역사를 잘라 낸 것이다.

　　나는 유사성을 찾기보다 레이더 아래에서 감지되지 못할 수 있는 이 공간에서 발생하고 있는 강도의 변화에 흥미가 있다. 우리가 이 장면에서 어떤 일이 벌어지고 있는지를 인식할지라도, 그것은 우리가 너무 자주 객관화하고 이미 인식하고 경험된 것과의 차이점을 언급하는 데 그칠 수 있다. 인식은 차이의 새로운 성격을 배제한다.[39] 새로운 가치와 감각은 간과된다. 그러므로 이런 방식으로 시간을 표시함으로써, 이 공간의 특별함과 독창성으로 다르게 해석할 가능성을 얻는다. 각 이미지는 제 고유의 문제를 제기하고, 이것이 집합체로서 작동하는 사진 시리즈를 만든다.[40] 이상과 어떻게 다른지를 생각하기보다 이미지로부터 발생하는 생각을 모으는 방식으로, 이 공간 안의 관계를 닫기보다는 열린 상태로 유지할 수 있는 공간을 만들어 낸다. 그 다음 날 윈야드의 요크거리에서, 나는 훨씬 더 고요해진다. 오전 7시 반에 다가가고 있으며, 나는 다시 한 번 셔터를 누른다.

어제의 사진을 인화하고 그 사진들과 시간을 보낸 후, 현장에 참여하는 능력은 다시 변했다. 나는 작은 차이에 훨씬 더 민감해졌다. 어제는 횡단보도 옆 보행로에 있는 흰색 스탠실을 보지 못했다. 개장: 펍, 주방, 옥상 바, 서섹스 거리Sussex St. 보행로의 노란 선도 인식하지 못했다. 유모차를 끄는 양복 입은 남자는 오늘 조금 전에도 분명히 여기 있었다. 하늘은 더 회색빛이 나면서 주변 색을 따뜻하게 만들고, 푸른빛이 적어진다. 건물의 눈부심은 덜 강렬하다. 나는 보행자 횡단보도 버튼 옆에 브리스톨 암스 호텔Bristol Arms Hotel의 빨간 광고문이 붙어 있음을 알아챘다. 어제도 여기에 있었나? 대니 터네글리아의 머리 부분이 찢어졌다. 낙엽은 사라졌다. 특별한 모습들

그림 4.3 요크 거리 교차로, 윈야드, 오전 7:30, 2013년 12월 4일, 촬영 데이비드 비셀

이 어제는 하지 않았던 방식으로 이 장면을 강조하고 있다. 이 사진을 찍은 후에 나는 어제 본 하얀 운동화를 신은 고동색 머리의 여성을 알아차렸다. 이것을 깨달았을 때, 내 관심은 무의식적으로 내가 기억하고 있는 사람을 찾는 게임에 빠져들었다.

3일째로 이동. 나는 이제 잘 눈에 띄지 않은 이 통근 공간에 6시간 이상 서 있다. 나는 사람들이 버스에서 내리고, 길을 건너는 모습을 계속, 계속, 계속 보고 있다. 그러나 이 각각의 계속되는 반복은 매번 새로운 무언가와 연결된다. 각각은 그 전 사건을 기반으로 하고, 다음 사건에 영향을 미친다. 각 반복은 마지막 반복과 유사하지만, 아주 미세할지라도 새로운 상황이 일어난다.[41] 나는 다시 7시 30분까지 마지막 몇초를 센다. 셋 … 둘 … 하나 … 찰칵.

그림 4.4 요크 거리 교차로, 윈야드, 오전 7:30, 2013년 12월 5일, 촬영 데이비드 비셀

다른 사람들, 다른 자세, 다른 날씨. 비가 부슬부슬 내리고, 공기는 시원하다. 이 공간은 변화했다. 보행로와 길은 무광택 회색이라기보다 지금 은색으로 빛난다. 단단히 접힌 우산이 이 장면에 방점을 찍는다. 나를 알아보는 한 여인이 나를 보고 의심스러운 웃음을 보냈다. 그리고 아주 뜻밖에 파란 셔츠의 남자가 나에게 다가왔다. 그는 나에게 매일 무슨 사진을 찍는지 묻는다. 허를 찔린 나는 통근 리듬에 대한 연구 과제를 진행하고 있다고 대답했다. "하루 종일 여기에 있어요?" 그가 물었다. "왜 이 교차로를 선택했나요?" 대답하려는 나의 심장은 빨리 경주하는 듯 뛰었다. 몇 분 후, 한 여자가 나를 따라 걷고, 잠시 주저하다가 다시 돌아와 물었다. "무단횡단 잡는 중이에요? 어제도 당신을 여기서 봤는데, 경찰도 저 아래에 있더군요." 잠시 후, 다른 남자가 다가와서 말했다. "이제 여기서 당신를 3일째 보고 있네요." 이건 질문이라기보다는 역정에 가까웠다. "일주일 동안 변화하는 리듬을 보고 있습니다." "아, 그럼 질적 연구인가요?" 그가 물었다. "네, 맞아요." "알겠네요." 그는 횡단보도를 신속하게 걸어갔다.

여기서 중요한 것은, 이러한 질문과 도발이 처음 2일간이 아닌 오늘 일어났다는 것이다. 이것은 미묘하지만, 이 공간에서의 욕망 분포가 변화한다는 것을 보여 준다. 이 공간을 매일 통과하는 통근자들의 관심으로 나의 존재가 유지되었다. 나는 이 공간의 기억의 일부가 되었다. 이 공간에서 나흘이 지난 후, 나의 현장조사는 끝이 났다. 장소를 찾는 월요일 아침의 흥분, 사진 찍는 첫날인 화요일의 긴장과 불안, 현장의 의심스러운 부분이 된 오늘이 이젠 떠난다는 가벼운 슬픔으로 변했다. 그러나 나는 결코 떠나지 않을 것임을 또한 알고 있다. 여기에 있었다는 것은 참여하고 감각할 수 있는 나의 역량이 적게나마 바뀌었음을 의미한다. 이 실험은 나를 지나간 통근자에게 질문을 던지게 하고, 강한 흥미를 가지도록 하고, 즐거움을 주고, 이해할 수 없도록 작은 부분이지만 변화시켰다. 또한 실험은 그 공간을 작지만 바꾸었고, 그 기억의 한 부분이 되었고, 이 기억은 내가 이 공간을 지나칠 때마다 나의 감각에 영향을 주는 기억이 되었다.

다층적 지속들

통근하는 사람들은 움직이고, 공간은 정지되어 있다고 상상하기 쉽다. 이 이해는 여전히 영향력을 발휘한다. 모빌리티 이론가인 케빈 한남Kevin Hannam과 그 동료들은 이동하는 사람과 물체는 움직임을 발생시키기 위해 상대적으로 고정된 하부구조의 복잡한 배열이 필요하다고 설명한다.[42] 그러나 시간 경과 실험이 보여 주듯이, 행위에 대한 정적인 컨테이너 영역으로 공간을 이해하면 공간 그 자체가 훨씬 더 변화할 수 있다는 사실을 간과하게 된다. 윈야드의 통근 공간은 항상 변화하고 있어, 영구적인 "본질"을 갖지 않는다. 사진 그 자체가 사람들의 주목을 끌었고, 일련의 고유한 강도의 반응을 일으키며, 그 시점에서 공간을 만들어 냈다. 지리학자 도린 매시는 공간을 더 역동적으로 생각해야 하는 가장 설득력 있는 주장을 제시

했다. 공간은 상호 관계와 작용의 산물일 뿐 아니라, "뚜렷한 궤적이 공존하는 영역"이라는 것이다.[43]

여기서 나는 센트럴 코스트의 집에서 시드니의 동부 교외 지역으로 통근하는 앨리스Alice와의 인터뷰를 떠올린다. 그녀의 통근은 도보, 버스, 기차, 그리고 다른 기차, 그리고 또 버스, 그리고 도보로 이어지는 6시간에 약간 못 미치는 구성이다. 그녀는 약 10년 동안 이렇게 통근했다.[44] 면접조사에서 보인 과거 통근 공간에 대한 그녀의 관심은 특이했다. "특히 초창기에는, 이 연결망을 건설한 엔지니어들의 훌륭한 업적에 감탄을 보내곤 했습니다. 그리곤 '어떤 불쌍한 사람들이 테이프와 나침반을 들고 여기를 지나가면서, 철로를 어디에 놓을지 고민했겠군'이라고 생각했죠. 그리고 그것은 무신경한 선택이 아니었어요. 그들은 실제로 최고의 경관을 보여 주는 길을 선택했죠. 그것은 단순히 경사만의 문제는 아닙니다." 여기서 중요한 점은 엘리스의 추억이 어떻게 그녀가 기억하는 다양한 과거에 영향을 미치는지이다. 그것은 시간성의 선형적인 감각을 혼란시킬 뿐만 아니라, 공간의 다양성을 상기시킨다.[45]

앨리스는 말했다. "알다시피, 사는 것은 흔적을 남기는 것이다. 모든 곳에는 흔적이 남아 있죠." 앨리스는 그 공간에 대한 감각을 강화시키는 데 도움을 주는 이러한 흔적의 존재에 민감하게 반응했다. 그녀는 사람들이 이러한 흔적이 보지 못하는 것이 우려스럽다. 이는 어떤 사람들은 잠재적으로 "그들의 장소 감각을 상실"하고 있다는 의미이기 때문이다. 도린 매시가 말했듯이, 점진적으로 발전하는 장소 감각을 개발하는 것은 어떤 완결체가 존재할 수 있는 것처럼 모든 기간의 변화를 다 아는 것이 아니다. 우리는 항상 부족한 결핍의 순간에 놓여 있기 때문에 그것은 불가능하다. 대신에, 그것은 "적어도 동시대의 다중성에 대한 감지"를 유지하는 것이다.[46]

앨리스는 많은 통근자들이 이러한 유산을 알아차리지 못한다고 생각한다. "기차역에서 열차를 기다리면서 사람들에게 수없이 말했어요. '이곳을 지은 건축가는 독특한 유머 감각을 가진 거 같아요.' 그러면서 '저기를 자세히 보세요. 그리고 저쪽도 살펴보세요'라고 말이죠. 그러면 사람들은 '어머 정말 재미있네요'라고 하죠. 사람들은 알아차리는 거죠. 그들은 그곳에 서 있지만 보지 못하기 때문에, 누군가가 무엇을 보아야 할지 상기시켜 줘야 하죠." 관찰력이 그렇게 좋지 못한 사람들에게 그녀가 느끼는 좌절감은 마르크 오제Marc Augé의 파리 지하철 통근자가 각 역의 특정 역사에 영향을 받지 않는다는 주장과 이어진다. 통근자들은 "그들 일상의 긴급함에 쫓기거나, 지도나 혹은 그들이 가려는 목적지에 사로잡혀서, 예상보다 조금 일찍 혹은 늦게 도착한다는 사실로 변화하는 개인들의 빠른 흐름으로만 나타난다."[47] 오제는 이런 목표지향주의적 태도가 통근자들이 도시를 효과적으로 "놓치는" 터널 효과를 창조한다고 서술한다.[48]

그러나 공간의 여러 시간의 지속은 반드시 그렇게 의식적인 방식으로 작동하는 것은 아니다. 철학자 베르나르 스티글레르Bernard Stiegler는 개인의 삶의 영역을 초월하는 기술적 환경은 미묘한 방식으로 우리 경험에 영향을 미치는 그 고유의 작용을 가진다고 설명한다.[49] 인간은 우리의 그 경험이 우리의 인지 여부에 상관없이 몸의 외부에 존재하는 기억의 형태로 구성된다. 스티글레르는 이 경험들이 어떻게 "보관되는"지 그리고 이러한 기억이 작동되기 위해 우리의 의식적 관심을 기다리는 불확정한 존재가 아니라는 점에 관심을 가진다. 이 기억들은 덜 의식적인 방식으로 우리의 경험을 변형시키는 제 선택의지를 갖는다. 통근 관행의 맥락에서, 여기에는 시드니 파워하우스 박물관Powerhouse Museum 및 운송 관련 유물 같은 기록물이 포함될 수 있지만, 통근 관행이 어떻게 공간에 흔적을 남기는지 대한 기억과 그러한 흔적이 어떻게 우리에게 작동하는지에 대한 기억도 포함된다. 나는 윈야드의 보행자 교차로에서, 도로 표면 위로 끊임없이 자동차들이 지나가고 그 행렬이 두 개의 선명한 선을 길 위에 남기는 것을 보았다. 나는 이 요크 거리의 그 바퀴 자국을 관찰한 경험이 어떻게 자동차로 아주 살짝이라도 그 바퀴 자국을 더하게 되고, 그러면서 "비개인적인" 기억에 동참하는 과정이 되는지를 상상했다. 신체적인 무의식을 통해, 스티글레르의 기억을 빌려 오자면, 이러한 '제3의 기억'이 차이를 만들어 낸다. 도로 및 타이어 기술은 작은 방식으로 이 통근 공간의 한도를 형성하고, 이전 통행의 흔적이 미래 경험의 기반을 제공한다.

결론

우리의 신체적인 이동 경험은 하부구조와 밀접하게 관련되어 있다. 건축양식은 신체의 움직임뿐만 아니라 신체의 감각과 감정을 가능하게 하거나 제한하여 물리력이 어떻게 미묘한 방식으로 공간을 조작할 수 있는지 보여 준다. 예를 들면, 피터 애디는 공항 건축가들이 공항의 여러 공간에서 그가 '정서적 기술affective techniques'이라고 부르는 것을 사용하여 보안 또는 상업적 논리에 따라 무의식적 행위나 정서적인 반응을 유발하는 방법을 설명한다.[50] 여기서 그가 강조한 것은 영향을 줄 수 있는 공간의 물질적인 능력이다. 표면, 조명 및 위치는 사람들의 행동을 지시하여 특정 감정을 강화하거나 혹은 다른 감정을 누를 수 있다.

그러나 통근 공간은 공항과 다르다. 이 공간들은 이러한 공간의 힘을 다르게 생각하도록 우리를 유도한다. 멜이 지적했듯이, 모든 통근은 다층성을 가지며, 인도, 횡단보도, 버스 정류장, 자동차 내부 및 플랫폼을 포함하는 일련의 다양한 공간을 포함한다. 공항은 건축가와 설계자에 의해 상당 부분이 규정될 수 있는 "전체" 환경인 데 반해, 통근을 구성하는 도시 공간은 그 다양성으로 인해 훨씬 더 복잡하다. 어떤 통근 공간은 높은 수준의 공학 기술이 적용되어 있다. 예를 들어, 나이절 스리프트는 무의식적인 신호가 어떻게 차량 디자인에 활용되어 좀 더 쾌적한 환경을 만드는지를 설명한다.[51] 그러나 민영화되지 않은 다른 통근 공간은, 그 공간에 대해 권리를 주장할 수 있는 기관과 개인들의 범위 때문에 이러한 공학 기술 적용이 더디게 일어나기도 한다.

통근 공간은 새로운 유대감을 포함할 수 있는 신기술로 다시 변화하고 있다. 이러한 새로운 "코드 공간"은 인간 중개인이 필요 없는 종종 자동화된 방식으로 수행되기 때문에, 이러한 공간의 영향에 대한 우리의 이해는 불안정하다.[52] 또한 스마트폰이나 태블릿의 실시간 위치 인식 기술은 누가 이러한 혜택에서 제외되었는지에 대한 질문을 제기한다. 우리는 통근 공간의 지배적인 힘이 무엇인지 추측할 수 있다. 이러한 공간에서 광고가 강화되는 것은 상업화를 확대한다. 그러나 이 장에서 설명했듯이, 통근 공간에 작동하는 힘의 범위는 가장 강력한 힘의 작동으로 축소되어서는 안 된다. 이는 앤 크로닌이 광고가 실제로 그 제작사에서 의도한 대로 작동하는지의 여부를 질문하면서 지적한 부분이다. 그녀는 이동하는 공간에서 우리가 어떻게 광고를 만나고 지나치는지를 생각해 보면, "광고 메시지가 원래의 기호적인 일관성에서 벗어나 문자의 파편이나 색상이나 이미지의 스쳐 감으로 축소될 수 있다고 주장한다."[53]

이 장에서는 통근 공간에서의 조우가 중요하다고 강조했다. 도린 매시가 지적했듯, 공간은 주어진 것이나 설계사와 건축가에 의해 결정되는 것이 아니라 동시에 발생하는 다양한 경로와 과정의 창발적 효과로 더 잘 이해된다.[54] 다른 경로와 과정의 상호작용으로 인해, 아주 작은 변화일지라도 통근 공간은 항상 변화하고 있다. 이러한 공간들에서는 "위로부터"의 기술 공학의 결과로 축소될 수 없는 다양한 강도의 사건들이 생성되고 있다.[55] 이러한 사건들은 특정한 공간의 기억과 그 과거 경험이 어떤 통근자들에게 어떤 감정을 일으키는지와 연관된다. 통근자 자신의 개인적인 기억들이 그 공간을 통과하면서 엮여 이 반복되는 여정에 풍부함과 밀도를 더할 수 있다. 통근 공간은 그 공간에 대한 관할권을 가지고 관리하려는 기관 및 행정 당국의 역할만큼이나 통근자 각자의 소용돌이와 흐름에 의해 형성된다. 통근 행위에 대한 수동적인 이해와는 다르게, 통근 공간은 통근자들로 하여금 그들의 여정을 다르게 느낄 수 있도록 하는 잠재력을 발휘하는 역동적인 공간으로 볼 수 있다.

5장

열정의 목소리

움직이는 어조와 탁한 말하기

"말만 번지르르하고 실행은 없다." 야당 정치인들과 통근자들이 도시 교통 기반에 대한 정부의 투자를 평할 때 자주 사용하는 어구이다. 이는 시드니에만 한정된 일은 아니다. 장기 개발계획, 범위 설정 연구, 새로운 도로와 철도에 대한 약속의 형태로 등장하는 운송에 관한 모든 논의들은 6장에서 설명할 것처럼 실제화되는 데 오랜 시간이 걸린다. 대규모의 기반 시설 건설 사업에 대한 투자는 종종 연기되기 때문에, 정치권의 짧은 임기 안에서 더 먼 미래의 이익, 즉 불확실한 보상에 대한 투자는 그 매력을 잃는다. 따라서 도시 교통에 대한 정치인의 공약은 다소 의심스러운 것이 된다.

말하기는 종종 행동하지 않음과 너무 자주 동일시되긴 하지만, 이 장에서는 통근에 대한 말하기와 쓰기가 어떻게 수동적이지 않은 의미를 지니는지 설명한다. 친구와 함께 차례를 기다리며 나누는 유쾌한 대화,[1] 버스에서 낯선 사람들과의 긴장된 조우,[2] 기차에서 들려오는 시끄러운 통화 소리,[3] 교통 요충지에서 들리는 확성기의 안내 소리[4]까지, 다른 형태의 말하기는 서로 다른 능력을 가진다. 지리학자 캐서린 브릭켈Katherine Brickell이 제시한 것처럼, 말하기는 "다른 공간의, 그리고 다른 공간에서 의미를 불러일으키는 실천"이다.[5] 말하기는 단지 우리가 물건에 대해서 말하는 단어만이 아니다. 실제 말에서 상황이 변화한다. 통근에 대한 말하기 또는 글쓰기는 분위기를 결정할 수 있고, 안도감을 제공하기도 하고, 지시할 수도 있고, 위로할 수도 있다. 숨을 쉬도록 하고, 정리할 수도 있고, 시작 단계의 아이디어를 발전시킬 수도 있다. 통근을 말하는 것은 통근을 변화시킬 수 있다.

이 장은 통근을 말하는 다양한 방식이 어떻게 강력하지만 종종 간과되는 방식으로 통근을 변화시킬 수 있는지 살펴본다. 말하기와 글쓰기를 통한 소통 방식은 "저기에" 있는 객관적인 실체의 수동적이고 재현적인 반영은 아니다. 만약 말하기의 수행적인 면을 인정한다면,[6] 말하기의 실천은 어떻게 통근이 일어나고 경험되는지를 변화시킬 수 있는 적극적인 요소가 된다. 말하기와 글쓰기를 통한 통근에 의견 내기는 특정한 종류의 공간과 특정한 종류의 신체 경험을 만들어 낸다.

이 장은 세 부분으로 나뉜다. 우선 1절에서는 통근이 어떻게 보고되는지 살펴본다. 기자들과의 면접조사를 통해, 다양한 형태의 저널리즘이 통근이 경험되는 방식을 어떻게 바꾸는지 살펴보려고 한다. 우선 하늘로 가서 상공에서 교통을 살피며 통근자들의 경로 결정을 돕는 리포터를 만난다. 땅으로 다시 내려와서, 유력 일간지의 교통기자를 만난다. 그들은 통근자들에게 도시의 최신 교통 상황을 빨리 전달하고, 동시에 흥미로운 읽을거리를 제공한다. 다음으로는 도시 교통에 관한 블로그를 운영하여 학계와 정책 입안자들에게 중요한 정보를 제공하는 시민기자를 만난다.

2절은 전문기자단의 목소리에서 통근자 스스로 수행하는 일상적인 보고서로 이동한다. 신문사에 보내는 편지부터 SNS에 올린 글까지, 통근자들이 집과 직장에서 경험하는 일상적인 고함에서부터 통근 중에 발생하는 마음의 소리까지, 이 부분에서는 우리가 통근에 대해 이야기는 방식이 어떻게 좋든 나쁘든 우리의 경험을 바꾸는지를 살펴본다.

3절에서는 많은 도시의 통근 풍경 중 상징적인 부분인 운전 중 라디오를 통해 전문가와 통근자를 만나 보고, 이러한 매체가 어떻게 통근 중에 다양한 형태의 친밀감을 형성하는지 살펴본다.

교통 보고서

상공에서

M5 고속도로 상공을 맴돌며, 빅 로루소Vic Lorusso는 서부 시드니의 습기 찬 하늘로 오후 순례를 하고 있다.[7] 마이크를 들고 산업용 헤드폰 사이에 머리를 끼운 채로, 그는 TV 카메라를 향해 시드니 운전자에게만 이해될 어휘를 구사한다. "트럭이 M5에서 전복되어, 리버플 고가도로 주변의 정체를 만들었습니다. 오늘 밤 M4의 서쪽 방향은 진행이 느리고, 애쉬필드까지 길게 줄이 늘어서 있습니다." 하이쿠와 같은 형식적 표현들은 헬리콥터의 날카로운 날개 소리로 더 극적으로 변한다. TV 및 라디오 교통정보는 오랜 시간 동안 시드니 통근 풍경의 핵심 부분이었다.[8] 실제로, 수개월의 면접조사를 위해 도시 곳곳을 여행하며 이 저녁 피크 시간의 지친 분위기 위로 겹쳐지는 헬리콥터의 윙윙거리는 소리를 잘 알아듣게 되었다.

문화학자 캐런 카플란Caren Kaplan은 지평선 위로 올라간다는 것이 어떻게 특권 있는 지식과 권위를 생산하는지 적었다.[9] 이런 관점에서, 하늘에서의 시야가 어떤 종류의 지식을 발전시키고, 시드니를 통근하는 사람들에게 어떤 권위로 다가가는지를 알고자 했다.[10] 항공기의 이동성과 보도의 조합에 궁금증을 느끼며, 빅의 직장인 시드니 남서쪽에 있는 뱅크스타운Bankstown 공항으로 향했다. 빅을 만난다는 사실이 흥분됐다. 거실 TV에 떠오른, 헬리콥터에서 교통정보를 전달하는 모습은 처음에는 시대착오적으로 보였다. 교통 상황 정보가 스마트폰 앱으로 전해지는 디지털 시대에 헬리콥터라니. 그러나 알게 될수록, 빅의 회사는 매일 시드니를 차로 가로질러 다니는 수천 명의 통근자들에게 공감과 위안 및 정보의 조합을 제공하고 있었다.

"실제로 많은 사람들이 우리에게 의지하고 있습니다." 그의 사무실에서 대화를 시작할 때 빅은 이 점을 명확히 알려 주었다. 빅은 교통정보에 열정적이며, 자기 직업에 대한 자부심이 가득하다. 그는 12년 전 학교를 졸업하고 바로 취직했으며, 시드니에서 유명인이 되었다. 그의 얼굴은 그의 표현에 따르면 "비행 뉴스룸"을 통해 매일 아침저녁으로 시드니 전역의 텔레비전으로 전파된다. 왜 거실에 있는 사람들이 교통 뉴스를 보느냐는 질문에, 그는 "사람들은 지금 무슨 일이 일어나는지 알고 싶어 합니다. 만약 남편이 집으로 오는 길이 막힌다면, '지금 M4에 있어서 오늘 늦겠네.'라고 하는 거죠."

지리학자 폴 심슨Paul Simpson은 소리의 상징적 부분(우리가 정보로 인지할 수 있는 부분)은 소리가 우리에게 줄 수 있는 영향의 일부분에 불과하다고 설명한다.[11] 나는 빅을 만나기 전에 대기실 끝 매우 낮은 소파에 앉아서 심슨의 논의를 떠올렸다. 몇 분마다, 짧은 교통정보가 침묵을 깼다. 인접한 방 중 하나에서 특유의 교통 소식을 전달했기 때문이다. 그곳에서 그 정보를 들으면서 내가 감지한 것은, 언어학자 주디 델린Judy Delin이 언급한 대로 도로 상황에 대한 실제 설명이 아니라 발음의 상승과 하락 혹은 논평의 "운율이 맞는 '선율'"이었다.[12]

그 선율 속에서 익숙한 도로의 이름을 알아듣고, 그 보도가 캔버라Canberra의 도로 상황에 대한 것임에 놀라고, 잠시 내 고향의 일상이 지속되고 있음을 떠올렸다. 나는 이 겸손한 공항 건물이 오스트레일리아의 모든 라디오와 텔레비전 방송국 정보를 수집하고 보급하는 허브, 전국 교통의 신경중추임을 깨달았다. 빅이 나중에 설명했다. "우리는 모든 데이터 채널을 기자들에게 실시간으로 전달합니다. 이블레이Eveleigh의 교통관리센터에서 우리 교통 리포터들이 일하고 있고, 그들은 모든 카메라를 지켜보죠. 또 청취자, 기록 장치, 공식적·비공식적 인터넷 정보 수입 시스템 등 모든 소셜 미디어 피드를 모아서 전국적 교통 데이터를 업데이트합니다. 그래서 현재 진행되는 모든 일을 따라갑니다. 지금까지 전국에서 가장 빠른 사고 전달 시스템을 가지고 있으며, 지금 무슨 일이 일어나는지 알고 있습니다."

"현재 무슨 일이 일어나든지"라는 말에서 빅의 조직이 운영되는 실시간 방식에 대해 알아차릴 수 있다. 나는 그에게 매일매일이 어떨지 예상할 수 있는지 묻는다. 그는 창문을 가리키며, "오늘은 날씨 때문에 끔찍한 하루가 될 겁니다. 그래서 채널 7번 헬리콥터가 곧 올라갈 것이고, 저는 5시 전에 올라가겠죠. 우리는 올라가기 전에 오늘 무슨 일이 있을지 꽤 많이 예측할 수 있습니다." 그러나 교통 변화는 예측하기 어렵다. 빅은 자기 직업의 극적인 측면을 강조한다. "상황이 변화하고, 교통이 달라지죠. 무언가가 꽝 하고 터지면, 일찍 일어나서 그 일을 합니다. 그래서 우리가 어디로 가는지 잘 몰라요. 기계 앞에 앉을 때까지 저는 절대로 예측하지 않습니다." 3장에서 묘사한 초를 다투는 통근자들의 예리한 시간 감각과 마찬가지로, 비슷한 시간 감각이 그의 보도를 특징짓는다고 그는 강조한다. "비록 몇몇 라디오와 텔레비전은 방송되기 몇 분 전에 미리 녹화되기는 하지만, 모든 것은 생방송이고, 모든 부분은 정확한 시간에 맞춰진다."

나는 특히 빅이 시드니 통근자들에게 갖는 깊은 연민에 놀랐다. 우리 대화의 초반부에 그는 말했다. "통근자들이 제일 안타깝습니다. 그들은 매일 끔찍한 교통 체증을 만나고, 우리는 그들의 닻의 일부로 그곳에 있으려고 노력하죠." 이러한 동료애는 정보 전달가의 실무적 업무를 넘어서는 것이다. "우리는 일관성 있게, 익숙한 목소리로 그들과 함께 통근하는 것처럼 그곳에 있으려고 노력하죠." 사람들의 근무가 기분을 좋게 하는 일과 점점 더 연관되고 있다고 주장하며 '감정노동emotional labor'[13] 개념을 만든 앨리 혹실드Arlie Hochschild의 주장과 유사하게, 빅은 감정적 동반자 역할을 강조했다. "우리의 초점은 청취자들을 빨리 빠져나오도록 도와 집으로 보내는 것입니다. 할 수 있다면, 우회로를 제시하고, 약간의 오락거리를 제공하면서 그들을 교통정보 보도에 끌어들입니다. 이것이 우리의 전체 목표입니다."[14] 그는 이 공감은 직접 도시를 운전하면서 더 커진다고 했다. "그때 가장 혼잡한 시간대에 운전해야 했고, 그건 정말 끔찍하고 스트레스 받는 일이었죠. 저는 혼잡한 시간대에 일을 하기 때문에, 그 시간에는 거의 운전을 안 하죠. 그래서 더 끔찍했어요. 그리고 생각했죠. '와, 사람들은 이걸 매일 하는구나.' 그래서 이 길에 대해서 다시 생각해 봤죠. 나는 지금 내가 항상 언급하는 그 길에 있구나." 그의 표정이 조금 어두워졌다. "실제로 그것을 느끼고 경험하니, 그곳에 앉아 있는 것만큼 끔찍한 일이 없었죠. 재미도 없고요. 아시다시피, 사람들은 매일 그곳에 앉아 있죠. 그래서 우리는 사람들이 겪고 있는 일에 대해 어느 정도 안타까움을 느낍니다."

최근 상공에서 촬영된 그의 교통 방송을 몇 번 보며, 빅의 인기를 느낄 수 있었다. 그는 교통정보를 전달하면서 에너지를 발산한다. 그의 열정은 확실히 다른 사람들을 즐겁게 만든다. "친구들이 전화를 걸어 묻곤 하죠. '나 지금 M5에 갇혀 있는데, 어떻게 해야 해?' 그럼 저는 집에 있지만 이렇게 말하죠. '지금 집에 있지만 확인해 볼게.' 우리 기자들은 모두 많은 사람들에게 알려져 있고, 마을에서 개최되는 쇼에 참석합니다. 우리는 교통 안내자죠." 통근자들이 그에게 느끼는 친밀감은 며칠 전 있었다는 일로 쉽게 이해되었다. 그는 슈퍼마켓에서 누군가와 마주쳤다. "그 사람이 말했어요. '오, 내 위를 날아다니는 사람이군요. 내가 저번에 사고가 났는데. 페넌트Pennant

에서 난 그 사고 기억해요?' '네, 생각나는거 같아요.' 저는 사실 기억나지 않았어요." 그는 솔직하게 말했다. "나는 빨간 승용차에 타고 있었고, 당신은 그 위를 날고 있었죠. 그래서 내가 손을 흔들었어요.' 그렇게 우리는 같이 있었던 거죠. 사람들은 우리가 하늘에 있으면서 그들을 돕는 걸 보죠."

이 일을 17년 동안 했다는 빅에게 그가 발견한 전문지식에 대해 물었다. 그의 관점에서 볼 때 시드니의 교통량은 변화했는지 같은 문제이다. "사람들의 운전 습관은 바뀌었나요?" 빅은 곰곰이 생각하더니 "바뀐 거 같아요."라고 했다. 그의 평가는 좀 더 명확해졌다. "우리는 시드니가 매년 악화되고, 악화되고, 악화되고, 악화되는 걸 봅니다." 말의 반복은 감정을 더 고조시키는 것 같았다. 그는 아침 교통 흐름에 일어난 차이를 들어 설명했다. "제가 처음 보도를 시작했을 땐 매일 아침 6시에 M5로 내려갔습니다. 그리고 리버풀 근처에서 교통 체증이 시작되는 걸 보았죠. 지금은 6시가 되면 캠벨타운 Campbelltown에서 약 2킬로미터 떨어진 곳까지 자동차가 늘어선 모습을 볼 수 있죠." 도시의 남서부 교외 지역의 확대 때문이다. "교통 체증이 심했던 15년 전에도 우리는 그곳에 있었습니다. 지금은 끔찍하죠." 그는 교통 보도가 계속되는 것이 얼마나 중요한지 강조했다. 시간적인 변화도 있었다. "지금은 피크 시간이 5시부터 시작됩니다. 예전에는 6시, 그전에는 7시였는데 말이죠. 사람들은 이제 너무 시간이 없고, 시간관념이 강합니다." 교통 패턴은 꽤 유사하게 남아 있지만, 유명한 간선도로 주변 정체가 심해지고 있다는 사실이 흥미롭게 느껴졌다. "지연의 중요한 부분은 남서부에서 더 먼 서쪽까지 간선도로가 확장됐기 때문이죠." 그는 이것이 도시의 주택 가격 상승과 관련이 있다고 했다.

흥미로운 통근 만들기

신문은 이 연구 과제에서 두 가지 역할을 수행한다. 한편으로, 신문은 내 현장연구의 열쇠였다. 나는 도시에서 가장 큰 일간지 광고란에 "스트레스 받는 통근자"를 찾는 작은 광고를 실어, 직장으로 오가는 길에 신문을 읽는 사람들의 관심을 끌려고 했다. 다른 한편으로, 뉴스 미디어는 도시 교통 뉴스의 지속적인 정보원이다. 신문을 통해 처음으로 도시 통근자들의 불만을 알게 된 것을 비롯하여, 지난 3년간 현장연구를 진행하며 변화하는 교통 상황을 알게 된 수단이 신문이었다. 예를 들면, 오팔 스마트카드의 출현에 대한 뉴스 같은 것이다. 나는 종합 일간지의 교통 전문 기자를 만나서, 도시의 통근 생활 형성에 신문이 하는 역할을 물었다.

스티븐Stephen과 나는 보안 검색대를 통과하는 삑삑 소리가 이어지는 항구 옆 신문사 사무실의 반짝이는 로비에서 만났다. 커피를 마시며, 그는 자신이 4년 넘게 교통 쪽에서 일하고 있다고 밝혔다. 이는 신문사 내에서는 상당히 긴 기간이라고 했다. 그는 이 일의 장점에 대해, 주제와 사람들 그리고 그들이 포괄하는 맥락에서 "무엇이 중요하고, 어떤 점이 새로운지"를 아는 것이라고 답했다. 그는 4년 동안 축적해 온 전문성으로 정부의 보도자료에 의존하지 않고도 새로운 기사를 찾을 수 있는 자신감을 얻었다고 했다. 내 전문 분야인 통근자의 괴로움과 관련된 이야기의 반복적인 성격과, 그가 느끼는 흥미로운 뉴스를 쓰는 데 요구되는 뉴스 가치의 기준 사이의 긴장이 흥미로웠다. 이 긴장이 그의 전문적인 주관성에 스며들어 있는 것처럼 보였다.

문화이론가인 시앤 응가이Sianne Ngai가 쓴 것처럼, "흥미로운 것"으로 판단되기 위해서는 중요한 수행적인 측면이 있다. 왜냐하면 이것이 그것을 흥미롭게 만드는 첫걸음이기 때문이다.[15] 어떤 통근 관련 이야기가 뉴스가 될 수 있는지 없는지를 선택하는 스티븐의 평가에서는 '흥미롭다'는 단어가 끊임없이 등장했다. "신문에서 전달해야 하는 핵심적인 사항이 여전히 많습니다. 많은 사람들이 여전히 신문이나 신문 웹 사이트에 의존하여 기본적인 사실을 전달 받기 때문이죠." 운임 변경, 버스 고장 등 빅이 상공에서 제공하는 뉴스와 유사한 정보가 그것이다. 실천적인 측면에서 스티븐의 사회적 책임은 명백하다. "우리는 언론인이고, 비록 이런 기사로 언론상을 받지는 못할지라도 그런 정보를 얻어야 하죠." 그는 미소를 지으고 덧붙였다. "오팔카드에 대해선 너무 많은 이야기를 썼어요. 더는 쓸 수 없을 만큼!" 교통정보와 소셜 미디어가 현재 일어나는 일에 대해 거의 실시간 논평을 제공한다면, 뉴스 미디어의 기사는 더 긴 시간대에 걸쳐 발생하는 다른 성격의 통근자 논평이라고 스티브는 설명한다.

도시 통근자의 좌절감에 두드러지는 고유한 특성은 스티븐의 직업의 생명선인 동시에 직업적 위험 중 하나이다. "사람들은 그들은 그래야 하는 것처럼, 시드니 교통에 대해 항상 비난합니다. 이는 항상 사람들에게 좌절감을 심어 주죠." 그러나 이것은 그 자체로 뉴스거리가 되지 않는다. 미디어 이론가 다야 투슈Daya Thussu가 말한, 언론인이 새로운 방식으로 청중을 사로잡아야 한다는 압력이 '인포테인먼트infotainment'라는 새로운 장르를 발생시킨다는 주장이 떠오르는 대목이다.[16] 스티븐은 소위 흥미로운 주제가 될지 말지 여부를 결정하는 긴장 속에서 어떻게 살아가는지 설명한다. 그는 "불평이 충분히 재미있거나 나쁜 소식일 때, 즉 주제가 기사가 될 정도로 충분히 흥미로울 때"를 포착한다. 버스에 대한 고질적인 좌절감을 경험하는 사람들에게 공감하지만, "늦게 오는 버스에 대해 기사를 써야 하지만, 모든 늦게 오는 버스에 대해 쓸 수는 없다. 그건 불가능하다."

통근 이야기를 기사화할 정도로 흥미롭게 만드는 것은 무엇인가? 4년간 수행한 교통 전문기자 역할은 그의 감각적 척도를 날카롭게 만들었다. "내가 흥미를 느끼는 건 다른 사람들도 흥미를 느낄 거라고 생각하기 때문에, 그걸 씁니다." 그는 두 번째 항구 지하철도터널 계획안 같은 도시계획 사례를 언급했다. 스티븐의 척도는 기사에 대한 지역적 관심이다. 그는 새로운 프로젝트에 대한 미디어의 보도를 바라는 도시 전역의 교통 커뮤니티 그룹의 중요한 연락 창구 역할을 한다. 그러나 지역의 관심이 아무리 중요해도 "더 넓은 청중을 상대로 글을 써야 하기 때문에, 너무 지역에 국한되는 것은 조심해야 합니다. … 기준은 그 주제가 직접적인 관련이 없는 사람들에게도 흥미로운가, 원칙이나 선례 문제가 있는가, 혹은 특별히 충격적인가"이다.

"흥미"로운 주제에 대해, 스티븐은 지난 8년간의 기자 경력을 통해 미디어의 기조가 어떻게 변화했는지 들려주었다. 그는 현재 언론 매체가 직면한 어려움을 지적하면서, 같은 회사의 자매지인 타블로이드 신문은 그가 기자 일을 시작했을 때에 비해 직원 수를 3분의 1에서 4분의 1 정도로 줄였다고 했다. 즉, "적은 인원으로 더 많은 내용을 작성할 수 있게 되었고, 때문에 각 기사 작성에 주어지는 시간은 더 짧아졌다"는 것이다. 조나단 크레리Jonathan Crary의 24시간 연속 뉴스에 대한 욕구 연구와 유사하게,[17] 스티븐은 퇴근하는 통근자를 대상으로 한 온라인 기사를 어떻게 작성하는지 묘사한다. 특정 기사의 온라인과 오프라인 버전 간에도 상호작용이 있다. "첫 번째 마감을 아침 11시까지 하고, 그 다음에는 그 기사를 사람들이 통근하면서 스마트폰으로 읽을 수 있게 만들어야 합니다. 오후 5시에 쓴 기사는 다음 날 종이신문에 실리게 됩니다."

통근자들을 상대로 신의를 쌓는 것은 분명히 스티븐의 중요한 역할 중 하나이다. 이 관계는 부분적으로 상업적 관심에 기인하고, 이는 독자들에게 온라인 신문 기사 하단에 (열정이 담긴) 의견을 남기라고 독려하는 것으로 명확히 표현된다. 이 독자 섹션을 "재미있는 짐승"이라고 농담 삼아 부르면서, 스티븐은 일부 댓글을 읽는 것은 상당히 짜증스러운 경험임을 인정한다. "경영진은 사람들이 기사에 머무는 시간이 길어져 좀 더 많은 기사에 댓글이 달리기를 바랍니다. 다 광고 수익 때문이죠." 동시에 독자 댓글은 스티븐이 기사 작성을 위해 만날 "실제 사람들"을 찾는 곳이기도 하다. 갑자기 이 댓글의 가치가 떠오른 듯, 그는 "제 모든 기사에 댓글 기능을 달아야겠어요!"라고 했다.

흥미로운 부분은, 스티븐이 이 복잡한 통신 매체를 언급하면서 서로 다른 종류의 논평이 어떻게 상호 연관성을 갖는지 설명한 대목이다. 예를 들어, 그는 트위터 같은 소셜 미디어의 사용을 꺼리지만, 대중의 정서를 진단하는 데 그것이 어떻게 유용한 지표를 제공하는지 안다. "소셜 미디어는 상황에 대한 실시간 피드를 받는다는 점에서 중요합니다. 기사를 퍼트리는 데 사용하거나 각 이슈에 대한 사람들의 반응을 감지할 수 있죠." 또, 블로거도 도시의 교통 수송에 관한 보고에서 중요한 주체가 되고 있다고 인정했다. 다만, 이 평론가들은 그의 정보에 기댄다. "제가 기여하는 바는 새로운 정보를 발견하는 것이고, 블로거들은 원하면 이를 블로그에 올릴 수 있죠."

통근 시민의 저널리즘

통근에 관한 논평은 온라인 매체를 통해 크게 증가했다. 한때 인쇄 매체가 도시 교통정보의 주요 원천이었으나, 이제는 인터넷이 새로운 종류의 "시민기자"를 창출했고, 그들의 목소리가 논평의 성격을 확대하고 있다.[18] 밤불Bambul은 지난 4년 동안 가장 흥했던 교통 블로거 중 한 명이다. 이 과제를 연구하면서 그의 블로그를 찾았고, 도시 통근 문제에 관한 정책에 이렇게 박식하게 비판할 능력이 있다는 사실에 감탄했다. 매주 이 블로그를 방문해 업데이트를 확인하는 것이 내 연구 일정이 될 정도였다.

어느 무더운 여름 오후, 태즈먼Tasman 바다가 내려다보이는 그의 교외 작업장에서 그를 만났다. 밤불은 도심과 외곽 양쪽에서 다 살아 본, 도시의 많은 지역에 대한 지식이 풍부한 '시드니사람ydneysider'이다. 일반적으로 어떤 주제에 대한 타인의 열정이 어떻게 생겨났는지 예단하기 어렵지만, 밤불의 도시 교통에 관심이 어떻게 생겼는지는 즉각 알아챌 수 있었다. "나는 일반적으로 사물의 움직임에 관심이 많죠. 사람들의 대량 이주나 발전소에서 전기를 각 가정에 보내는 방식 같은 부분이요." 그의 이동에 관함 관심은, 좀 더 추상적인 의미에서 나의 관심과 닮았다. 밤불에게는 2010년 멜버른의 도시 개발 책임자가 한 TED 강연을 시청한 것이 전환점이 되었다. "보통 살면서 잘 일어나지 않은 경우지만, 실제로 그 비디오가 제 인생을 바꾸었다고 말할 수 있어요. 그건 정말 제 안의 무언가를 일으켰어요! 그때부터 정말로 많은 정부 보고서를 읽기 시작했고, 무언가를 기록하는 방법으로 블로그를 사용하기 시작했죠." 블로그는 기자 친구가 추천해 준 방법이었다.

종합 일간지 기자와 나눈 대화를 떠올리며, 밤불과 다른 미디어의 관계에 대해 질문했다. 그는 "정말 상세한 정보가 담긴 정부 보고서"와 "큰 그림을 보여 주지만, 자세한 세부 사항은 다루지 않는 3백 자분량의 신문 기사" 사이의 큰 차이를 감지한다고 말했다. 그는 여전히 언론에서 많은 정보를 얻지만, 선정주의적 기사는 "때로 특정 주제를 미화한다"고 비판했다. "저는 일반인이 접근할 수 있는 좀 더 세부적인 것을 원했지만, 도시 교통계획을 이해하기 위해서는 학위가 필요하다는 말이 과장은 아니었죠." 밤불은 복잡한 도시 교통정보를 일반 독자가 이해할 수준으로 바꾸기 위해, 스스로를 "시민기자"로 여기고 기존 인쇄 매체의 특징으로 알려진 독단주의와 뉴스미디어의 인포테인먼트 추구 경향을 비판하면서 균형 잡힌 시각을 제공하기 위해 노력한다.

밤불이 현재까지 4년 동안 블로그를 운영했다는 점이 특히 인상 깊었다. 교통 기자인 빅의 전문성이 시간이 쌓이며 개발된 것처럼, 밤불에게도 그의 활동에 변화가 있었는지 물었다. 그는 웃으며 대답했다. "가끔씩 이전 게시물을 다시 읽어 보면, 다른 사람들을 비난하는 일을 제가 하고 있었다는 걸 알게 되죠." 나는 그에게 무슨 뜻이냐고 물었다. "예전에 비해 내 견해를 피력할 때 조금 더 조심스러워졌다고나 할까요. 최근에는 좀 더 공평한 입장을 견지하려고 해요." 나는 이러한 변화가 독자들의 반응과 관련이 있다는 사실에 놀랐다. "블로그에 글을 올리기 전에 다시 읽어 보고, '사람들이 이 글에 어떻게 반응할까'를 생각하죠. 나를 잔인하게 공격할까? 내가 말하는 내용에 논리적 공백은 없는가?' 이런 자세는 단어의 미묘한 변화, 좀 더 온건한 관점 유지, 그리고 "조금 더 정직해지는 것"으로 이어진다.

밤불이 온건한 태도를 견지하는 주제 중 하나는 도시의 열악한 운송 수단에 대한 대중적인 담론이다. "일반적으로 '도시의 교통 시스템을 조롱하는 것'은 실패하기 어려운 농담이죠. 어디를 가든지, 이 농담은 틀리지 않으니까요. 사람들이 모두 '환상적인 교통 시스템을 갖고 있다'고 칭찬하는 뉴욕이나 런던 같은 곳에 가더라도, 현지인들은 '지하철은 쓰레기야'라고 말하는 것을 볼 수 있어요." 그는 도시교통 시스템에 대한 사람들의 다양한 반응은 상황에 따라 크게 달라지는 경험 때문이라고 분석했다. 휴가차 그 도시를 방문했다면, 주로 도심에 머무르며 가장 혼잡한 시간을 피해서 교통 시스템을 이용할 수 있다. 이는 사람들이 일상적으로 경험하는 통근 경험과는 사뭇 다른 것이다.

사회학자 데이비드 비어David Beer는 블로그 같은 새로운 미디어의 특징을 "순환의 정치political of circulation"로 규정하는데, 이는 비어가 의미한 바를 넘어 블로거마다 각자 자신의 삶의 여정이 있다는 이야기로 이어질 수 있다.[19] 밤불은 새로운 뉘앙스와 중립적 태도로 태도를 바꾼 뒤 정기적으로 댓글을 다는 사람들이 증가했다고 했다. 예상치 못한 변화였다. 놀랍게도 "조금 시간이 흐른 후 소수의 사람들이 댓글을 달더니, 그들이 서로 대답하기 시작했습니다. 제 블로그가 단지 저에게 반응하는 곳이 아닌 진짜 소통하는 곳으로 변화한거죠." 그렇다면 밤불은 이 딜레마를 어떻게 파악하고 있을까. "논란에서 벗어나 있어야 할까? 아니면 나의 주장을 강하게 내세워야할까? 사람들의 생각을 바꾸려고 노력해야 할까? 아니면 그들에게 모든 정보를 주고, 그들이 스스로 결정하도록 해야 할까?" 그가 말했다. "저는 아직 제가 무엇을 하고 싶은지 모르겠어요." 그러나 이 불확실성에도 불구하고, 그의 독자층은 인상적이다. "제 블로그를 그림자 내각의 교통부 장관, 헤럴드 신문의 교통부 기자, 시드니 시의회의 교통 책임자, 그리고 다른 협회 사람들이 읽고 있습니다. 뉴 사우스 웨일스 대학교의 한 학자는 도시계획에 대한 강연을 하며 도입부에서 제 블로그를 추천하기도 했죠." 이런 상황은 그의 블로그가 가진 영향력을 생각하도록 만들었다. "반드시 많은 독자가 있을 필요는 없지만, 결정을 내리는 사람들이 읽게 만든다면, 사람들에게 실제로 영향을 미칠 수 있는 힘이 된다고 생각합니다." 이는 밤불의 블로그가 교통에 대한 다양한 의견을 표출하는 열혈 개인 사이트에서, 의사 결정권자가 경청하는 사람들의 집단으로 변한 기이한 진화를 보여 준다.

밤불의 블로그는 도시 통근 관련 토론에서 교육적인 역할을 수행하기도 한다. 그는 몇몇 사람들이 드러내는 통근에 대한 분노는 복잡한 시스템이 작동하는 방식에 대한 이해 부족에서 기인하며, 이를 개인적인 모욕으로 받아들이기 때문이라고 분석했다. "사람들은 그들의 좁은 관점에서 사물을 봅니다. 그들의 개인적 관점은 큰 그림을 볼 수 없게 만들죠. 사람들은 종종 자신들이 이해하지 못하는 부분에서 좌절감을 느끼죠. '왜 이런 일이 일어나지? 나한테 왜 이러는 거야?'" 이 시민 저널리즘은 도시 기반 시설의 구성을 더 잘 알 수 있다는 분명한 열정에서 시작되었다. 이 열정을 가장 잘 설명하는 것이 그가 현재 수행하고 있는 시드니의 교외 네트워크을 잇는 모든 역을 방문하는 "모든 역 도전 과제"이다. 이 과제는 "네트워크의 작동 방식, 열차 지연이 사람들에게 미치는 영향, 다양한 역에서 이루어지는 환승이 빠른지 느린지" 같은 지식을 요구한다. 진지함과 강렬한 궁금증의 혼합으로 그는 이 과제를 수행하며, 비밀 플랫폼과 감춰진 횡단보도를 발견하고 이를 통해 새롭게 얻은 지식을 블로그에 올린다.

고함지르기

절규

통근이 도시 생활에 미치는 영향을 연구 중이라고 하면, 그 어떤 주제보다도 봇물 터지듯 이야기를 풀어내는 사람들을 많이 만날 수 있다. 통근자들과 면접조사를 하다 보면, 가끔은 "통근 상담원"이라도 된 듯 경청하는 자세로 그들의 분노를 진정시키고 있는 나를 발견하게 된다. "당신이 이 연구 과제를 하고 있다니 너무 기뻐요." 한 여성은 면접조사를 마치며 말했다. 고통스러운 비밀이라도 고백한 것처럼 "어느 누구와도 이 이야기를 나눌 수 없었다"고 말한다.

모든 종류의 예상치 못한 곳에서 통근에 관한 이야기가 나온다. 나는 시드니에서 열리는 디너파티에서는 두 가지 중요한 대화 주제가 집값과 통근이라는 것을 배웠다. 통근에 관한 이야기는 온오프 포럼에서도 활발하게 논의된다. 편집인에게 보내는 편지와 온라인 신문의 교통 관련 기사의 댓글 외에도, 역에서 통근자에게 배포되는 무가지에는 통근 관련 불만을 분출하는 지면이 두 페이지나 된다. 여기에는 다른 통근자의 행동을 비난하는 분노의 목소리가 빗발친 다("서 있는 것에 대한 불만: 나는 기차에 오래 머무는 사람이 좌석을 차지 했으면 한다. 5분 후에 내리는 사람이 좌석을 차지하고, 40분 동안 서서 가는 것이 싫다").[20]

일부 통근자들을 상대로 면접조사를 하면서 통근 경험에 대해 언급이 그들이 이동의 긴장을 다루는 방식임을 알게 되었다. 1장의 자동차 통근자 앨런은 직장에 도착하면 곧잘 동료들에게 출근길에 있었던 사건에 대한 불만을 이야기한다고 했다. "회사에 가다가 가끔씩 불쾌하고 그런 일이 있어요. 아시겠지만, 브레이크가 말을 잘 안 듣는다던가 다른 사람이 저를 보지 못해 위험한 상황이 되거나 그런거요. 그럼 저는 회사에 도착해서 투덜거리는 거죠. 동료들은 그냥 '아 그래' 하죠. 그러다가 길에서 소리라도 지르고 회사에 도착하면, '악~' 하고요, 그럼 괜찮아져요." 이 장의 앞부분에서 다룬 더 많은 정보가 담긴 유익한 논평이나 교통 보도와 달리, 통근에 대해 이런 방식으로 소리 내는 것은 통근에서 마주친 사건이 쉬이 사라지지 않아 생기는 정신적 혼란을 다루는 방법과 관련이 있다. 앨런도 이런 소리침의 카타르시스적 효과를 분명 알았다. "가끔은 집에 도착해서도 소리를 지르죠. 그러면 정말로 마음이 차분해지고, 그 문제가 사라져요."

문학이론가 디나 알카심Dina Al-Kassim은 고함치는 사람은 그들 스스로의 말을 반드시 통제하지는 않는다고 했다. 고함은 "무계획적이고 불명확한 말"이고, "자신의 말에 압도되어 단어의 흐름 속에서 주제를 잃어버린다"는 것이다.[21] 심각하게 억울한 일을 경험한 뒤에 느끼는 이러한 감각은 앨런의 경우를 설명하는 데에는 적합하지만, 다른 사람들의 이야기는 좀 더 온화하다. 이너 웨스트Inner West의 집에서 파라마타까지 주로 자동차로 통근하는 프란체스카Francesca는 "동료들은 대부분 이 주변에 살고, 거의 비슷하게 통근한다"고 했다. 직장까지 유사한 경로를 공유하기 때문에, 조금 다른 방식의 통근에 대한 말하기가 발생한다. "몇 명은 저보다 조금 늦게 도착하죠. 그리곤 아시겠지만, '오늘 아침 그 사고 봤어?' 뭐 이런 종류의 이야기를 해요. 이건 오늘 아침 그곳에 도착했을 때 통근길이 얼마나 나빴는지 설명하는 거죠. 그렇게 3분에서 5분 정도 불평불만의 시간을 가진 뒤 '그래, 뭐' 하면서 '하루를 잘 시작해 보자'고 하죠." 이러한 일화 공유 의식을 통해, 프란체스카의 경험은 앨런의 경우보다 더 반복적인 상황이 된다.

사회학자인 마이크 마이클Mike Michael이 쓴 것처럼, 일화를 말하게 되면 문맥과 관계가 형성된다.[22] 일화를 말한다는 것은 무언가를 새로운 것으로 만드는 것이다. 프란체스카에게는 동료들과의 관계를 강화하는 경험이 될 수 있다. 그러나 일화를 이야기하는 것은, 특히 진부한 이야기의 반복은 다른 효과를 가져올 수 있다. 앨런의 고함이 긍정적인 효과를 가져오고, 프란체스카의 경우에는 좀 더 의식儀式의 의미가 있다면, 시드니 북서쪽 외곽에서 시드니 상업 중심지 바로 북쪽에 있는 직장까지 버스로 통근하는 로렌Lauren은 조금 놀라운 이야기를 들려준다. 그녀의 논평은 매우 다른 효과를 내는 것처럼 보인다. 그녀는 관점을 바꾸어, 누군가의 이야기를 들어야 하는 상황을 설명한다. 남편이 집에 도착하면, 그녀는 속으로 '나에게 말 시키지 마! 나는 알고 싶지 않아! 나를 내버려 둬. … 나를 혼자 있게 해 줘!'라고 생각한다고 했다. 그녀는 그런 기운 빠지는 일화를 듣고 싶지 않아서 통근 방식을 바꾸었다고 했다. "이것이 남편 차를 얻어 타고 귀가하다가 버스를 타기 시작한 이유입니다. 남편은 제가 차에 오르자마자 불평을 늘어놓곤 했죠. '나는 듣고 싶지 않아'인 거죠. 그래서 저는 모든 뒷골목을 돌아가는 버스에 앉아서, 이상한 사람들에게 둘러싸여, 그러고도 좀 더 걸어서 집에 옵니다. 그렇게 집에 도착해 보면, 그는 저녁 식사를 만드느라 바쁘죠. 그리고 상황이 역전돼서, 이건 좀 웃긴 부분인데, 이번엔 남편이 '말하지 마, 알고 싶지 않아'의 분위기를 풍기는 거죠." 철학자 주디스 버틀러Judith Bulter는 "항상 희소성이 희박해져 상투적인 것이 될 위험이 있다"고 언급하며 반복적인 공연의 불안정한 본질을 지적했다.[23]

아무에게나 말 걸기

최근 소셜 미디어를 통해 통근의 짜증 나는 경험을 이야기하는 사례가 늘고 있다. 어떤 사람은 소셜 미디어가 논평을 효과적으로 민주화함으로써, 1절에서 살펴본 기자와 언론인과 같은 "전문가의 목소리"에서 우리를 해방시킨다고 했다.[24] 그러나 사회학자 모니카 부셰Monika Büscher와 그 동료들에 따르면, 소셜 미디어는 새로운 방식으로 사건을 감지하고 파악하는 데 사용되며, 수많은 "민첩한 대중"을 만들어 낼 뿐이다.[25] 소셜 미디어 사용자들은 사건 발생 즉시 대응하고, 빅과 같은 교통정보 기자에게 즉각적으로 사건 상황을 전달한다. 이것은 여러 종류의 해설 사이에 복잡한 관계가 있음을 보여 준다. 통근자들이 구독할 수 있는 교통 관련 공식 피드가 존재하지만, #시드니도로상황, #도시철도 같은 해시태그로 사건을 접하는 통근자들의 논평이 점점 더 늘어나고 있다.

소셜 미디어는 사건의 발생과 병행하여 실시간 해설을 제공한다. 블루 마운틴과 시드니 사이를 매일 열차로 통근하는 클라라Clara는 오스트레일리아의 무더운 여름에 흔히 볼 수 있는 통근을 지연시키는 사건을 만나면 "곧장 트위터에 들어간다"고 했다. "몇 주 전에 작은 사건이 있었어요. 아주 뜨거운 날이었죠. 40도가 넘었어요. 선로가 모두 휘어서 어떤 열차도 들어갈 수 없었고, 센트럴 스테이션은 난리가 났습니다. 안전을 최우선으로 해야 한다는 건 알지만, 날이 덥다고 시스템 전체가 멈춘다는 건 조금 이해하기 어려웠습니다. 그래서 곧바로 트위터에다 그 사건에 대한 논평을 남겼죠. 많은 사람들이 시티레일CityRail에 대해 트위터를 하고 있었죠."

클라라의 논평에는 분명히 상징적인 차원이 존재한다. 다른 사람들과 무슨 일이 벌어지고 있는지 공유하지만, 공유는 부차적인 것으로 보인다. 지연에 대한 짜증을 표출하는 것이 시급해 보인다. 소셜 미디어는 자아도취적이고 이기적인 것으로 간주되지만,[26] 이러한 논평은 통근 논평가의 일탈이라기보다는 그 더위의 순간에 영향력을 발휘하는 공감을 나누는 행위일 수 있다. 특정 개인을 대상으로 한 논평과 달리 이런 트위터는 누구를 향한 것이 아니다. 그러나 앞서 서술한 로렌의 경우처럼 이러한 트윗은 짜증 나는 사건에 대한 습관적인 대응이 된다. "곧장 트위터에 들어가"는 것은 분명히 이런 즉각적인 대응을 시사한다.

최근 시드니 통근열차의 불편을 언급할 때 사용되는 특정 해시태그가 소셜 미디어에 등장했다. 흥미롭게도 몇 년 전 시티레일CityRail은 '시드니 트레인Sydney Trains'로 명칭을 변경했지만,[27] #cityfail은 철도 민원을 다루는 논평에서 계속 선택되는 해시태그이다. #cityfail을 사용하는 트위터의 내용은 종종 신랄한 유머 같은 특정한 스타일을 지닌다. 예를 들면, 최근 트위터 중 "시드니 트레인의 에어컨 온도 조절은 3단계가 있다: 냉장고, 냉동고, 그리고 오늘의 온도 세팅 액화 질소#cityfail."

자동 복화술

나는 5분 뒤 있을 면접조사를 위해 센트럴역으로 가는 끈적이고 냉방 안 되는 열차에 앉아 있다. 다음 정류장에 내리면 되지만, 열차는 터널에서 정지했다. 열차는 아무 소리도 내지 않는다. 안내 방송도 없고, 안내 스크린에 어떤 설명도 나타나지 않는다. 바로 그 순간, 내 안에서 소리 내지 않는 논평이 쏴 하고 지나간다. "아, 이건 너무 뻔해, 왜 이런 일이 항상 일어나는 거지? 오 세상에, 갈 수 있기는 한 거야?" 상황은 단순하지 않다. 이 가열의 순간, 내 내면의 목소리라고 생각되는 제어할 수 없는 매정한 논평과, 내 의식 저 너머에서 만들어지는 자비 없는 논평의 결합체를 하나의 평가로 보긴 어렵다. 열차가 지연되는 약간 당황스러운 사건에 관한 논평의 분할된 가닥 중에는 과거에 사람들과 나누었던 대화의 파편들, 끝없이 반복되는 노래 몇 소절, 객차 안 광고에서 본 뒤 반복되는 단어들, 내 머릿속에 몇 시간 동안 머문 친숙하지만 자극적인 노래의 피아노 오스티나토ostinato 등이 녹아들어 있다.

텔레비전과 영화에서 광범위하게 사용되어 온 보이스오버 논평은, 종종 일상적인 대화에서 잘 나타나지 않는 모순적이거나 관음증적인 경험을 드러낸다.[28] 1970년대의 영국 시트콤 〈레지날드 페린의 대두와 몰락The Fall and Rise of Reginald Perrin〉의 주인공인 레지는 이 보이스오버 기술을 광범위하게 사용한다. 레지는 보이스오버를 통해 아침 출근길에 만나는, 객차 안을 가득 채우고 있지만 이상하게 침묵을 지키는 승객들을 뒤틀리거나 비판적으로 관찰한다. 마치 백일몽처럼, 몇몇 에피소드에서 이 관찰은 직장 동료와 나누는 상상의 대화로 변화한다. 얼굴을 찌푸리고 눈썹을 올리고 미묘하게 입술을 움직이거나 웃음을 짓는 시각적인 표현에 더해, 보이스오버는 일상생활의 지리한 반복과 직업적인 불만족으로 가득 찬 레지의 내면을 드러낸다. 따분한 교외 생활에서 기인한 레지의 불안정한 상태로 인해, 때로 이러한 내면의 생각 중 일부가 큰 소리로 말해져 코믹한 요소를 만들어 낸다.

이 논평은 잘 정리된 교통 상황 보도나 거칠지만 앞에서 논의된 일관된 내러티브의 일화들과는 현저히 대조된다. 쏟아지는 트위터들처럼 이 독백도 특별한 대상이 있는 것이 아니다. 도로에서 운전 중에 분통을 터트리는 경우도 내면의 목소리가 갑자기 큰 소리로 타져 나오는 예 중 하나이다.[29] 마찬가지로 자동차 운전자는 길을 찾아가며 자신과 대화할 수 있다.[30] 그러나 발성된 말은 사람들 사이의 대화를 특징짓는 규범에 위배되지 않는, 내면의 발화의 오직 일부분만을 드러낸다.[31]

문학이론가 데니스 라일리Denise Riley는 내면의 독백이 갖는 혼란스러움을 아름답게 묘사한다. 그녀는 "나의 부어오른 (말로 가득 차서) 정신은 … 가장 어울리지 않은 모습을 하고 있다. 세상의 우아하지 않은 산문들이 나를 잡고, 단어에 민감한 내 능력은 압도당했다. 이것은 신경언어학의 서커스와 같다. 이 야생의 것들은 진부하고 올바른 답변, 유치한 말장난, 재탕되는 농담 그리고 전형적인 대응으로 높이 뛰어오른다."[32] 이 묘사는 나의 수많은 면접조사와 현장조사 경험을 적절하게 잡아낸다. 라일리는 "내면의 언어는 우아한 생각으로 구성되는 것이 아니라, 자동 조정 장치로 달리는 부끄럽고 무분멸한 반복으로 구성된다"고 말한다.[33]

통근 중에 중얼거리는 소리가 나 자신의 목소인가? 라일리의 자동복화술 같은 내면 언어에 대한 설명은 다른 곳에서 올 수도 있는 목소리임을 암시한다. 그녀는 이 자동복화술을 "내가 세상에서 잡은 권위 있는 지위의 나에 대한 나의 반복"으로 정의한다.[34] 이 설명에서 흥미로은 점은, 훨씬 더 전염성 있는 것이 여기에 있다고 말하는 것이다. 자기표현에 대한 요구가 줄어들고, 우리가 실제로 생각하는 것을 스스로에게 말하는 고프만의 사적인 "무대 뒤" 영역보다는, 내적인 목소리에 대한 설명이 훨씬 더 설득력 있다. 그 당시에 우리를 사로잡는 것이 무엇이든 말이다.

면접조사 참여자 중 일부는 이동 중에 그들의 내면의 목소리에 사로잡힌 경험이 있어 보인다. 어떤 사람은 일과 관련된 내적인 연설로 가득 찬 시간을 보내고, 사무실에서 나눈 대화가 재현되고 그날의 사건이나 조우를 되짚어 보기도 한다. 악의적인 독설이 계속 위력을 발산하고, 말해지고 난 오래 뒤까지 영향력을 행사하는 것처럼,[35] 어떤 사람들은 퇴근길을 이러한 독백의 기회로 사용했다. 예를 들어, 3장에서 만난 리즈는 집으로 가는 열차 속에서 하루를 마감한다고 했다. 이 일은 열차 속의 시간이 주어지지 않았다면 집에서 했어야 하는 것이다. 그리하여 그녀는 이 퇴근길 시간을 통해 집으로 직장 일을 가져가지 않을 수 있다.

폭언과 보고처럼, 내면의 목소리도 통근자에게 다른 효과를 줄 수 있다. 때로는 도움이 될 수도 있고, 더 힘이 들게 할 수도 있다. 만약 라일리가 말했듯이 내적 목소리를 피하는 것이 불가능하다면, 우리는 어떻게 그 영향을 조절할 수 있는가? 우리 자신의 내적 연설의 저자까지는 아닐지라도, 우리에게는 라일리가 '언어적 의지linguistic will'라고 부르는 편집의 힘이 있다. 라일리는 이를 "표현이 내 위에서 번쩍거리고 그 나름의 방식을 갖지만, 오직 내가 그것들을 던져 버리지 않을 때"로 설명한다.[36] 던져 버리는 것은 내적인 연설의 힘을 조절하는 데 도움을 주는 기법이다.

자기 독백에 매료되어 감수성이 고조되어 있는 시기에, 친구가 추천한 에크하르트 톨레Eckhart Tolle의 《지금 이 순간을 살아라The Power of Now》는 어려운 때 큰 위로가 되었다.[37]

일부 통근자가 지적했듯이, 마음수련 명상과 같은 신체적 기법은 내면의 소리에 덜 빠지게 되고, 특징이 없고 무관심한 본성을 받아들이는 방법을 제공할 수 있다. 라일리가 말한 것처럼, "우리는 여전히 우울하고 고통스러운 감정에 빠져 사는 것을 선택할 수도 있고, 혹은 언어의 무심한 책동의 부산물로 더 가볍고 무관심하게 대처할 수도 있다."[38] 우연히 말해지는 것의 비개인적인 우연성을 받아들이면, 이러한 내적인 논평을 다스려야 한다는 때로는 억압적인 부담에서 벗어날 수 있다. 그러나 동시에, 진부한 일화의 속도나 완결성과 달리, 이런 종류의 논평은 강박적인 지속, 끊임없는 후렴, 소용돌이, 피드백의 루프와 같은 통근의 일시적인 전개와 일치하지 않는 이상한 지속력을 보인다.

드라이브 타임

370번에서의 드라이브 타임

2월의 늦은 오후, 늦여름의 태양은 치펜데일Chippendale에서 오는 늦은 버스를 기다리는 사람들의 머리 위로 쏟아지고 있다. 포장도로 위의 소변 자국에서 나는 냄새가 바람의 방향에 따라 자주색 차량의 매연과 섞인다. 그러나 암 환자들의 의료용 대마초 사용에 관한 논쟁을 들으며 더위로 인한 짜증이 좀 가시는 느낌이다. 집으로 가는 길, 초소형 헤드폰을 통해 시청자 참여 라디오방송국인 2UE의 드라이브 타임 라디오 프로인 〈저스틴 스미스 쇼〉를 듣고 있다. 이건 지난 몇 주간 이어진 내 습관이다. 지금 전화한 사람은 그녀의 고통스러운 암 투병에 대해 묘사하고 있다. 저스틴은 분명히 그녀의 이야기에 감동했다. 그가 끼어드는 순간, 나는 모퉁이를 도는 밝은 흰색으로 빛나는 숫자 '370'을 보았다. 좀 전까지의 불편함은 잊혀졌고, 아마도 용서되었다. 나는 버스 계단에 발을 올리고, 자동적으로 나의 오팔카드를 리더기에 인식시켰다. 나의 관심은 대마초 합법화 계획에 화가 난 청취자와의 인터뷰 진행에 다시 고정되었다. 내가 자리에 앉은 후, 저스틴은 교통량과 대중교통 정보로 주제를 바꾸었다. 그레이트 웨스턴 고속도로Great Western Highway의 트럭 사고로 인한 교통 체증 뉴스를 들으며, 버스 주변의 교통 상황이 전체적으로 이해되었다.

세련되지 않고, 편집되지 않고, 부끄러움이 없는, 시청자 참여 라디오 프로에는 항상 날 즐겁게 하는 날것의 신선함이 있다. 소셜 미디어는 사람들이 원할 때마다 전세계로 방송할 수 있다는 걸 의미하지만, 라디오라는 매체를 통한 시청자 전화 참여 형식은 존경할 만하고 심지어 위엄이 있는 무언가가 있다. 오스트레일리아에서 1967년에 합법화되어 곧 인기를 얻은, 문화이론가 그레엄 터너Graeme

Turner가 말한 "AM 라디오의 시청자 참여 프로그램은 대부분의 오스트레일리아 대도시 시장에서 황금 시간대의 평가 조사에서 높은 인기를 누리고 있다."[39] 집으로 오는 내내 2UE에 주파수를 맞추었던 나에게 가장 인상 깊었던 점은, 저스틴이 나란히 배치하는 주제의 혼합이었다. 오늘 교통 뉴스는 억류된 어린이에 대한 레이드 하원의원과의 인터뷰 뒤에 이어진다. 그것은 다시 메리 골드 호텔 2the Second Best Exotic Marigold Hotel의 짧은 광고로 넘어가고, 멜버른 철도 트랙에 떨어진 눈먼 여성을 구한 16세 소년과의 인터뷰가 진행된다. 다시 교통 소식으로 와서 이전 보고를 거의 동일하게 반복한다. 아주 다른 컬렉션에서 무작위로 추출한 슬라이드로 가득 채운 슬라이드 영사기를 상영하는 것처럼, 여기에는 주제에 대한 이국적인 차이를 숨기는 매끈함이 있다. 나는 빠져들었다.

친밀한 임계점

다음 날, 나는 이 쇼에 관해 저스틴과 전화로 이야기를 할 수 있었다. 나는 저스틴이 그의 쇼가 도시 통근자들에게 어떤 역할을 한다고 생각하는지 알고 싶었다. 과연 그는 매력적인 전화 매너로 내 긴장을 즉각 가라앉혔다. 나는 지난 오후의 퇴근길 교통 정체 속에서 그의 프로그램을 얼마나 즐겼는지 이야기했다. "잘되었네요! 저는 정말로 그렇게 되기를 바라죠. 사람들이 오랜 시간 교통 체증에 갇혀 있는 것은 너무 끔찍한 일이니까, 사람들이 거기서 조금씩 벗어났으면 해요." 저스틴은 자기 경험도 이야기했다. "일전에 어떤 사람이 '너는 사람들의 퇴근길을 짧게 만들었니?'라는 질문을 스스로에게 해 보라고 조언했고, 저는 이것이 훌륭한 질문이라고 생각해서 그 뒤에 항상 이걸 기억하고 있죠." 나는 어제 그의 라디오 프로그램이 늦게 오는 버스에 대한 나의 분노를 분산시켰다는 걸 기억하고 미소 지었다. "교통 체증에 갇혀 있는 동안 무언가 빠져들 수 있는 것이 있으면 좋을 것 같다고 생각해요. 단순히 정보를 얻는 차원을 넘어, 집에 도착했을 때, 차에서 내려 즉각 현관문으로 가지 않고, 인터뷰를 더 듣기 위해 잠시 차에 머물고 싶은 그런 거죠." 저스틴의 논평은 우리가 듣고 있는 것에 따라 시간이 빠르게 지나가거나 혹은 느리게 흐르는 것으로 시간에 대한 인식을 바꿀 수 있다고 한 지리학자 벤 앤더슨Ben Anderson의 이야기를 떠올리게 했다.[40]

저스틴에게는 다른 사람의 이야기를 듣는 것이 집단을 형성하는 것과 관련이 있다. "사람들이 집단의 일원이 되어서 퇴근길을 잊기를 바랍니다." 이것은 우리 대화의 중심이 되는 주제였다. "라디오의 장점은 하나의 집단이 되어 집에 가는 것이죠." 앞에서 살펴본 상공에서 도로를 관찰하는 빅의 경험과 유사한 이야기다. 그러나 저스틴은 자신의 프로그램은 실시간으로 다른 사람들과 직접 경험을 공유할 수 있다는 점에서 차이가 있다고 말한다. "청취자가 '저스틴, 지금 M5 출구 근처에서 무슨 일이 일어난 것 같아요. 그게 뭔지 알려 줄 수 있어요?'라고 하면 그 부분을 바로 방송으로 내보내기도 합니다. 그러면서 '우리는 현재 이 상황을 모르겠습니다. 혹시 전화 제보해 주실 분 계신가요?'라고 묻는 거죠. 그러면 아시다시피 사람들이 전화를 걸어서 '네, 제가 지금 여기 갇혀 있습니다, 정말 미칠 것 같아요' 하죠. 이러한 즉각적인 대응이 이 라디오 프로의 장점이죠." 이것은 다른 통근자들을 배려한다는 느낌으로 설명된다. "사람들한 테서 다른 통근자들은 이 상황을 피했으면 하는 바람이 느껴지면 기분이 좋아지죠. '나는 지금 완전히 답답한 상황 속에 있지만, 너는 이 상황에 들어오지 않기를 바래' 같은 거죠." 사회학자 리처드 세넷 Richard Sennett은 많은 사람들이 혼자 운전하며 시간을 오래 보내기 때문에 현대 도시는 점점 더 분열된 공간이 된다고 했지만,[41] 이 통근자들은 세넷이 생각한 것보다 훨씬 더 연결되어 있다.

이번엔 저스틴이 그 방대한 주제를 어떻게 연결하는지 물었다. 그는 아침에는 신문에서 주제를 찾고, 점심시간에는 프로듀서와 만나서 주제를 결정한다고 했다. "방송으로 내보낼 수 있는 주제는 두 가지입니다. 하나는 사람들이 이미 관심을 가지고 있는 것이고 … 다른 하나는 사람들이 관심을 가졌으면 하는 거죠. 의료용 대마초 사용에 대한 논의가 아마 그런 주제일 겁니다." 이 이야기는 일간지 기자인 스티븐이 설명했던 기사 작성 기준과 유사하다. "그리고 중요한 이야기와 약간의 재미가 잘 혼합되어야겠죠. 우리는 그 사이에서 어떻게 균형을 잡을지를 고민합니다. '그래, 억류된 아이들에 대한 인터뷰가 있지. 광고 시간 뒤에 혹은 그 인터뷰를 마치면 무슨 이야기로 넘어가지? '아, 이 주제가 조금 재미있지 않아? 이 이야기를 좀 넣어 보자'는 대화를 나누죠." 문화이론가 터너는 "많은 시청자 참여 프로그램 사회자는 언론인이라기보다는 연예인이며, 그 프로그램을 계속 이어지게 하고 신나게 만들 의무가 있다"고 했다.[42] 앞에서 밤불이 설명한 중립적인 보고서와 달리, 이곳에서는 "공평성보다는 흥미로운 의견을 제시하는 데" 집중한다.[43] 그렇더라도 저스틴이 사람들과 친밀감을 형성하는 방법에는 놀라운 점이 있다. "친구와 대화하듯이 해요. 조금 진지한 문제에 대해 이야기하고, 그러곤 조금 무례한 농담을 던지죠. 제 생각에는 그게 우정이고, 라디오는 이런 사람들과의 실질적인 관계를 가능하게 하는 최고의 매체라고 생각합니다."

실제로 저스틴은 자신의 "단골" 청취자들에게 스스럼없이 친밀감을 표시한다. "어떤 분들은 정말 방송국과 연결되어 있는 것 같아요. 아마도 그분들은 전화하는 습관이 있지 않을까. 그냥 매일 하는 일이기 때문에 전화하는 분들이 꽤 많습니다. 이건 마치 가족과 연락하는 것 같죠. 그들은 계속 접촉하는 것이 일상이고, 그건 정말로 아름다운 일입니다." 어제 프로그램에서 저스틴이 하원의원과 했던 인터뷰를 생각하면, 그의 친밀감은 일반 청취자만이 아니라 "전문가"들에게까지 확장되는 것처럼 보였다. 저스틴은 라디오가 텔레비전보다 더 친밀한 관계를 형성하는 방법을 설명했다. 그 이유 중 하나는 텔레비전이 가진 시간적 제한 때문이다. "누군가와 대화하는 일반적인 상황에서, 우리는 위밍업을 하고, 약간의 일상적 이야기를 나누며, 그 사람을 알아 가는 느낌이 든 뒤에, 좀 더 진지한 주제로 넘어가죠."

이 친밀감은 저스틴에게 좋은 라디오 프로그램을 만드는 예상 외의 전환점을 만들어 주었다. "그 사람이 좀 더 편한 느낌을 갖기 시작하면 좀 더 깊은 주제로 들어갈 수 있습니다. 그런 다음, 그들이 라디오에서 이야기할 거라고는 생각하지 않았던 부분에 대해 질문할 수 있죠." 그는 청취자들에게도 비슷한 종류의 전환점을 만들려고 노력한다. "저는 사람들이 변화하도록 만드는 걸 좋아해요. '음 … 저 사람은 오늘 이후 다른 사람이 되는 거죠. 이건 그 사람에게 일어난 믿을 수 없는 일인 거죠. 그의 인생이 완전히 달라지는 겁니다.' 저는 이런 스토리의 관문이 될 수 있기를 바랍니다." 어제 내가 킹스트리King Street의 교통 체증에 갇혀 있는 동안, 나를 감동시킨 고통스러운 암 환자와의 인터뷰를 떠올려 보면, 저스틴은 이러한 전환점을 이끌어 내는 데 확실히 출중한 능력이 있는 것으로 보인다. "때때로 우리는 그런 순간이 무엇인지 잊어버립니다. 그래서 즉시 인식할 수 없는 거죠." 그는 겸손하게 말했다. "사람들이 그런 순간, '이제 다시는 똑같은 상황으로 돌아갈 일은 없을 거야'의 감정을 경험할 때, 저는 즐거움이 항상 적합한 단어인지는 모르겠지만, 이것이 제가 사람들에게 다가가 그들 내부로 들어가는 스토리입니다."

저스틴과의 대화는 퇴근길에 그의 프로그램을 들으면서 경험한 것 중 일부를 구체화시킬 수 있도록 도와주었다. 우정의 감정과 앞에서 설명된 끊임없는 내면의 소리에서의 해방감이 그것이다. 이 넓게 퍼진 모바일 청취자 공동체의 일원이 되는 것은 다양한 조우가 기다리는 하루의 즐거운 시간이다. 그러나 저스틴은 자신의 청취자 공동체가 통근자들로 이루어져 있음을 잘 알고 있었다. 대화가 마무리될 때까지, 저스틴은 분명하게 "혼잡은 시드니에서 운전하는 사람들에게 가장 중요합니다. … 그래서 우리는 '음, 전체 프로그램을 자동차에서 해 보는 건 어때? 전화를 받고, 인터뷰를 하고, 일반적으로 다루는 뉴스도 다룰 수 있잖아? 거기에 더해 우리가 어디를 가고 있는지 이야기할 수 있으니까' 같은 의견을 내고 있죠." 다음 주 수요일에 방송될 이 프로그램이 기대된다.

거리에서의 드라이브 타임 라이브

프로그램의 시그널 뮤직인 파인 영 카니발스Fine Young Cannibals의 〈She Drives Me Crazy〉가 잦아들자, "우리는 거리가 필요합니다, 하지만 요즘 거리를 저주하는 것 같아요!"라고 저스틴이 말한다. 오늘 오후의 쇼는 역할을 조금 바꿔 스튜디오 4×4에서 진행하며 저스틴은 이동 중이고, 나는 들으면서 메모할 수 있도록 아파트에 앉아서 듣고 있는 중이다. 주 선거가 몇 주 앞으로 다가와, 저스틴은 교통부 장관인 던칸 게이Duncan Gay를 모바일 스튜디오로 초대해 도시 교통 문제를 이야기하기 시작한다. 오늘의 인터뷰 장소는 도시의 중심인 국회의사당이다.

"우리는 발리에서 오는 가장 최신 정보를 전달할 것입니다." 이 말은 청취자들의 관심을 상업 중심지의 교통 문제에서 마약 밀매 범죄로 발리에 약 10년 동안 투옥 중인 두 오스트레일리아인의 곤경으로 이동시킨다. 이 이야기는 인도네시아와 오스트레일리아 사이의 정치적인 갈등과 연관되어 최근 몇 주간 언론의 집중적인 주목을 받았다. "그들은 사형 집행을 위해 섬으로 보내졌습니다." 뉴스 진행이 끝났다. 다시 모바일 스튜디오로 돌아가 저스틴은 던칸에게 "핑크가 권위를 훼손한다고 생각하십니까?'라고 최근 럭비 리그 심판의 유니폼이 핑크에서 블루로 바뀐 이유를 물었다.

몇 차례의 잘못된 방향 전환 뒤에 모바일 스튜디오는 안작 브리지Anzac Bridge에 접근하고 있다. 라디오방송국 웹 사이트에서 모바일 스튜디오의 사실감을 높이기 위해 스튜디오의 움직임을 실시간 지도로 보여 주는 덕분에 이 사실을 알 수 있다. 첫 번째 전화 연결된 청취자는 "저는 하루 종일 트럭을 운전하는데, 주요한 도로 시설에서 문제가 계속 발생하고 있어요. 시내와 워터폴Waterfall을 잇는 도로는 대부분 쓰레깁니다. 저희는 어디에도 갈 수 없는 상황이니, 제발 정부가 뭔가 좀 해 줘야 해요."라고 했다. 장관은 "정부는 웨스트커넥스WestConnex로 가는 남쪽 출구를 건설할 예정이고, A1과 연결할 길도 찾고 있는 중입니다. 프린스 고속도로Prince Highway에 믿을 수 없을 만큼 큰돈이 들어갔습니다. 베리Berry와 키아마Kiama 지역까지. 그냥 계속 진행할 것입니다."라고 했다. 두 번째 청취자는 "방금 M2 도로의 E-way톨에서 영수증을 받았는데요. 저는 주간에 택배를 배달하고, 집으로 37킬로미터를 달려야 합니다. 통행료만 1년에 967달러가 드네요. 이건 제 일주일치 급료의 절반입니다!"라고 했다. 장관은 "와 엄청 나네요. 진짜 많이 드네요. 그렇지만 현재 통행료는 최저로 책정한 것입니다. 그래도 통행료를 지불하는 것이 집에서 노는 것보단 좋을 것 같은데요."라고 대답했다. 뉴스로 옮겨 가서 세 살짜리 아이가 살해당했을 가능성이 있다고 전한 뒤, 광고로 넘어가서 누구도 라운지 슈트 웨어하우스Lounge Suite Warehouse를 뛰어넘을 수 없다고 한다.

"현재 교통 상황이 너무 나빠 보이지는 않습니다." 실망한 목소리로 저스틴이 말했다. 이것은 내가 캐슬 힐에서 처음 현장조사를 나가면서 가장 혼잡한 지역을 찾으려고 할 당시를 상기시켰다. 장관은 기뻐하여, "교통 혼잡 구간에 대한 처방이 효력을 발휘하는 것 같네요!"라고 했다. 곧 모바일 스튜디오로 많은 전화가 걸려 왔다. "제 악몽에 오신 걸 환영합니다. 이게 제 인생이랍니다!" 다음 청취자가 말했다. 처음 두 시간 동안 전화한 대다수 청취자는 그들이 시내에서 경험하는 교통 문제에 대해 이야기했다. 그들은 특정 교차로, 입체 교차로, 고가 횡단도로, 합류 도로 등에 대해 해당 지역에 익숙한 사람들에겐 높이 평가될 경험에 근거하여 분석을 제시한다. 전화로 연결된 많은 청취자들이 장관에게 개선책을 제안했다. "밀페라 로드Milperra Road에 고가 횡단도로를 설치 못 하는 이유가 무엇인가요?" 첫 번째 질문. "유일한 장애물은 비용입니다." 장관이 대답했다. "기둥과 전선을 파는 것이 도움이 될 것입니다." 그는 자신이 속한 당에서 논란이 되고 있는 공공 자산 매각 계획과 교통 기반 시설의 단점을 매끄럽게 연결시키며 덧붙였다. "M5의 가장 큰 문제점은, 시내 방면으로 킹 조지 로드King George Road에서 고속도로로 합류한 뒤 오른쪽으로 벡슬리 로드Bexley Road로 합류하는 경우입니다. 그러면 두 차선을 건너야 하죠." 다른 청취자가 어떤 것이 작동하고, 어떤 것이 그렇지 않은지에 대한 깊이 있는 지식을 내보이며 주장했다.

　3시간 뒤, 모바일 스튜디오는 항구 북쪽의 라디오방송국 본사로 되돌아가고 있었다. "사실 도로가 엉망입니다. 너무 많은 차들이 있습니다." 저스틴은 마침내 승리의 결승선인 프로그램 종료 근처에서 통근자들에게 공감의 말을 건넨다. 도로에서 드라이브 타임 프로그램을 들은 내 경험에 비추어 볼 때, 사람들이 경험하는 서로 다른 고통들은 차이가 선명하다. 어떤 통근자는 전화를 걸어 교통 체증 때문에 힘들어 하고, 다른 통근자는 인도네시아에서 진행된다는 사형 집행으로 괴로워한다. 그러나 이 고통들은 서로를 약화시키지 않고 긴장을 유지하며 같이 가는 듯 보였다.

같이 굴러가기

　다음 날 아침, 저스틴과 어제의 모바일 쇼 경험에 대해 이야기했다. "정말 좋았어요." 그의 말에 나도 동의했다. "교통 체증 안에 있으면, 그것에 대해 다른 시각을 가지게 됩니다. 특히 파라마타 로드와 몇 군데 지역에 있으면, 그냥 가만히 앉아만 있게 되죠. 저는 방송 중이었기 때문에 그렇지 않았지만, 만약 그곳에 미처 가지 못해서 핸들만 두드리고 있다면 속았다는 느낌을 받았을 겁니다." 그가 가장 놀란 점은 카풀을 하는 사람이 거의 없고, 대중교통에 대해 논평하는 사람이 거의 없다는 점이다. 더 통렬하게, 그는 교통 체증에 갇혀 있는 통근자들의 얼굴에 대해 길게 이야기했다. "저는 사람들의 얼굴을 보았습니다. 운전할 때는 무거운 재갈을 문 듯 보였고, 때로는 어떤 경지에 이른 것처럼 보였죠. 어느 누구에게도 다른 무기는 없습니다. 그곳을 빠져나가기 위해 경적을 울리고, 사람들을 밀어내는 수밖에." 그는 결론 내리듯 말했다. "사람들은 모두 늦게까지 그냥 그곳에 앉아서 깨끗해지기를, 움직이기를, 끼어들기를 기다리고 또 기다렸습니다."

나는 사형제도와 교통 혼란에 대한 토론이 조화를 이루는 상황을 언급하며, 그 둘 사이의 이상한 이동을 감지했는지 물었다. "그렇게 봤다니 흥미롭군요. 이전에는 그런 생각을 하지 못했습니다." 잠시 침묵이 흘렀다. 나는 내 질문이 부적절했는지 다시 돌아봤다. "라디오 소를 할 때는 그런 연결에 대해 크게 생각하지 않습니다. 왜냐하면 마틴 플레이스에서 테러리스트의 공격이 있었다고 말해야 한다면, 다른 건 모두 사소해 보일 테니까요." 일주일 전에 이런 주제 전환으로 어떻게 우정을 형성하는지 물었던 것이 떠올랐다. "그래서 저는 제 머릿속을 계속 다른 것으로 이동하도록 조절해 둔 것 같아요. 1분 동안 어떤 것에 대해 웃다가, 그 다음 순간에 '오, 마틴 플레이스의 포위 상황은 어떻습니까?'인 거죠. 그래서 저는 그걸 가지고 조금 더 굴러가는 것을 알게 된 것 같아요."

지리학자 도린 매시는 우리가 장소를 상상하는 방식이 그 장소들을 길들이고, 무엇이 발생하는지에 지나치게 질서를 부여한다고 지적한다. 그녀에 따르면, 이는 다중성의 존재나 장소를 구성하는 "끊임없이 이동하는 궤적을 그리는 별자리"를 덮어쓰기 때문에 문제적이다.[44] 그녀의 개념인 '함께 던져져 있음throwntogetherness'은 저스틴의 프로그램에 나란히 등장하는 다양한 세상을 묘사하는 데 적합하다. 사실 저스틴이 묘사한 청취자들에 대한 신념은 이 함께 던져져 있음을 통해서 이루어진다. "어떤 사람들은 사소하다고 생각할지라도 저는 사소하다고 간주하고 싶지 않은 것들이 있습니다. 만약 연금으로 생활하는 가족이나 누군가의 우유가 20센트씩 오르는 일은 정말 중요합니다. 만약 제가 그들에게, '지금 겨우 우유 값이 문제인가요?' '지금 마틴 플레이스에서 인질극이 벌어지는 거 몰라요?' 한다면, 그것은 우리가 매일 붙잡고 사는 것들을 의미 없게 만드는 겁니다." 그의 코멘트는 이 연구 과제에서 갈등을 빚고 있는 통근 압력 문제의 핵심을 지적한다. 연구자로서 나의 임무는 통근자들의 삶에서 통근이 차지하는 중요성을 인식하기 위해 조사 참가자들에게 민감한 촉수를 세우는 것이다.

결론

지리학자 이-푸 투안은 우리가 하는 일 중에 어떤 부분은 너무 본능에 가까운 것이어서 말이 필요 없다는 흥미로운 지적을 했다.[45] 분명 통근에도 본능적인 친밀함이 있지만, 사회학자 피에르 부르디외Pierre Bourdieu의 표현인 "말하지 않고도 갈 수 있는"을 사용하는 것은[46] 적절하지 않다. 이 장을 통해 살펴본 바와 같이 통근은 모든 종류의 연설로 넘쳐나고, 많은 것이 될 수 있지만, 적어도 침묵은 아니다. 이 말들은 고전적으로 아름답거나 시적인 것은 아니지만, 이 장에서 묘사된 다양한 종류의 소리에는 평범함이 존재한다. 이 평범함은 그것을 중요하지 않은 것처럼 보이게 하거나, 하찮은 것으로 보이게 만든다. 결국 또 다른 교통정보를 듣는 것보다 더 평범한 일이 무엇인가? 길에서 일어난 일에 대해 말하는 것보다 더 평범한 것은 무엇인가? 버스 운임 인상에 관한 기사보다 더 진부한 기사는 무엇인가? 그러나 이것들이 매일매일의 이동에 대한 정의를 제공하면서 통근을 하는 과정에 대한 표현이다.

통근에 대해 소리를 내는 방법은 여러 가지며, 각 매체는 각자의 방식으로 의미를 발생시킨다. 이 각각이 소리 내는 방식은 지속 시간도 다르다. 트위터의 즉각적인 반응에서 거의 실시간으로 업데이트되는 교통정보에 이르기까지, 가정에서 나오는 좀 더 지연된 분노의 전달부터 언론인의 더 세련된 반성에 이르기까지, 이러한 목소리는 분명 다른 영향력을 미치고 또 받는다. 이 목소리들은 서로 다른 영향권에 있다. 직장에서의 분노는 시 전체를 보도하는 신문 기사보다 훨씬 지엽적이다. 이것들은 발화자 영향력의 다양성을 보여 준다. 자동 독백되는 내면의 잡담은 아마도 블로그 게시물보다 길들이기 어려울 것이다. 목소리들이 창조하는 친밀감도 서로 다르다. 드라이브 타임 공동체는 아마도 직장 동료 그룹보다 훨씬 분산되어 있을 것이다. 그러나 다양한 방식의 소리 내기가 긴밀하게 연결되어 이동의 한정된 범위를 넘어서는 일종의 생태계를 형성한다. 분노와 보도자료의 예가 보여 주듯이, 통근의 영향력은 직장과 가정으로 넘쳐 흐를 수 있다. 소셜 미디어인 트위터가 교통정보 기자에게 전달될 수 있고, 블로그 의견이 신문기자에게 영향을 줄 수 있고, 통근에 대한 일상적인 분노와 불만이 신문 기사 댓글로 달릴 수 있 듯이, 통근의 소리들은 서로 얽힐 수 있다.

이 다양한 소리들의 공통점은 통근을 바꿀 그 역량이다. 최근 시드니의 교통 문제는 좀 더 가시적인 문제로 부상하고 있다. 이는 통근을 구성하는 더 모호하고 주변적인 영역에서 나오는 소리들 덕분에 이 문제를 감지할 수 있게 되었기 때문이다. 예를 들면, 교통 체증을 감지한 순간의 침몰하는 듯한 느낌, 또 다른 운임 상승에 따른 분노, 예기치 않게 끼어드는 차로 인한 충격 등이 그것이다. 통근자와의 면접조사는 도시 안을 이동하는 개인의 통근 이력에 따라 직장을 오가는 경험이 개인마다 독특하게 형성된다는 사실을 보여 준다. 그러나 이러한 개인적 경험들은 청취자 참여 라디오 프로그램, 트위터, 직장에서의 대화, 디너파티 등에서 순환되는 논평을 통해 간접적으로 접하고, 개인적인 경험의 한계를 넘어 도시 교통 문제를 바라보는 좀 더 심화된 이해를 창조하는 데 도움을 준다. 소리 내기는 도시를 여행하는 경험을 형성하는 힘에 대한 집단적인 이해에 기여한다는 점에서 의미심장하다.

이러한 소리 내기의 수행성은 미묘하지만 강력한 도시 변화의 원동력이다. 예들 들어, 듣는 행위는 믿을 수 없을 정도의 위로를 주기도 하고, 문제에 대한 집단적인 이해를 제공하기도 한다. 소리 내어 말하면 고민하고 있던 것들이 해소되기도 한다. 이러한 소리 내기는 또한 지속 시간의 경험을 바꿀 수 있다. 예를 들어, 드라이드 타임 라디오 프로그램은 교통 체증에 갇혀 있는 시간을 빨리 지나가도록 도와준다. 반면에, 우리의 자동 독백은 그 고통을 더 길게 만들 수 있다. 여기서 중요한 점은 소리 내기가 만드는 변화는 복잡하고 결코 결정적이지 않다는 것이다. 교통 상황 보도는 교통사고가 미치는 여파를 줄일 수 있지만, 동시에 의심과 불신을 높일 수 있다. 통근에 관한 일화를 말하는 것은 카타르시스를 느끼게 할 수 있지만, 동시에 다소 지루한 습관이 되기도 하고, 듣는 사람을 고통스럽게 만들어 고통을 연장시키기도 한다. 내적 연설은 우리를 시시각각 방향을 잡도록 도와주지만, 너무 멀리 보내 쇠약하게 만들 수도 있다.

6장

좌초된 기대
기반 시설 건설을 여전히 기다림

통근자들이 이야기했던 중요한 어려움들 가운데 하나를 입증하듯, 최근의 한 보고서는 뉴 사우스 웨일스New South Wales주의 교통 기반 시설 공급의 적절성에 심각한 문제를 제기한다. 이 보고서는 "시드니의 서비스 수준과 비용이 국제적 기준에서 볼 때 불량하다는 것은 교통 기반 시설에서 특히 사실"[1]이라고 적시한다. 지리학자 스티븐 그레이엄과 사이먼 마빈Simon Marvin은 이 상황을 설명해 줄 역사적 증거들을 제시한다. 그들은 1960년대 이래 탈산업화된 도시들이 기반 시설의 위기를 경험해 왔다고 주장한다. 인구 증가와 이에 연관된 모빌리티 수요가 교통 기반 시설에 대한 지출을 능가하면서 도시들을 심각하게 압박해 왔다는 것이다.[2]

이 장은 이에 대한 대응으로 "물리적hard" 기반 시설의 변화는 다양한 기관과 조직들의 섬세한 실천적 상호작용을 통해서만 실현된다는 점을 탐색한다. 비록 겉보기에는 현장의 교통 기반 시설을 향상시키는 어떤 조치도 이루어지지 않는 것처럼 보일 수 있지만, 상이한 기관과 조직들이 채용하는 막후 기술과 물적 재료, 수행 등에 초점을 맞추면 통근 경험을 변화시키는 데 적극 기여하는 힘들을 더 잘 음미할 수 있다.

기반 시설은 경직된 상수가 아니라 항상 형성 중이라는 스티븐 그레이엄과 콜린 맥팔레인Colin McFarlane의 주장[3]을 받아들여, 이 장은 의견 그룹advocacy의 이러한 실천과 과정이 기반 시설을 변화시키는 핵심적 부분임을 강조한다. 더욱이 이러한 실천과 과정에 초점을 맞춤으로써 기반 시설이란 말이 의미하는 바를 확장해서 이해할 수 있다. 지리학자 데렉 맥코맥Derek McCormack은 과정에 초점을 두고 보면 모빌리티의 기반 시설은 "신체, 이동, 물질 재료 사이의 생산적인 상호작용"으로 구성된다고 말한다.[4] 이는 기반 시설이 "물리적 설계와 건설을 넘어서는 (하지만 완전히 반대되는 것은 아닌) 의미와 정동의 그물망에 항상 매여 있음"[5]을 의미한다. 이 장은 이런 점에 착안하여 의견 개진 활동이 기반 시설과 분리되어 있는 것이 아니라 교통 기반 시설의 형성을 매개하는 것이라는 점을 입증한다.

이를 위해 서부 시드니에 있는 다양한 장소들을 방문하여 어떻게 기반 시설의 변화가 실제로 일어나는지를 살핀다. 통근자, 정치인, 대중매체들과 접촉해 1절에서는 급속한 인구 증가에 보조를 맞춘 교통 기반 시설에 대한 투자가 일어나지 않는 지역에서 기반 시설 건설을 기다리는 것이 어떤 특정 성향을 만들어 낼 수 있는지 본다. 시드니의 통근 경험을 향상시키는 데 열성적인 주정부와 연방정부 정치인들의 공식적 통치에 초점을 맞춰 선거 주기의 짧은 틀, 인지된 투명성의 부재 그리고 정치 이념의 지속이라는 기반 시설 변화를 어렵게 하는 세 가지 도전에 주목한다.

2절은 이러한 무형의 성향들이 발휘하는 강력한 효과를 살펴본다. 이 점은 새로운 교통 기반 시설 건설을 위해 만들어진 정보센터를 들여다보면 알 수 있는데, 이 센터가 필요로 하는 것은 구체적인 전시 기술을 이용해 사람들의 성향에 대응하는 의견 개진 전략이다.

기반 시설의 변화를 가로막는 핵심 장애물 가운데 하나가 실제로 변화가 일어나는 데 걸리는 긴 시간이기 때문에, 3절은 서부 시드니에서 활동하는 다른 종류의 의견 개진 그룹을 살핀다. 이 풀뿌리 단체는 다른 종류의 전술을 사용하여 더 작고 천천히 쌓이는 변화가 통근자들의 삶을 심대하게 바꿀 수 있음을 보여 주고자 한다. 이 장은 이러한 정치 세력이 이 책이 탐색한 각각의 다른 장소들과 어떻게 연계되어 고려돼야 하는지를 평가하며 마무리된다. 그 시점에서 명확해지겠지만, 물리적 기반 시설 투자는 통근 위기를 해결하는 만병통치약이 아니라 궁극적으로는 해법의 한 측면일 뿐이다.

여전히 교통 기반 시설 건설을 기다림

늦여름 아침 7시 10분. 첫 현장조사에서 대면한 지 2년 만에 캐슬힐 버스 환승 터미널로 돌아왔다. 2년 전 내가 여기 처음 왔을 때에 비해 많은 것들이 바뀌었다. 실용적 변화로는, 여기서 버스를 탈 때 마이멀티MyMulti 종이 승차권을 살 필요가 없다는 것이다. 이젠 여기서도 오팔 스마트카드Opal smartcard를 쓸 수 있다. 신체적인 측면에서는, 도시 여기저기의 통근자들을 만나는 과정을 통해 나도 변했다. 버스를 기다리는 사람들 무리에 접근하면서 2년 전과는 다른 줄이 있다는 걸 깨달았다. 나는 건너편 전쟁 기념물에 시선을 고정시키고 있는 한 여성에게 다가선다. 약간 수줍게, 현장의 조용함 때문에 약해진 목소리로 "중앙업무지구로 가는 버스를 기다리시나요?"라고 묻는다. 그녀는 나를 쳐다본다. "예." "다행이네요. 고맙습니다." 나는 답한다. "아직도 기다리죠." 기다린다는 웨이팅waiting의 모음을 길게 끌어 t 소리를 무디게 만들며 무미건조하게 덧붙인다. 나는 보도의 남은 공간에 줄을 선다. 아침의 멍한 상태에서 그녀의 말이 계속 맴돈다. 나는 그 말을 머릿속에서 반복해서 되뇐다. 시계를 보니 그녀는 연착하는 버스를 기다리고 있을 수 있겠다는 생각이 든다. 여전히 기다린다. 1∼2분 후 빨간색 광역버스Metrobus가 정차한다.

여전히 기다린다. 이 평범한 문구가 하루 종일 계속 떠올랐다. 떠오를 때마다 문구는 열어젖혀지고 의미의 범위를 확장하며 다른 것을 제시한다. 그 어조는 처음에는 지연되는 버스로 인한 짜증을 나타냈다. 그런데 다시, 여전히 기다림은 더 심도 있는 어떤 것을 의미하는 것처럼 보였다. 그녀가 버스 정류장에 있다는 것을 깨닫고 또 깨닫는, 그녀가 처한 상황에 대한 더 심오한 어떤 것을 말이다. 이렇게 기다린다는 말이 갖는 중의성은 상황적 기다림과 실존적 기다림 사이의 구분이라고 명명한 인류학자 피터 드와이어Peter Dwyer의 유용하고 간편한 구분[6]을 상기시킨다. 드와이어에게 상황적 기다림은 무언가가 오기를 기다리는 것이다. 반면에 실존적 기다림은 존재의 조건에 더 가깝다.[7] 이러한 이중성은 앙리 베르그송Henry Bergson이 구분한, 사고로서의 시간과 살아 낸 시간time as lived의 구분[8]을 연상시킨다. 사고 시간은 시간을 사용 가능한 측정 단위로 나누는 우리의 습성에서 나온 수학적이고 추상적인 시간이다. 여전히 기다린다. 살아 낸 시간은 체현되고 견뎌 낸 지속성의 흐름이다. 여전히 기다린다.

이 구분에 기대어 문예이론가 해럴드 슈바이쳐는 기다림을 통해 우리는 측정되고 사고되는 것 이상의 어떤 것으로 시간을 의식하게 된다고 쓴다. "우리가 과업을 성취하고 약속한 사람을 만나는 투명하고 두드러지지 않는 시간과 달리, 느껴지고 의식적으로 견디는 시간은 느리고 두터우며 불투명해 보인다."[9] 그렇지만, 슈바이처는 상황적이고 과업 중심적인 기다림에 대한 이해를 너무 강조하면 실존적 기다림 속에 도사리고 있는 잠재성을 모호하게 만든다고 지적한다. "기다리는 것보다 더 나은 것으로 생각되는 어떤 것을 기다리는 평범한 기다림이 가지고 있는 도구적 특성은 기다림의 친밀하고 실존적 측면을 감춘다."[10] 버스 정류장에 있던 여성도 동의할까?

기다림을 심화시키기

시드니 북서부의 이 지역 거주자들이 아는 것처럼 기다림에는 정치적 차원이 있다. 인류학자 가산 하게Ghassan Hage는 우리에게 "누가 기다릴지를 둘러싼 정치가 있다. 기다림이 무엇을 수반할지를 둘러싼 정치가 있다. 그리고 어떻게 기다릴지와 어떻게 기다림을 사회체계로 조직할지를 둘러싼 정치가 있다"[11]는 점을 상기시킨다. 정치는 종종 누가 이동하고 누가 머물지의 문제[12]를 둘러싸고 돌아간다. 하게의 관찰이 이 문제에 더하는 것은, 중요하지만 때로 간과되는 그러한 정치의 시간적 차원이다. 그는 기다림은 "다른 특성에 가려지거나 완전히 감춰 왔을 수 있는 사회적 과정의 어떤 특징들"[13]을 드러낼 수 있다고 지적한다. 현장조사 과정을 통해, 이러한 기다림의 정치는 상이한 장소에서 상이한 모습으로 계속 나타났다. 그것을 가장 강렬하게 감지한 곳 가운데 하나가 도시 교통 문제를 의제로 삼고 있는 주정부와 연방정부 정치인들과의 면접조사 자리였다.[14] 어느 뉴 사우스 웨일스 주의회 의원과도 이 문제 때문에 만났다. 비록 우리의 면접조사는 다른 문제들도 다루었지만, 이 대화 과정에서 특기할 만한 점은 대중교통 기반 시설의 건설과 관련해 '기다림'이라는 개념이 지속적으로 등장한다는 것이다.

면접조사 시작부터 현 뉴 사우스 웨일스 정부가 시드니의 통근 문제를 해결하기 위해 어떠한 행동도 취하지 않았다는 좌절감이 강하게 느껴졌다. 오스트레일리아의 상대적으로 짧은 선거 주기를 언급하면서 그녀는 말했다. "불행하게도 현재 상황은 매우 암울합니다. 정부들이 아주 짧은 기간, 말하자면 4년짜리가 되어 가고 그 이후를 생각하지 않는다는 문제가 있습니다." 그녀는 현재 연방정부가 보이는 도로 건설에 대한 집착이 어떻게 통근자, 특히 서부 시드니 통근자들이 필요로 하는 것과 평행선을 그리는지 설명했다. 그녀는 정치적으로 짧은 선거 주기를 대중교통 기반 시설의 이점이 실현되는 데 필요한 시간 안에 위치시켰다. "짧은 기간을 고려하면 도로는 저렴한 것이 됩니다. 대중교통과 다른 환경적 사회 편익은 환수되는 데 오랜 기간이 걸립니다." 이 주의원은 이 긴 시간에 대해 다시 언급하며, 현재 시드니가 직면한 가장 큰 도전은 "도시의 진짜 정치적 분할"이라고 차갑게 진단했다. "그러니까 현재 재앙이 나타나는 걸 목격합니다. 정말로." 면접조사 후 뉴 사우스 웨일스 의회 옆에 있는 맥쿼리 스트리트Macquarie Street를 건널 때에도 그녀의 말은 계속해서 내 머릿속을 맴돌고, 교통 정체로 늘어선 자동차 줄은 예언의 느낌마저 주었다. 여전히 기다린다.

그 다음 주, 나는 캔버라에서 도시 거주 적합성을 향상시킬 방안으로 대중교통 기반 시설 건립 운동에 많은 공을 들이고 있는 오스트레일리아 정치인 맞은편에 앉았다. 주정부 정치인과의 면접조사 때와 비슷하게, 이 대화에서도 정당정치라는 도움이 되지 않는 시간성이 주요 화제였다. 우리는 당선 이후 그 정치인이 보아 온 변화에 대해 이야기했다. 그는 걱정스런 표정으로 말했다. "우리는 완전히 반대 방향으로 가고 있다고 생각합니다. 저는 2007년, 하워드Haward 정부가 실각하고 러드Rudd 정부가 첫 임기에 들어선 정권 교체 때 여기 왔습니다. 첫 두 해 동안은 꽤 힘이 넘쳤습니다. 그렇지만 최근에, 지난 18개월 동안 명백해진 대로 흐름이 역전되고 있는 것을 보고 있습니다.[15] 우리는 대중교통과는 거리가 먼 정부를 선출했고, 그래서 모든 예산은 철회되었습니다. … 도로, 특히 도시 고속도로 건설을 강력하게 추진합니다. 그래서 어떤 면에서는 … 흐름은 완전히 바뀌고 있다고 생각합니다. 대중의 생각은 여전히 강력하지만 제도적으로는 심대하고 정말로 불행한 역전의 와중에 있다고 생각합니다."

"적은 투자와 지금 그 발전 사례를 연구 중인 정치적 기회주의. 시드니에서는 투자금이 때로 수십억 달러에 달합니다. 하지만 여기에는 산더미 같은 계획이 필요하고, 이를 현장에 적용할 때 차질이 빚어지기도 하죠. 여기에다, 장난질 치는 사람들이라도 만나면 좌초되거나 심하게 망가질 수도 있죠." 그는 대중교통 기반 시설 계획이 어떻게 정당정치의 제물이 될 수 있는지 설명했다. "그건 단지 우리가 극복해야 할 정치적 미숙함을 나타낸다고 생각합니다. 이 미숙함이 많은 사람들을 오도 가도 못하게 묶어 둘 겁니다. 그러면 사람들은 매우 화가 날 것입니다." 이전에 면접조사한 주정부 정치인의 정서와 공명하면서, 그리고 캐슬 힐 같은 근교 도시를 언급하면서 그는 "취약한 기반 시설 상태에 화가 난 광역 외곽 지역과 그 중간 지대 주민들"이 이 문제를 풀 열쇠를 쥐고 있다고 했다. "그들은 정치가 여기에 대해 무엇을 할지 알기를 원할 겁니다."

정체됨

정치인들의 말들이 여전히 공명하는 가운데, 나의 마음은 다시 최근 캐슬 힐 환승 터미널에서의 조우로 돌아간다. "많은 사람들을 오도 가도 못하게 묶어 둘 겁니다." '여전히 기다림'이란 말이 이제 새로운 의미를 얻은 것처럼 보였다. 그 새로운 의미란, 여기 사는 사람들이 현재의 교통 기반 시설 상태에 대해 뭔가 시행되기를 그저 기다리면서 그것이 어떻게 좌초되었다고 느끼는지다. 적절한 기반 시설이 제공되지 않을 때 대중의 고립감이 강화될 수 있다는 광범위한 연구에서 보여지듯이, 실제로 교통 기반 시설과 사회적 소속감 사이에는 직접적 연관이 존재한다.[16] 팀 크레스웰은 이를 '정체됨'이라고 부른다.[17] 통근자들과의 대화를 통해 배운 것처럼, 정체됨은 고장 난 열차 때문에 생긴 기반 시설의 붕괴[18]와 같은 일시적 사건일 수도 있지만, 또한 일상적인 경험에 가까울 수도 있다. 예를 들어, 캐나다에 있는 브리티시 콜럼비아British Columbia주 섬 생활을 연구한 문화이론가 필립 바니니Phillip Vannini의 상세한 민속기술지적 묘사에서 드러나듯, 정체됨은 섬 주민들이 의존하는 (연락선ferry) 교통 체계의 일상적인 부분이다.[19] 북서부 시드니의 캐슬 힐 같은 곳의 상황에 가장 잘 들어맞는 것처럼 느껴지는 정체됨은 예외적이라기보다는 이처럼 일상적인 것에 가깝다.

  정체됨은 더 강력함 힘의 통제에 수동적으로 잡혀 있음을 함의하는 경향이 있다. 그렇지만, 가산 하게는 정체됨은 행위의 부재를 함의하는 경향이 있기는 해도, 정체 경험을 견뎌 내는 것은 실제로 훨씬 더 능동적인 것으로 취급할 수 있음을 상기시킨다. 왜냐하면 그것은 상황에 굴복하는 것이 아님을 표시하기 때문이다. 그는 우리의 사회적이고 역사적인 현 상황은 "영속적 위기" 상황이라고 주장할 수 있으며, 이것은 "정체되었다는 감각의 확산과 강화를 낳을"[20] 뿐 아니라, 이러한 정체됨은 우리의 "끝까지 기다리는" 역량을 기리는 인내력 시험으로 정상화된다. 여기서 "투쟁하는" 통근자라는 생각이 어떻게 광범위한 대중매체의 담론이 되었는지를 생각해 보라. 하게가 지적하듯, 이러한 정체됨은 "특정 사회 조건과 요소에 복속됨과 동시에 이러한 조건을 용감히 헤쳐 나가는 것을 모두 수반한다."[21] 이런 형태의 기다림에서는 "무엇인가가 오기를 기다리는 것이 아니라 달갑지 않은 어떤 것이 끝나기를 기다린다."[22] 달갑지 않은 어떤 것이 사라지기를 끝까지 기다리는 것이 정체됨이라는 하게의 정의는 장거리 통근자들과의 조우와 공명하는데, 그들의 주체성은 인내의 경험을 통해 드러났다. 장거리 통근자들은 몇 년 동안만이 통근을 지속할 거라고 후렴구처럼 말한다. 이는 끝나는 시간을 정해 놓는 것이 정체된 상황에 대해 스스로 권위를 잃지 않았다는 느낌을 미약하게나마 수립할 수 있음을 나타낸다.

끝까지 기다리는 것 속에 들어 있는 것은 "위기의 시대에 자기통제를 요청하고 그것을 가치가 높은 것으로 평가하는"[23] 통치성의 새로운 형태라고 하게는 주장한다. 비록 끝까지 기다리는 것이 계급과 인종을 통해 사회적으로 분화된 경험이라는 점에 그는 특별한 관심을 보이지만, 끝까지 기다림을 견딤으로 보는 일상적 관념은 정치인과의 면접조사에서 나타난 "좌초됨"과 통하는 것처럼 보인다. 면접조사를 다시 생각한다. "사람들은 매우 화가 날 것입니다." 이 진술은 특히 북서부 시드니에서 견디는 것이 한계에 도달하고 있음을 시사한다.

북서부 시드니에서 정체됨

현장조사를 진행한 수년 동안 나는 캐슬 힐을 계속 찾았다. 이곳은 교통 기반 시설에 대한 논쟁으로 계속 들끓었던 지역이자, 지난 20년간 인구 증가가 특히 집중된 곳이기 때문이다. 예를 들어, 2013년부터 2014년까지 힐스 구역Hills District의 일부인 파크리–켈리빌 리지Parklea-Kellyville Ridge의 인구는 9.4퍼센트 증가했다.[24] 광역 시드니 전체에서 두 번째로 높은 성장이었다. 이러한 증가는 노르웨스트 비즈니스 파크Norwest Business Park와 같은 허브들을 중심으로 경영 관련 서비스업을 성장시킨 1980, 90년대 도시 발전 전략의 뒷받침을 받았다.[25]

그렇지만, 이 지역의 대중교통 기반 시설은 높은 인구 증가에 보조를 맞추지 못했다. 1998년 주정부는 악화되는 경제, 공중 보건, 복지에 도시의 교통 체증이 미치는 영향을 인정했다. 시드니 북서부의 성장벨트는 교통이 특히 불량한 지역으로 꼽혔다. 지리학자 피터 토머스Peter Thomas는 1998년부터 2014년 사이에 벌어진 일에 대한 예리한 개요를 제공한다.[26] 간략하게 말하면, 1998년 교통-계획은 2010년까지 8개의 새로운 도시철도 노선의 건설을 제안했고, 그중 하나가 힐스 구역에 제공될 북서연결철도North West Rail Link: NWRL였다. 그렇지만, 그 12년 동안 이 계획 가운데 한 개 노선만 건설되었고 두 번째가 시작되었다. 북서연결철도NWRL는 건설되지 않았다. 토머스가 이 기간 동안 씌어진 일련의 보고서들에서 지적한 대로, "교통 문제는 확인되었고, 계속적인 도로 건설은 해법으로 기각되었으며, 대중교통을 통한 더 지속 가능한 교통 해법을 제공하려는 진보적인 책무가 받아들여졌다."[27] 명확하게 약속을 하는 것과 그것을 지키는 것 사이의 부조화가 있어 왔다.

북서연결철도는 상이한 외양과 구성으로 발표되고 취소되고 재발표되기를 몇 차례 반복했다. 이 철도는 1998년 원래 캐슬 힐 행으로 제안되었다. 그런데 2000년 주정부의 보고서 공개가 지연되자, 건설 계획의 경제적 타당성에 대한 의문이 제기되었다. 2001년 계획은 무기한 연기되었다. 2002년 주정부는 현실성 조사를 발표하고 여론조사를 했는데, 과반수의 응답자들이 계획에 찬성했다. 2005년 주정부는 '광역지역 철도 확장 계획Metropolitan Railway Expansion Plan'을 발표했는데, 이 계획에는 2015년까지 건설될 북서연결철도도 포함되었다. 2008년 주정부는 계획을 바꾸어 북서연결철도를 전통적인 "중전철"이 아닌 "광역 양식Metro-style"의 경전철로 만들기로 했다. 그렇지만, 정부의 초점은 중앙업무지구 CBD에 노선을 건설하는 데 있었다. 같은 해 북서연결철도 전체가 재정 압박 때문에 예산이 삭감되었다. 2010년 주정부는 광역지역 교통계획을 수립했는데, 여기서 중앙업무지구 노선이 취소된(취소된 계약과 연관 비용에 대한 보상으로 9,350만 오스트레일리아달러가 소요되었다) 북서연결철도 노선을 다시 발표했다. 그러나 현장조사를 벌이던 2013년까지 어떤 철도도 건설되지 못했다. 이러한 조변석개 경험에 비춰 보면 정치인의 입에서 나온 언급은 새로운 중요성을 띤다. "장난질 치는 사람들이라도 만나면 좌초되거나 심하게 망가질 수도 있죠."

이러한 조변석개에 대한 토머스의 서술은 연방정부, 주정부, 지방정부 사이의 관할구역 안팎에 나타나는 긴장을 정책 변화의 중요한 이유로 꼽는다. 그는 또한 이러한 조변석개가 철도 건설에 수반되는 긴 시간이 4년의 선거 주기가 요하는 단기적 이익과 잘 맞지 않는다는 좀 더 근본적인 긴장으로 지탱되고 있음을 지적한다. 이 점은 첫 번째 주정부 정치인과의 면접조사에서도 지적되었다. 즉, "철도 건설 비용 초과와 그러한 형태의 교통수단이 직접적인 자본 비용을 되갚을 수 없다는 점 사이의 역사적 관계가 건설 추진에서 재정적 결정을 하는 사람들을 어려운 상황에 몰아넣을 수 있다. 철도 기반 시설이 가져올 수 있는 장기적인 사회적·환경적·경제적 편익은 쉽게 환산할 수 없다."[28]

　토머스는 이러한 정치적 조변석개를 가능하게 하는 일부 계기에 주목한다. 그렇지만 시간이 지나면서 북서 시드니에서 이러한 조변석개 자체가 어떻게 대중의 분위기를 바꿨는가? 4장에서 묘사한 대로, 사건이나 장소에 대한 집합적인 신체 반응은 사람들의 의식 저변에서 설계될 수 있다.[29] 예를 들어, 환경에 대한 신중한 설계를 통해 신체적 능력은 특정한 방식으로 영향을 끼치고 영향받을 수 있도록 최적화된다.[30] 그렇지만 이 조변석개는 주정부의 효과적 관리 역량이라는 "주권" 능력에서 도출된 것이라기보다는 북서 시드니 주민들의 교통 기반 시설 수요를 충족시키지 못하는 국가의 무능력이 가져온 효과이다. 이런 상황은 지리학자 미치 로즈Mitch Rose의 '부정적 통치negative governance'라는 생각과 통한다. 미셸 푸코Michel Foucault가 기술과 국가 역량에 중점을 둔 것을 성찰하면서, 로즈는 "우리는 권력이 무엇을 하는가에 주목하면서 권력의 다양한 패배와 시도의 부재 등 권력이 하지 못한 것들을 보지 못한다"[31]고 말한다. 1998년을 시작으로 15년에 걸친 주정부 발표의 왔다 갔다 함, 연기, 취소 등은 상이한 장을 가로질러 영향을 끼치고 영향을 받을 수 있는 상이한 역량들을 바꾸어 놓았다. 토머스가 지적하듯, 이러한 장은 투자자들의 신뢰부터 통근자들의 복지에 이르기까지 다양하다. 2007년 정책 "뒤집기" 이후《시드니 모닝 헤럴드Sydney Morning Herald》의 시각은 축적되어 끓어오르고 있던 좌절감을 감지할 수 있게 한다. 벨린다 콘토미나스Bellinda Kontominas 기자는 다음과 같이 적고 있다.

대중교통과 도로는 이 통근자 지대 선거구에서 단연 최고의 의제이다. 주민들은 오랫동안 이야기해 온 북서연결철도를 여전히 기다린다고 말한다. 캐슬 힐 선거구 경계에 살고 있는 밥 칼드웰은 "철도가 들어오기 전에 나는 죽을 거예요. 20년 전에 들어왔어야 했어요"라고 말한다. 칼드웰 씨는 이 지역에서 35년 동안 살았다. 그동안 이곳은 많은 변화를 겪었다. 그에 따르면, 계획은 엉성했고 이곳 사람들이 부유하다는 정부의 인식은 정책에 영향을 끼쳤다. "서부 시드니와 남부 시드니는 도로 통행료 환불을 받지만 우리는 아닙니다.[32] 공항에 갈 때 30~40분 더 걸리는 뒷길로 가지 않으면 왕복 25달러가 듭니다." 레인 코브 터널Lane Cove Tunnel은 통행료를 예상해야 하는 또다른 곳이 될 것이라고 그는 말한다. 칼드웰 씨와 그의 아내는 몇 달후 퀸스랜드로 이사할 것이다. "우리 주는 15년 전에는 최고의 주였어요. … (그렇지만) 우리는 탈주에 동참할 겁니다."[33]

이후 같은 해, 수난다 크레이Sunanda Creagh 기자는 주 재무국이 북서연결철도를 중단시킬 수 있다는 소식을 전했다. "켈리빌의 테이머 갈릴은 '아주 화가 나요. 우리가 약간 오른 값에도 불구하고 이곳으로 이사 온 이유는 기반 시설이 들어올 것이었기 때문입니다. 우리는 모두 연결 철도에 대해 알았어요. 약속을 하고 정부가 그것을 깬다면, 정부는 통근자들에게 설명을 해야 합니다."[34]

북서연결철도의 문제 많은 역사를 보여 주면서, 토머스는 국가의 이러한 반복되는 실패가 그에 대한 반작용을 산출한다고 지적한다. 예를 들어, 노선도, 지도, 도시의 새로운 시각화 등의 기술들이 임박한 모빌리티, 즉 미래 교통 연결이 부동산 투기와 같은 물질적 결과를 초래할 수 있다는 감각을 창출하는 방식을 지목한다. 이 계획들이 갑자기 철회될 때, 우리는 "파열과 중단도 똑같이 미래 도시 교통 계획의 임박한 모빌리티의 부분이라는 것"[35]을 상기한다.

여기서 중요한 것은 기반 시설 건설 발표가 가진 영향, 즉 변화를 가져올 수 있는 역량은 장소의 상황적이고 독특한 기억에 의존한다는 것이다. 앞서 살펴본 대중매체 논평이 보여 주듯 "새로운 계획과 발표는 시간적 진공 상태에서 일어나지 않고 이전 계획과 발표들이 가진 정서적 부하로 이미 넘쳐 나는 도시의 풍경을 가르고 들어온다."[36] 2절에서 우리는 북서 시드니의 다른 장소를 찾아 북서연결철도가 이렇게 충천된 분위기에 반응하는 방식을 살핀다.

기다림을 관리하기

불신을 감지하기

캐슬 힐에서 첫 번째 현장조사를 할 무렵, 어느 오후에 나는 버스 환승역 바로 옆에 있는 쉽게 잊어버릴 만한 흰색 건물에 달려 있는 '북서연결철도 정보센터'라고 쓰인 간판을 발견했다. 이 계획의 문제 많은 역사를 알고 있었기 때문에 나는 안으로 들어가 봤다. 커다란 평면 텔레비전에는 홍보 영상이 성장, 미래와 같은 핵심어들을 빛나게 쏘아 대며 흥분을 일으키는 장엄한 음악들을 배경으로 방영되고 있었다. 새로운 역들의 컴퓨터 생성 영상 CGI 도면들이 벽을 장식하고 있었다. 안내 데스크의 여성은 이 정보센터가 2011년 개관했다고 말해 주었다. 그녀는 캐슬 힐보다 훨씬 더 외곽에 있는 켈리빌에서 15년 동안 시드니 중심부로 통근했다고 했다. 그녀는 집에서 가까운 곳에서 새로운 직업을 찾는 것이 절박했다. "여기는 나에게 이상적 위치예요!" 그녀가 왜 이 기반 시설 계획에 열정적인지는 이해가 됐지만, 지난 15년 동안의 실패가 마음에서 쉬이 떠나지 않았다. 이 센터를 방문하기 전에 교통 환승역 반대편 너머에 있는 카페에서 한 바리스타와 이야기를 나누었다. 나는 정보센터를 가리키며 안에 들어가 본 적이 있는지 물었다. 그는 머리를 가로저었다. "아뇨, 그 일은 벌어지지 않을 거예요." 그는 퉁명스럽게 말했다. "전에도 여기까지는 진행되었어요."

주정부가 여전히 기다리는 경험이 산출해 온 이러한 성향을 어떻게 감지하고 관리하는지 알아 보고자, 나는 북서연결철도 계획과 연관된 대표자와 자리를 마련했다. 정보센터 내에서 접이식 유리판 칸막이를 옮겨 즉석 회의 공간을 만든 뒤 케이트Kate는, 자신의 역할은 계획이 진화해 가면서 상당히 변해 왔다고 말한다. "애초에는 계획 과정을 둘러싼 개입과 조언 청취였어요. 이 부분에서 사람들에게 '이 일은 실제로 일어나고 있어요'라고 말할 필요가 있었죠." 그녀는 잠시 멈췄다가 다시 말을 잇는다. "이 계획은 다시 활성화됐다, 다시 취소됐다, 다시 활성화됐다, 다시 취소됐다 했어요." 그녀는 말의 내용처럼 손도 이쪽저쪽으로 왔다 갔다 한다. "우리가 개관했을 때, 10년에 걸쳐 활성화됐다 취소됐다 한 상태였죠. 이런 반복 때문이지 처음에는 사람들이 개입하기를 원하지 않았어요." 그럴 만도 하다는 표정이다. "사람들은 너무 실망해서 이 계획에 어떤 것도 투여하려 하지 않았어요. … 우리가 개관했을 때, 사람들의 여전한 걱정은 '이 일은 결코 일어나지 않을 거야'였어요." 그녀는 사람들의 반응이 어떠했는지 묘사한다. "음, 우리가 우편함에 이에 대한 정보를 좀 넣어 뒀어요' 하면, 사람들은 '그래요, 음, 봤는데 휴지통에 던져 버렸어요. 왜냐하면 일어날 것 같지 않은 일이거든요.' 하는 거예요."

지역 정보센터는 이러한 신뢰 부재에 대응하기 위해 설립되었다. 케이트 말로는 "이른바 '현실 소식 전달reality messaging'이라고 부르는 것을 하기 위해서." "'이거예요. 이 일은 일어날 것이다.'" 케이트는 멈췄다가 좀 더 천천히 말한다. "이번에는 이 일이 일어날 가능성이 크다." 그러나 조변석개의 힘은 그녀의 마음에도 의심의 씨앗을 심은 듯하다. 나는 끄덕인다. "냉소주의가 비정상적으로 높고 … 그 첫 단계에는 냉소주의가 정말 많아서 사람들과 통하기가 어려웠죠. 사람들은 그냥 상상하지 못한 거예요. 이런 거대한 기반 시설 계획을요. 어떤 정부가 언제 그것을 시작한다는 걸요. 이건 이전 정부들이 했던 일들의 유산이라고 생각해요. 여전히 '우리가 뭔가를 계획하고 있어요'라고 하면, 항상 '그래요, 좋아요. 그렇지만 그 일은 일어나지 않아요'라고 하지요." 나는 실패한 시드니 중앙업무지구 노선 계획 Sydney Metro scheme이 생각나서 덧붙인다. "그런 측면에서 그들은 용서받을 수 있다고 생각하는데요." 케이트는 미소 짓는다. "아, 지당하세요. 정부는 북서연결철도 같은 것들을 훨씬 더 많이 공급해야 할 필요가 있다고 생각해요. 말하자면, 그들이 하겠다는 걸 한다고 사람들이 믿기 시작하려면 마침내 완성되는 걸 볼 필요가 있어요."

믿음 일으키기

기반 시설에서 현재 진행 중인 조정을 깊이 살펴보는 것의 중요성을 강조하면서, 도시 이론가 압두말리크 시몬AbdouMaliq Simone은 "기반 시설은 힘을 행사하는데, 그것이 활용하는 물질 재료나 에너지에서뿐만 아니라 사람들을 끌고 모아 들여서 역량을 응집시키고 확장시키는 방식에서도 그러하다"[37]라고 쓴다. 기반 시설이 사회적이며 동시에 물질적이 되는 방식을 강조하면서, 그는 "기반 시설과 사회성 사이의 구분은 확정적이라기보다는 유동적이고 실용주의적이다. 사람들이 사물에 노력을 기울이는 것은 사물이 사람들에게 영향을 끼치기 때문에 서로에게 노력을 기울이는 것"[38]이라고 말한다. 그러면서 사회물질적 기반 시설을 유지하는 과업의 일부는 "기대의 정밀 조형"[39]을 수반한다고 말한다. 기대의 정밀 조형이라는 생각은 지역공동체를 개발계획에 동조시키는 케이트의 역할을 이해하는 데 특히 도움이 된다. 기반 시설의 설계가 철저하게 물질적인 차원을 전면에 내세우는 경향이 있음에도, 기반 시설이 물질적인 동시에 사회적이라는 시몬의 생각을 반영하듯, 케이트는 그녀의 역할을 훨씬 덜 구체적이지만 덜 중요하지는 않은 믿음을 설계하는 것으로 서술한다. 그녀에게는 사람들로 하여금 현장에 실제로 존재하지 않는 어떤 것을 믿도록 설득하는 것이 가장 큰 어려움이다. "어떤 것이 실제로 세워져서 작동하기 전까지는 그것이 최고의 제품이라고 증명할 수 없기" 때문에 어려운 것이다. 이 점은 개발계획에 부정적인 경향이 있는 지역 매체의 논평에서 지속적으로 활용되는 지적이다. 케이트는 이 계획에 대한 믿음을 창출하는 데 특히 세 가지 전략이 유용했다고 말한다.

첫 번째 전략은 주정부의 전략적 전망을 내세우는 것이다. "이 계획을 설명하는 데 도움이 되었던 것은 시드니 철도의 미래에 대한 전략적 전망이었어요. (북서연결철도 계획이) 전체 전망에서 어느 부분인지 설명한 것이죠. 어디와도 통하지 않는 짧은 지선이 아니라는 것이지요. 사람들은 그 전략적 큰 그림에 잘 반응해요." 이는 계획이 담고 있는 메시지는 광범위한 청자들을 고려하여 이해하기 쉬워야 한다는 건축가 일제 파클로네Ilze Paklone의 지적[40]과 상통한다. 두 번째 전략은 핵심적 메시지의 반복이다. "우리는 그냥 대중매체에 같은 말을 이야기하고 또 했어요. 이번 계획이 무엇인지, 어떤 점이 다른지, 어떤 이점을 가져다줄지를 최대한 설명하려고 했죠." 이 전략은 민영화에 대한 우려를 가진 사람들과 이야기할 때 특히 중요했다고 한다. "요금 통제는 정부가 할 것이고, 요금도 다른 노선과 동일할 것이라고 반복해서 말했죠. 그걸 들으면 대부분 안심하지요." 세 번째 전략은 특히 페이스북Facebook 같은 사회연결망 서비스의 힘을 활용하는 것이다. 그녀는 이 전략이 얼마나 자기관리가 잘되었는지에 놀라움을 표시한다. "사람들이 페이스북에 그들의 염려를 표현하면, 공동체의 자기관리가 작동합니다. 예를 들어 누군가가 '아, 이 단층 열차는 끔찍해요. 자리도 없을 거예요'라고 하면, 다른 사람이 '세계 곳곳에 그런 게 다 있어요. 시드니에도 필요하고요'라고 해요. 그러면 우리의 말할 때 훨씬 더 강력해지죠."

그럼 이러한 전략들이 갖는 효과는 어떻게 평가할까. 케이트는 지역공동체를 대상으로 한 설문 조사가 미래의 기반 시설에 대한 믿음을 진단하는 중요한 방법이었다고 말한다. "사람들(설문 응답자)의 가장 큰 염려는 이 계획이 실현되지 않는 거였죠. 이제 그런 말은 사라졌어요." 일화적 증거들 역시 중요하다. "그냥 나가서 사람들과 대화해 보면 알아요. 지금은 사람들이 먼저 다가와서 정말로 기뻐하며 어디에 역이 들어올지, 기차는 얼마나 자주 올지 알고 싶어 해요. 그래서 현재는 이 계획에 대해 강력한 지지를 얻고 있어요. 심지어 시드니의 나머지 지역에서도요. 다른 지역 사람들도 이 계획이 북서 시드니에 유익할 것이라고 믿고 있죠."

전시

지리학자 샘 킨슬리Sam Kinsley는 미래지향적인 "모의실험"은 단지 도래할 것에 대한 수동적 묘사가 아니라고 말한다. 모의실험의 현전은 강력한 수행적 효과를 갖는다. 기술 기반 회사들이 만들어 내는 일종의 "전망 영상"을 언급하면서, 킨슬리는 그러한 영상들이 '아직 일어나지 않은 일의 현전을 확립함으로써' "미래성을 창출한다"[41] 고 쓴다. 전시가 건설 계획에 대한 믿음을 창출하는 핵심 기술이라는 케이트의 설명대로, 이러한 동학은 정보센터에서도 작동하고 있다. 정보센터를 구성하는 자료들은 거기에 기여한다. 모든 벽면마다 새로운 열차 노선으로 완성되는 이 근교 도시의 미래를 보여 주는 멋진 도면들이 걸려 있다. "우리는 현재 정말로 확정적인 그림을 가지고 있어요. 처음에는 몇몇 계획들밖에 없었고, 사람들에게 이렇게 될 것이라고 생각하는 것 정도만 보여 줄 수 있었죠. 하지만 점점 현실에 근접할수록 좀 더 구체적이 되었어요. '이게 실제 열차의 형태입니다. 이것은 역의 모습이 될 것입니다.' 그러면 사람들은 정말로 신나 했어요." 이러한 시각화는 추측된 도안에서 확정된 제품으로 전이해 왔다. 사회학자 모니카 데겐Monica Degen과 그 동료들이 상기시키는 대로 이러한 디지털 영상들은 단지 화려한 묘사가 아니라 도시가 시각화되는 새로운 방식이다.[42]

전시의 두 번째 형태는 새로운 역과 열차의 축소 모형으로 제공된다. 케이트는 축소 모형이 이 계획을 시각화하는 데 "매우 성공적"이었다고 평한다. 이 모형들은 그 자체로 기동성이 있어서 지역공동체를 널리 순회해 왔다. "이곳에는 철도가 없어요. 그리고 아마도 사람들이 시드니의 다른 지역에서 경험해 봤던 철도와는 많이 다를 거예요. 그래서 모형들로 이 계획에 생기를 불어넣지요." 마침 나이 든 부부가 역의 축소 모형들을 살펴보고 있다. 주위를 걸어 다니며 다른 각도에서 바라보면서 모형을 가리킨다. "보이시죠? 사람들이 이 모형들을 살펴보고 '아, 저게 내가 사는 길이야' 혹은 '우리 동네 길이네, 아 맞아 어디로 가는지 알겠네'라고 말하죠." 열차의 축소 모형들 가운데 하나는 측면이 잘려 있어서 그 내부를 들여다볼 수 있다. 케이트는 이를 통해 자리가 부족할 것이라는 경전철에 대한 사람들의 염려를 덜 수 있었다고 말한다. 최근에는 한 남성이 센터를 방문해 모형을 들여다보다가 천장에 붙어 있는 조그만 오렌지색 손잡이를 보고는 "안심되고 설득되었다"고 인정했다고 한다.

전시의 세 번째 형태는 센터에서 제공하는 좀 더 몰입적인 조작 체험이다. 가상현실 헤드셋을 쓰면 6분 동안 터널 굴착기 관람을 할 수 있다. 이 경험은 다른 매체를 통해서는 경험해 보지 못한 심도 있고 말초적인 시각 감각을 제공한다. 나는 터널 굴착의 기술적인 차원과 숭고하게 느껴질 정도의 작업 규모에 놀랐다. 내 앞에 있는 것처럼 보이는 그 장면에 다가가 만져 보고 싶었고, 그러려고 허리를 숙이기까지 했다. 이 영상 덕분에 기반 시설 건설에 쓰이는 엄청난 힘들을 직접 느껴 볼 수 있었다. 한 부분에서는 강철 절단 날을 확대해 볼 수도 있는데, 그것은 텅스텐 도금으로 몇 주에 한 번씩 교환해 줘야 한다는 설명이 흘러나온다. 암반의 단단함은 건설 계획의 규모를 강화시키는 것처럼 보인다. 케이트는 노선을 따라 다양한 지점에서 시행한 시험 굴착으로 얻은 암반 표본을 전시한 탁자를 보여주었다. 이때 직접 만져 보고 싶다는 욕망이 충족된다. 나는 작은 표본 하나를 집어 들었다가 그 무게에 깜짝 놀랐다.

전망 영상에 대한 킨슬리의 분석처럼, 정보센터에 있는 자료들은 제시된 미래 교통 기반 시설에 대한 친숙함과 체화된 성향을 강화시키도록 고안된다.[43] 케이트가 보여 주듯 이 연결 철도 건설을 지연시켰던 15년간의 정치적 조변석개가 만들어 낸 북서 시드니 지역의 냉소주의를 생각할 때 이는 중요하다. 특히 놀라운 것은, 정보센터가 특정한 체험을 창출하여 그 냉소주의를 파고들도록 설계된 방식이다.

철학자 브라이언 마수미가 주장한 것처럼, 현재의 권력은 이성에 호소하는 것만으로는 더 이상 작동하지 않는다. 특정한 경험을 창출해야만 감성적 통로를 통해 작동한다.[44] 교통이 불량한 시드니의 이 지역에서 기반 시설 건설을 기다리는 맥락에서, 케이트는 정보센터가 어떻게 열망과 흥분을 강화할 경험의 생산을 목표로 움직이는지 설명했다. 정보센터 작동의 핵심은 전시의 미학적 잠재력이다. 축소 모형, 암반 표본, 가상 현실 헤드셋 관람처럼 채용된 자료들은 성찰적인 담론이 아니라 즉각적인 감각의 수준에서 촉각을 통해 작동하도록 설계된다. 이 물질 재료들은 계획에 대한 정보를 단순히 전달하는 것이라기보다는 계획과의 친화성을 창출하는 조우를 촉진하도록 만들어졌다. 이는 "세계성worlding의 수행이 메시지뿐 아니라 분위기를 생산하기 위해 훨씬 더 강력한 감각적 수단들을 사용하도록 요구한다"[45]는 나이절 스리프트의 지적과 상통한다.

물론, 이곳이 이러한 성향 변화가 일어나고 있는 유일한 장소는 아니다. 일상을 통해 우리는 지속적으로 영향을 끼치고 받는 우리의 역량을 미세하게 변화시키는 조우를 하고 있다.[46] 이는 정보센터에 전시된 자료들의 힘, 정치적 발표의 힘, 매체를 통한 재현의 힘을 수반하는 조우를 포괄한다. 이는 여전히 버스가 오기를 기다리는 것과 같이 이 지역에서 사람들의 일상적 통근 생활을 구성하는 셀 수 없이 많이 진행되는 조우를 통해 전개된다.

다음 수순 밟기

3년 동안의 현장조사 이후, 시드니 사람들이 직면한 통근 문제를 "해결하는" 것이 거대한 규모의 도전임을 너무나도 잘 알게 되었다. 비록 새로운 대중교통 기반 시설에 대한 지출도 이 도전에 대한 대응의 일부이지만, 북서연결철도라는 하나의 기반 시설 계획이 겪은 기복만 살펴보아도 새로운 교통 기반 시설의 계획과 건설이 얼마나 오래 걸리고 지연될 수 있는 일인지 알 수 있다. 그래서 기반 시설의 건설을 기다리는 것이 시드니 같은 도시에 사는 만성적 조건인 것처럼 느껴지기까지 한다.

도시 교통은 변화에 대해 고집스러울 만큼 저항적으로 느껴진다. 하지만 동시에 두 손을 들고 변화는 일어나지 않을 거라고 혹은 아예 희망이 없는 계획이라고 주장하는 "편집증적 비판 시각"에 귀의하는 것이 얼마나 쉬운지도 안다. 그러한 입장은 우리의 행동 능력을 마비시킬 위험이 있다. 브라이언 마수미가 지적하듯, 우리의 구원을 위해, 더 나은 삶이라는 이상향적 꿈을 위해 지속적으로 미래만 바라보는 것은 현재 여기에 존재하는 모든 종류의 잠재성을 무시하는 것이다. "모든 상황에는 서로 협조하거나 상이한 목적으로 진행되고 있는 조직과 경향의 많은 수준들이 있다. 모든 요소들이 상호 연관되어 있는 방식은 너무나 복잡해서 한 번에 이해할 만한 것이 아니다."[47] 이러한 진단은 확실히 도시 교통의 어지러운 복잡성을 묘사하는 데 적합하게 느껴진다. 마수미는 심지어 가장 얽혀 있고 외면적으로 다루기 힘든 상황이라도, 그 복잡한 상황으로 인해 변화와 묘안을 발휘할 수 있는 여지가 존재하게 된다고 지적한다. 그러나 종종 도시계획의 목표가 되는 대규모의 웅장한 계획이란 관점에서 무엇을 할 필요가 있는지를 생각해 보기보다는, 마수미의 지적은 간단하게 다음 수순이 무엇인지를 생각하는 것도 중요할 수 있다는 것이다. "어떤 다음 수순을 택할 것인가는, 우리의 모든 문제가 해결되는 먼 미래의 멀리 떨어져 있는 목표에 도달하는 방법보다 훨씬 덜 위협적이다."[48]

마수미는 도시 교통이 마침내 잘 정리될 시간을 위해 대기하기보다는 지금 여기에서 벌어지고 있는 것으로 실험해야 할 우리의 책임감을 일깨운다.[49] 특히 기반 시설을 건설하는 데 드는 비용을 고려할 때, 교통 기반 시설을 변화시키는 것은 이 책의 다른 장들에서 탐색했던 실험적 시도에 참가하는 것보다 그 자체로 더 어려운 것처럼 보일 수 있다. 이 절에서는 서부 시드니의 다른 장소를 방문하여, 하나의 의견 개진 조직이 어떻게 잠재적으로 이 도시 통근자들의 삶을 변화시킬 기반 시설에 대한 소규모 개입을 주창하는 과제를 수행하고 있는지를 탐색한다.

집회

"누구를 위해 노래하나?" 모여 있는 군중을 마주하고 선 한 사람의 목소리가 선창한다. 사람들은 답한다. "서부 시드니를 위해 노래한다." 약간은 어색하게 그리고 처음에는 주저하면서 시작된 이 선창과 후창은, 각각의 반복이 이전보다 좀 더 확신에 차기 시작하며 실내 전체가 전염성 강한 음 생략 후렴의 박자로 찰 때까지 쌓이고 또 쌓인다. 이 간단한 노래가 마법을 부리면서 어색한 미소는 활짝 웃음으로 바뀐다. 봄날 저녁 여기 파라마타 홀Parramatta Hall의 주극장에는 4백 명이 넘는 사람들이 모였다. 몇몇이 들고 있는 깃발에서 알 수 있듯 노조, 종교 단체, 의료 단체 회원들이 많다. 공동 이해 과제를 진행하기 위해 상이한 지역공동체 조직, 노조, 종교 조직이 합류한 비정당 정치 조직인 '시드니 동맹Sydney Alliance'의 지역 집회이다. 이들이 내건 세 가지 주요 의제 가운데 하나가 도시 교통이다.

캐슬 힐의 약간 남쪽에 있는 파라마타를 둘러싼 이 지역은 시드니에서도 통근 부담이 극심한 지역 중 하나이다. 파라마타 자체는 오스트레일리아의 최초 식민 정착지 가운데 하나로, 식민지 정착 초기에는 강이나 흙길로만 갈 수 있었던 유속이 느려진 파라마타강 하구의 작은 마을이었다. 현재는 시드니의 지리적 중심이자 그 자체로 하나의 도시이다. 바깥에는 매끈한 유리 벽면의 고층 건물 숲이 우리가 있는 웅장한 빅토리아 양식의 건물을 초라하게 한다. 일군의 날렵한 크레인들은 더 많은 건물들을 약속하고 있다. 최소한 서부 시드니 인구의 절반은 이 지역 밖에서 일하기 때문에 직장으로의 긴 출퇴근 여정을 필요로 한다. 대중교통에 대한 이 지역의 낮은 투자는 많은 통근자들의 승용차 이용을 낳고, 이는 다시 익숙한 상습 정체를 낳는다.

강당의 분위기는 심각한 야망과 가벼운 동지애가 이상하게 섞여 있다. 이는 2절에서 탐색했던 북서연결철도 정보센터로 대표되는 것과는 다른 종류의 전시다. 조용히 사색하는 것보다는 집합적 기운의 파도타기에 가깝다. 각 조직의 출석 확인 후, 집회의 교통 부분 대변인인 커트Kurt는 열기가 오른 군중들 앞에 첫 연사로 나선다. "이 지역에서 교통을 개선하는 것은 거대한 기반 시설 건설 계획만이 아닙니다." 커트의 말은 마수미의 다음 수순을 밟는 것에 대한 지적과 통한다. "그것은 우리가 바로 지금 가지고 있는 것을 가장 잘 활용하는 것입니다." 이 말과 함께, 여러 철도역 이름들로 수놓인 플래카드를 머리 위로 들고 있던 사람들이 군중 사이 중앙 통로로 내려온다. 그들은 가파른 나무 계단을 통해 무대에 오른다. 적절하게도, 플래카드들에는 시드니의 철도망에서 아직도 비계단 통로가 없어서 많은 통근자들의 접근을 방해하는 19개의 역 이름이 적혀 있다. 플래카드를 든 사람들 뒤를 무거운 여행 가방을 끄는 몇 사람과 유모차를 미는 한 여성이 따르고 있다. 그들은 플래카드를 든 사람들보다 확실히 불편하게 무대로 통하는 나무 계단을 오른다. 이러한 모의실험의 힘은 그들이 실제로 느끼는 고통이 실린 찡그린 표정으로 그 자리에 모인 조직 및 지역 의회 의원들에게 드러난다.

동맹

무엇이 시드니 동맹으로 하여금 무계단 통로를 시급한 교통 과제로 선택하게 만들었는가? 이를 알아보기 위해 나는 집회에서 연설하던 남자를 만나 어떻게 이 그룹이 통근자를 위한 의견을 개진하는지 물어보았다. 먼저 커트는 교통 문제는 모임을 구성하고 있는 다양한 조직들을 통해 과제로 선정되었다고 밝힌다. 그 다음 수순은 어떤 교통 목표를 성취할지를 각 조직 및 이 분야 전문가들과 토론하여 결정하는 것이다.

"우리는 그냥 '교통이 엉망이니 뭔가 해 주세요'라고 말만 하는 조직이 되고 싶지 않았어요. 그래서 작은 공식을 하나 생각해 냈죠. 4백에서 15에서 1." 이 공식은 접근성의 중요한 측면을 강조한다. '4백'은 사람들이 있는 곳과 그들이 가고자 하는 곳에서 4백 미터 이내에 대중교통이 있을 것을 나타낸다. '15'는 대중교통이 얼마나 자주 다녀야 하는지를 분으로 나타낸 것이다. '1'은 여정이 여러 부분을 포함하더라도 하나의 승차권만 있으면 된다는 뜻이다. 커트가 말하듯이, 이는 "정책 향상과 함께 우리가 추구해야 할 최소한의 전망이라고 여기는 바를 선명하게 담아내려는 노력"이다. 회원들과 함께 이 공식을 길에서 시험한 이후, 안전 같은 다른 과제들도 제기되었다. 그래서 안전하고safe 깨끗하고clean 접근이 용이하며accessible 저렴하다affordable의 준말인 SCA²가 공식에 추가되었다.

그 다음 수순은 모호한 생각이 아닌 "정부의 이행 약속을 강제하기 위해 실제로 노력할 수 있는 가늠자를 확정하는 것이었다." 동맹이 벌인 첫 번째 운동 가운데 하나는, 환승 터미널에 이전 정부가 매표소를 폐쇄하면서 없앤 직원을 배치하는 것이었다. "그건 많은 사람들을 열광시킨 좋은 운동이었어요. 우리는 모든 종류의 작은 행동을 통해 변화시키려고 했죠. 회원들이 각자 다른 기차역마다 가서 야간 안전점검을 하기도 했어요." 비록 주정부로부터 해당 인력까지 얻어 내는 게 더 힘들었지만, 관련 영역에서 훌륭한 진보를 이루었다. "예를 들어, 레드펀에서는 조명 문제가 나왔고, 그래서 시드니시에 가서 그곳의 조명을 일정 부분 향상시켰지요. 비슷하게, 주상원으로 하여금 블랙타운 주변의 서부 근교 역에서 뭔가 하도록 만들었습니다."

"이건 우리가 가지고 있는 것을 활용하는 것입니다. 또 다른 크지만 공허한 계획을 발표하기보다, '지금 우리가 지금 무엇을 하고 있을 수 있나? 실제로 변화를 이끌어 낼 작은 한 걸음의 실천은 무엇인가? 현재 운행되는 기차 노선들 사이에 버스 운행 횟수를 두 배로 늘리면 어떨까? 기차역을 수리하면 어떨까?' 등등을 물어요. 말하자면, 그런 것들은 10년이 걸리는 이상한 나라의 앨리스 같은 일이 아니죠. 펜 한 번 굴리면 내일이라도 기차역에서 공항에 가는 수수료를 없앨 수 있어요." 그렇게 하면 요금을 내지 않으려고 이전 역에서 하차해서 공항까지 걷는[50] 대신에, "출근길에 그 기차를 타게 되어 몇 천 명의 사람들의 삶이 달라질 것"이다. "실제 그 기반 시설이 들어왔을 때 사람들의 삶에 미치는 영향이 정말로 운동을 할 만한 긍정적인 일이었으면 합니다."

동맹의 전술은 동맹이 설정한 과제들에 주정부가 관심을 갖도록 하는 것이다. 이 동맹의 전술은 다른 조직들과 다르다. "우리는 제출도 자문도 하지 않습니다. 우리는 실제로 조직을 하죠." 커트는 최근 동맹 회원들과 주정부 교통국장이 가졌던 자리를 예로 든다. "우리는 주정부가 향후 10년 동안 철도망을 어떻게 향상시킬지 구체적인 시간표로 약속받아 내려고 노력 중입니다." 도시 전체의 기반 시설 투자의 공간 정치학에 주목하면서, 동맹이 원하는 것은 자원이 배분되고 우선순위가 결정되는 방식에 대한 투명성이다. "우리가 개입하기 시작한 것은 우선순위와 과정에 대한 토론입니다. … 이것이 단지 누가 더 큰 소리로 소리치느냐의 문제입니까?"

이른바 "탈자본주의post-capitalist 경제"에 대한 깁슨–그레이엄J. K. Gibson-Graham의 저작은 동맹의 정치를 평가하는 데 교훈적이다. 전통적인 경제 분석처럼 자본주의처럼 거대하고 복잡하여 다루기 힘든 실체를 들먹이는 것은 전체 경제활동 범위를 구성하는 다양한 실천과 관계의 헤아릴 수 없는 다양성을 음미하지 못하도록 한다. 이러한 경제활동의 많은 부분이 임금노동에 초점을 맞추는 전통적인 분석에서 공식적으로 인정받지 못하고 있다. 이 지적을 도시 교통 영역에 대입해 보면, 거대한 계획으로 수립된 기반 시설의 성공과 실패에만 초점을 맞추는 것은 다양하고 작은 규모의 기반 시설 변화가 가져올 셀 수 없는 잠재성을 간과하는 것이다. "우리는 현재 사물의 질서에서는 거의 보이지 않는 잠재적으로 긍정적인 미래를 읽어 내고 그것을 강화시키고 진전시킬 방법을 상상하는 소명을 부여받았다."[51] 따라서 비계단 통로나 공항역 접근 수수료 제거가 커트가 말하는 큰 규모의 "공허한 계획"에 초점을 맞추는 정책 토론이 놓칠 수 있는 상대적으로 작은 과제일 수 있지만, 그러한 작은 수순이 잠재적으로 도시의 많은 통근자들의 삶을 바꿀 수 있다.[52]

이야기하기

커트의 말에서도 짐작할 수 있듯, 대부분의 의견 개진 그룹처럼 커트의 동맹이 조직으로서 직면한 핵심적 어려움 가운데 하나는 조직의 주장을 어떻게 지방정부와 주정부에 전달할 것인가이다. 지방정부와 주정부는 의견 개진 그룹이 제안하는 변화에 들어갈 자본을 제공하는 기관이기 때문에 중요할 수밖에 없다. 그렇다면 의견 개진 그룹들은 어떻게 그들의 의견을 전달하고 있을까.

루스Ruth는 파라마타에서 서부 시드니를 위한 의견 개진 활동을 하는 지역공동체 포럼의 교통 담당자이다. "교통은 큰 숫자에 집착하는 경향이 있죠. 우리는 큰 계획에서 빠져 있을 수 있는 과제들을 대표하는 데 관심을 가지고 있습니다." 이 포럼은 특히 대중교통에 대한 투자가 불균형하게 낮은 시드니 서부 지역 주민들이 직면한 어려움을 해결하려고 모였다. "이 지역의 교통은 불균등하게 분포되어 있습니다. 그래서 우리가 아무리 대중적인 방안을 내놓아도 그 혜택이 모든 주민에게 돌아가진 않아요." 루스는 지리적 불균등성을 예로 든다. "만일 내가 특정 노선에 산다면 다수의 급행열차를 이용할 수 있겠죠. 반면에 리버풀Liverpool에 산다면 러시아워에 정체된 M5 고속도로를 운전하는 것과 열차를 타는 것이 거의 비슷할 거예요. 리버풀 노선에는 정차 구간이 많아 기차가 빨리 못 가기 때문이죠. 사람들은 이동해서 다닐 권리를 높이 삽니다. 그래서 그게 바뀌는 순간, 말하자면 무기를 들고 봉기를 하는 거죠." 이 지적은 미니 셸러Mini Sheller의 '모빌리티 정의mobility justice'라는 용어와 관련이 있다. 이 용어는 이러한 모빌리티의 불균등한 분배를 집중 조명한다.[53] 셸러는 상이한 이동 역량이 사람들의 기회에 영향을 끼친다는 점에서 이 불균등한 배분은 매우 정치적인 문제라고 주장한다. 그러면서 젠더, 연령, 계급, 인종과 같은 다른 정체성의 축이 어떻게 모빌리티의 배분과 교차하는지를 일깨운다.

루스는 주정부 교통국과 지역공동체 조직 양쪽에 다 몸담고 있기 때문에 이 둘의 관계를 성찰하기에 좋은 위치다. "교통국에 근무하면서 쌓인 지식을 실제 의견 개진 활동에 다양하게 활용할 수 있죠." 하지만 교통계획이 실제로 어떻게 수립되는지 알기 때문에 시드니의 교통 문제를 정리하는 어려움도 이해한다. "열차 노선을 건설하는 것은 매우 어려운 일입니다. 노선을 신설하거나 도로 체증을 해소하거나 혹은 주차를 해결하는 문제 등은 정말 복잡하다는 것입니다." 루스의 어조는 내가 면접조사에서 다른 통근자들과 나눈 대화 내용처럼 약간 지친 것처럼 들렸다. "우리가 교통에 대해 실제로 할 수 있는 일은 그다지 많지 않습니다. 그냥 우리에게 주어지는 어떤 것이지요. 그리고 모든 사람이 각자 다 자신만의 어려움이 있죠." 루스의 어려움은 교통과 관련해 그들의 주장이 누구를 위한 것인지, 누가 그것을 들을 것인지를 판단하는 것이다. "정말 많은 의견 개진 운동이 진행되고 있어요. 그래서 어떤 문을 통해 어떻게 들어가는지를 아는 것이 실제로 중요합니다."

이러한 어려움에 대한 지식과 인정 사이에서 하나의 계획이 등장했다. '교통이 그런 변화를 만든다 프로젝트The Transit Makes Such a Change project'는 사람들의 삶에서 교통이 갖는 중심적 역할을 강조기 위해 서부 시드니에 사는 사람들에게서 다양한 이야기들을 창출한다. 이 프로젝트가 일종의 정책 결정 안내 도구로서 출판한 소책자는 "교통과 관련된 대화에 인간의 요소를 포함시키려 시도하고 있다." 이 계획의 정신은 교통이 창조하는 긍정적 역량이다. 루스는 "그것은 단지 불평이 아니다"라고 말한다. 시드니의 교통 문제에 대해선 대부분의 이야기가 부정적이기 때문에 이 점에 초점을 두는 것이 중요하다. "나도 내부에 있어 봤습니다! 일군의 사람들이 나타나 '이것은 잘못이에요' 그리고 '저것도 잘못이에요'라고 말하는데, 거기에 대해 무엇을 해야 할지 정말 모르는 것이 어떤 것인지 이해합니다." 그녀는 부정적인 피드백의 위험을 경고한다. "부정적인 이야기를 너무 많이 들으면, (정부는) 그냥 문을 닫아 버립니다." 시드니에서 교통이 정치화된 방식 때문에 "불평이 질적인 입력으로 사용되지 않고 관리되는 경향이 있다"는 것이다. 그래서 교통이 그런 변화를 만든다 프로젝트는 "모범 사례를 보여 주고 그런 방식으로 정부도 더 많이 투자할 수 있다고 제안하려고 노력합니다."

이를 위해 루스는 첫째, "이야기 운동가story activist"가 되는 기술을 발전시키려 했다. 그래서 10개 지역 조직이 이 프로젝트에 참여하자, 이 조직들에 기술 발전 워크숍을 제공하고 각 조직마다 4개의 이야기를 발굴해 오라고 부탁했다. 이 과제에 담긴 내용은 매우 다양했다. "난민 그러니까 이민자 이야기, 노화 이야기, 시각장애에 관한 마이클의 이야기 등등."[54]

"이야기들을 모으는 일과는 별개로 그것을 가지고 무엇을 할지가 중요합니다." 루스는 주류 교통계획에서 이런 일들이 종종 어떻게 묵살되는지 냉소적인 농담을 건넨다. "지역공동체의 의견이 정부에서 어떻게 묵살되는지 아시죠? 매우 불친절하죠. 내가 지역공동체에 돌아와서 하려고 한 일이 정부와 지역공동체를 더 가깝게 화합시킬 일을 찾아 시도해 보는 것이었습니다." 그래서 루스의 프로젝트는 사람들의 이야기와 관련된 그림들을 통해 "관료 체계에 좀 더 개인화된 그림을 제공하려도 한다." 이는 의견 개진 조직의 변화하는 역할과도 관련이 있다. "과거 의견 개진 조직이 정부에 작동하는 방식은 약간 낡았죠. 우리는 '사람들을 위해 존재한다'고 생각해요." 그녀의 말대로, 이야기는 약간 더 설득력이 있다. "마이클의 영상을 다른 사람에게 보여 주면, 그건 내가 마이클을 대신해서 이야기하는 것이 아니라 마이클이 직접 이야기를 하는 거예요."

루스는 그녀가 만난 관료들이 모두 이 프로젝트에 흥미를 보인다고 말한다. "그림을 보여 주면 갑자기 사람들이 '예, 알겠네요'라고 합니다. 영상을 보는 순간, 그것을 우리 자신과 우리의 인간성에 연관짓기 시작하는 거죠." 이러한 효과는 부분적으로 사회적 매체라는 새로운 환경에 이 프로젝트가 대응해 온 방식으로 귀결되었다. 그녀는 "이야기 프로젝트는 우리가 정보를 공유하고 의사소통하는 새로운 방식에서 실제로 호소력 있는 많은 자원들을 축적하고 있다"고 말한다. "우리는 6개의 이야기들을 골라 전자엽서에 담을 수 있도록 만들 거예요. 그리고 정치인들과 사람들에게 발송할 거예요. 이것은 다가오는 선거를 대비한 전략이기도 하죠."

유연한 교통 선택지들에 투자하는 것이 어떻게 여러 이익을 가져올 가능성과 관련돼 있는지 보여 주려는 것은 "교통에 대해 사람들과 나눠 온 대화를 바꾸려는 노력이고, 이점에 대해 이야기하려는 노력이고, 사람들에게 영감을 제공하려는 노력"이다. 루스와의 대화에서 특히 뚜렷이 느껴진 것은, 그녀가 그녀에게 이야기해 준 사람들에게서 목격했던 기쁨이다. "사람들이 모였을 때 누군가 이야기해 줄 사람을 모집해 보자고 하면 사람들은 기뻐합니다. '와, 나도 할 수 있구나. 나도 이 공간에 들어올 수 있구나.' 깨닫는 거죠. 누가 알겠어요?'"

결론

다른 많은 도시들이 그렇듯이, 시드니에서도 통근 문제에 대한 논쟁은 이에 대한 연방정부·주정부·시정부의 공식적인 대응을 중심으로 전개되어 왔다. 새로운 교통 기반 시설의 건설은 문제를 한 번에 그리고 영구적으로 해결할 수 있는 만병통치약처럼 취급되어 왔다. 따라서, 어떤 교통 기반 시설이 건설되어야 하는가의 문제는 격론을 부르는 정치적 문제이다. 이 장이 보여 주듯이, 교통 기반 시설 계획의 이면에는 복잡한 정치가 있다. 하나의 교통계획이 진행되고 다른 것이 취소되는 것은 우리가 생각하는 공정하고 민주적이며 비용–편익 분석 같은 합리적인 평가 과정의 산물만은 아니다. 지리학자 벤트 플루비야Bent Flyvbjerg는 대형 기반 시설을 짓는 "거대 계획" 이면에는 복잡한 권력이 작동함[55]을 일깨운다. 덴마크의 올보르그Aalborg에 있는 교통 환승지를 민속지적으로 상세히 서술함으로써, 그는 복잡한 영향력의 연결망이 어떻게 존재하고 작동하는지 드러내고, 그러한 계획이 어떻게 합리적 정부라는 일반의 믿음에 의문을 제기하게 하는 강력한 이해관계로 얼룩져 있는지를 드러낸다. 그의 분석은 이 장의 주제인 북서연결철도의 문제 많은 역사와도 유사점이 있다.

정책 논쟁에서 특히 주목을 받는 부분은 통근의 "거시 정치적" 차원이다.[56] 거기에 깔린 가정은, 적절한 정치적 행동은 기반 시설을 건설하고 교통 작동을 관리하는 재정적·제도적 권한을 가진 연방 정부·주정부·시정부 기관을 조종하는 데서 일어난다는 것이다. 강력한 이해관계의 작동을 추적하는 것이 중요하다. 도시 이론가 올레 옌센Ole Jensen이 지적하듯, 정책 결정자들은 "위로부터"의 특정한 이해관계를 지속시킴으로써 사회 불평등을 악화시킬 수 있다.[57]

이 장에서 면접조사한 정치인들이 암시하는 대로 대중교통수단에 대한 투자 대신에 도로를 건설하거나, 덜 매력적인 점진적 개선 대신 매혹적인 거대 계획을 촉진하는 정책은 종종 이념적 관점에서 추진될 뿐 아니라 불균등하게 분배되는 이익을 낳는다. 통근에 관련된 정책이 주정부의 정책 결정자들 중 누구의 손에 의해 결정되는가를 추적하는 시도는 유혹적이다.[58] 이 장이 보여 주는 것처럼 그런 사람들은 확실히 중요한 역할을 한다. 그렇지만, 정책 결정자들의 권력관계와 그들의 야심, 그 성공과 실패에 초점을 맞추는 것은 교통 기반 시설 계획과 관련하여 권력을 이해하는 하나의 방식일 뿐이다. 이런 초점이 가진 문제는 해당 문제에 작동 중인 다른 힘들은 모두 간과한다는 것이다.

이 책의 많은 부분은 통근 중 벌어지는 사건과 조우에 작동하는 미시 정치적이고 순간적인 전이의 중요성을 탐색했다. 이러한 미시 정치적 전이는 사람들이 무엇인가를 하고 감각할 수 있는 역량을 확장하기도 하고 제한할 수도 있다. 예를 들어, 2장은 한 객차에서 소란이 전개되면서 어떻게 그 상황에 있는 사람들의 역량이 바뀌는지를 탐색했다. 이것이 의미하는 바는, 권력은 사건이나 상황 이전에 결코 미리 결정되지 않는다는 것이다. 역량을 바꾸는 것은 사건 자체에 작동하는 상이한 힘들의 관계이며 이것이 사건의 전개를 변화시킨다. 이러한 관점에서 이 장은 거시 정치적 실천과 과정의 미시 정치적 차원의 일부를 점검했다. 기반 시설 의견 개진 운동이 진행되는 상이한 지점에서, 도로 건설과 기차역 승강기 설치와 같은 구체적 행동이 수행되지 않을 때에도 어떻게 수많은 미시 정치적 상황 변동이 상이한 힘들의 조합을 수반하며 진행되는지를 살펴보았다.

이런 관점에서 보면, 교통 기반 시설의 변화는 매체에 실린 이야기, 정치적 성명, 전시 자료 등 서로 다른 힘을 가진 사건들과 조우로 구성된다. 이때 각각의 힘들은 사람들이 무엇인가를 하고 느끼게 하는 상이한 역량을 가진다. 그리고 다른 경험처럼, 이러한 사건과 조우는 진행되면서 서로 연결된다. 1절에서 살펴본 것처럼, 한 통근자와의 짧은 조우는 매체의 주요 뉴스 제목으로 순환되었고, 그것은 다시 정치인의 진술로 순환되었다. 각각의 조우는 어떤 일이 벌어지고 있는지를 감지하는 나의 역량을 바꿨다. 각각의 조우는 축적되어 이 상황을 생각하는 방식으로 기다림이라는 개념에 예민해지도록 만들었다. 이런 방식으로 이야기를 수행하는 것은 뒤로 물러서서 객관적으로 상황 전체를 조망하는 것이 결코 가능하지 않음을 보여 준다. 우리는 모두 우리에게 영향을 끼치는 경험의 세계에 침잠해 있기 때문에 그러한 시각은 불가능하다. 회고적 분석은 냉철하고 체화되지 않은 분석을 할 목적으로 한계점을 넘는 순간이나 발생 지점을 확정하려 할 수도 있다. 그렇지만, 그러한 접근은 우리가 일부분으로 구성하고 있는 경험의 세계에 충실하지 못할 것이다.

어떤 사건이 어떻게 지배적인 권력의 산물인지를 진단하는 것은 분명 유혹적인 일이지만, 피터 애디는 "다른 실천이나 규제 혹은 정책의 결과로 모빌리티가 옭죄어지거나 정리되거나 거부되거나 혹은 결정된다고 볼 위험"[59]을 경고한다. 위로부터의 시각에서, 파라마타 시청사에서 벌어진 시위와 같은 사건은 지배적 권력을 깎아 내는 저항의 작은 시작으로밖에 이해될 수 없고 그나마 그 권력이 행사된 이후에나 그러하다.[60] 그러므로 권력을 이미 결정된 힘으로 이해하기보다 훨씬 더 상황 의존적이며 내재적인 것으로 생각할 수 있다. 다시 말해, 권력은 중요한 사건 자체에 작동하는 힘들의 실제적 범위다.

이러한 정치에 대한 내재적 이해는 캐슬린 스튜어트의 발생적 체계에 대한 묘사로 아름답게 표현된다. "그 요소들은 국가권력의 음모나 미리 존재하던 공통점이나 이상이 아니라, 의미를 분명히 하는 사건, 사용된 역사, 의도되지 않은 결과, 기록된 실험 등을 통해 함께 투여된다. 그 힘의 선들은 앞으로 밀고 가고 수평으로 펴지며 독특한 궤적으로 산개한다."[61] 여기서 매우 흥미로운 점은, 다음에 올 것이 결코 미리 결정될 수 없다는 것이다. 예를 들어, 케이트와의 면접조사에서 정부가 북서연결철도 계획안을 계속 뒤집어 온 기간의 힘이 지속적으로 느껴지면서, 그녀가 잠시 동안 철도 건설 주장을 주저했던 것과 같은 중요한 순간에 감지할 수 있듯이, 믿음과 불신의 불안정성은 계속해서 북서 시드니에서 공명하고 있다. 다른 맥락에서, 루스가 그녀의 지역공동체 계획에 대해 성찰하면서 말했듯이 다음에 무슨 일이 있을지 누가 알겠는가?

이러한 불확정성의 압력이 쌓이는 감각은 현장조사나 조우를 통해 음미될 필요가 있다. 동시에 그것은 새로운 기반 시설의 논리 그 자체로 확대되어야 한다. 거시 정치적 의사 결정은 궁극적으로 변화하는 역량을 염두에 둔다. 브라이언 마수미가 상기시키듯이, "(미시 정치가) 거시적 행위로부터 분리되어 있다고 생각하는 것은 순진한 것이다. 존재의 권력을 확장하는 어떤 것이라도 미시 정치의 융성을 위한 조건을 창출한다."[62] 새로운 대중교통 기반 시설에 투자하는 것은 중요하다. 그렇지만, 마수미는 "거시 정치 수준에서의 성공은 상보적인 미시 정치의 융성이 없이는 잘해 봐야 부분적인 성공"[63]이라고 지적한다. 다시 말해, 새로운 교통 기반 시설이 건설될 수 있다고 하더라도, 그것이 이 책에서 서술한 통근 문제의 해결을 보장하지는 않는다. 왜냐하면 다른 상황적인 권능 부여와 제약이 나타날 것이기 때문이다. 거시 정치적 의사 결정은 항상 훨씬 더 많은 범위의 힘들이 작동한다는 점 때문에 복잡해진다.[64]

이것이 기반 시설의 변화가 이 책에서 탐색한 다른 변화 장소들 내에 위치지어져야 하는 이유이다. 고단한 통근자들은 지배적인 정부나 사기업에 항상 휘둘리며 수동적으로 바닥에 머문다. 이들의 권력관계는 이해관계의 위계 속에서 권력을 안정시키기보다는 항상 훨씬 더 분산되어 있고 훨씬 더 상황에 좌우된다. 이는 통근 경험으로 꿰어지는 변화의 장소 각각이 가진 변형적 잠재성을 알아 볼 눈을 틔워 주기에 흥미롭다. 이는 훨씬 더 "힘, 제약, 활력, 자유의 분화된 환경이다."[65] 루스의 마지막 말을 긍정하면서 되새긴다. 다음은 뭘까요? 누가 알겠어요?

통근하기에 대한 개입

"늦잠, 정말 피곤해. 지각하면. 해고다. 웬 집착? 웬 고생? 그냥 집에 가서, 새출발하라." 2011년 뉴욕의 지하철에 붙은 이 시는 원문의 글자를 다른 글자가 적힌 종이로 덧붙여 새로운 감상을 창조하려 한 두 명의 학생에게 편집을 당했다. "지나친 흥분. 힘난다. 모두 웃는데. 시간은 빠르다. 형제여, 오라. 얻을 것이 많다. 그냥 자랑스러워하라. 새출발하라." 당시 한 매체와의 인터뷰에서 학생들은 시의 원문은 너무 우울하고 통근하는 삶의 좀 더 생기 넘치는 측면을 표현하지 않았다고 주장했다. 그러나, 광역교통국은 시에 대한 낙관적인 조정을 찬성하지 않았다. 4일 후 심각한 원래 시가 복원되었다.

불확정성

이 가벼운 훼손 위를 맴도는 고갈과 생기 사이의 긴장은 이 책의 핵심을 찌르는 양가성을 강조한다. 통근이 부정적이거나 긍정적이라고 주장하는 것은 통근의 근본적으로 확정되지 않은 성격을 착각하게 만든다. 뉴욕 지하철에 있던 시가 소모에 대한 문구와 활기에 대한 문구 사이를 왔다 갔다 한 사건을 특징짓는 불확정성은, 철학자 자크 데리다Jacques Derrida의 고대 그리스어 단어인 '파르마콘pharmakon'[1] 논의에서도 나타난다. 이 단어는 어떤 사물이 독과 치료제 둘 중 하나만이 아니라 둘 다로 작용할 수 있는 역량을 가리킨다. 이 책의 사건과 조우가 시사하듯, 통근은 "약리학적" 성격을 가지고 있다. 통근은 지치게 하고 고갈시키고 비용을 요구할 수 있지만, 동시에 생기 있고 흥분되고 활력이 넘치게 만들 수도 있다. 통근은 다르게 권능을 부여하고 제약한다. 약과 독 둘 다로 작용하는 것이다.

좋든 나쁘든지 간에 통근은 도시에서 매일 일어나는 가장 중요한 이동 가운데 하나이다. 통근은 도시 생활의 독특한 리듬에 기여한다. 통근 공간에서 벌어진 사건과 통근자 그리고 통근 활동에 연관된 다른 이들과의 조우를 독특하고 풍부하게 묘사한 이 책은, 집과 직장을 오가는 셀 수 없는 실천이 가진 중요성을 도출한다. 종종 가정되어 온 것처럼 "죽은 시간"의 영역이 아니라, 통근은 사람들이 자아 감각에 노력을 들이는 시간이자 모든 종류의 활동에 종사하는 시간이다. 이러한 사건과 조우를 전면에 위치시킴으로써 도시에서 통근하는 삶이 가진 복잡한 경험의 질감을 풍부하게 파악할 수 있게 한다. 그렇게 함으로써, 도시의 상이한 장소들을 모으고 그것을 넘어 이러한 모바일 실천의 독특함에도 함께 기여한다. 열차의 객차에서부터 교통정보 수집 헬리콥터까지, 거실에서 회의실까지 이 책에서 탐색된 장소에서 일어난 실천들은 각각 통근하는 삶을 특정한 방식으로 조형한다.

통근의 중요성은 세계적으로 도시화 과정이 강화될 때 비로소 증가한다. 어떻게 통근이 도시 생활에 영향을 끼치는지 이해하는 것의 시급성은 현재 우리가 사는 도시들을 괴롭히는 다수의 기반 시설, 공중 보건 그리고 환경 위기 등의 문제로 증가한다. 그렇지만, 앞에서 지적한 예술적 개입을 특징짓는 불확정성은 우리가 통근이 도시 생활에 어떤 영향을 미치는지 평가할 때 전면에 그리고 중심에 둘 필요가 있다. 비록 통근이 우리를 매일 일어나는 집합적 리듬으로 모으는 공유된 사건이지만, 우리는 각각 자신만의 습관과 경향, 감수성을 집합적 사건 속에 가져오게 되고, 이것은 어떤 사건이나 조우의 불안정성을 높인다. 브라이언 마수미가 말한 '차이의 조정 differential attunement' 개념은 매일 일어나는 통근자들의 방대한 이동과 같은 집합적 사건이 상이하게 경험된다는 점을 강조한다.[2] 이 개념은 통근이 정말로 도시 생활에 어떤 영향을 끼치는지를 거시적으로 공표하는 것이 가지는 위험성을 상기시킨다. 고갈이나 생기와 같은 일반화된 진단은 섬세하게 양식화되어 있는 장場 위를 거칠게 타고 지나간다.

평가

이 책을 위한 현장조사를 마친 이후, 도시들의 끊임없는 진화[3]를 상기시키며 시드니의 교통 환경에도 변화가 일어났다. 6장의 주제였던 북서연결철도는 거의 완성되고, 도심을 지나는 경전철 계획은 건설 계획 초기 단계에 있다.[4] 시드니의 가장 복잡한 통근 간선도로 정체를 완화하기 위해 제안된, 많은 논쟁을 야기했던 유료도로 계획도 건설에 돌입했다. 시드니의 서쪽 외곽에는 새 공항이 계획되고 있다. 더 앞을 내다보자면, 이러한 기반 시설의 변화는 자율주행 자동차가 미래 이 도시의 모빌리티 실천을 혁명적으로 변화시킬 수 있을지에 대한 뜨거운 논쟁을 통해 전개될 것이다.[5]

새로운 교통 기반 시설은 의심의 여지없이 도시 모빌리티의 조건과 경험을 바꿀 것이다. 새로운 기술은 단절 효과를 야기할 가능성이 높다. 이때 그러한 기반 시설과 기술 변화가 통근 문제의 어려움을 해결하는 만병통치약이라고 믿도록 현혹되지 않는 것이 중요하다. 어떤 식으로든, 이 책에서 제기한 과제는 통근자들이 새로운 이동 방식을 배워 가면서, 교통수단에서 다른 종류의 조우를 경험하면서, 변화된 시간 관리 형태를 찾아가면서, 다른 교통 공간에 영향을 끼치고 받으면서, 새로운 종류의 의견 개진을 실험하면서, 그리고 다른 종류의 운동에 관여하면서 훨씬 더 뚜렷해질 것이다.

철학자 펠릭스 가타리Félix Guattari는 기술적 변화를 우리의 불확정적인 역량이라는 더 넓은 문제와 따로 분리시켜 평가하는 경향을 불편해 한다. 그의 저작은 중요한 사회문제에 대응하는, 도시에 대한 개입이 갖는 성격에 대해 충분히 성찰하도록 촉구한다. 그는 도시 변동에 대해 "사고방식과 집합적 습관을 전환하지 않으면, 단지 문제가 되는 물리적 환경에 대한 '대증요법'이 있을 뿐"[6]이라고 주장한다. 이 책과 다른 곳에서 제기된 많은 논의들은 통근 관행을 어떻게 좀 더 견딜 만한 것으로 만들지를 중심으로 이뤄져 왔다.[7] 그 자체로 볼 때, 통근을 더 견딜 만한 것으로 만들지 말아야 한다는 등의 다른 주장은 기상천외해 보인다. 가타리가 지적하는 것은, 우리 도시에서 교통 기반 시설과 같은 물질적 환경은 훨씬 더 확장된 생태계의 한 차원일 뿐이라는 점이다. 그의 지적은 우리로 하여금 다음의 질문을 하게 한다. 만약 우리가 무엇을 위해 통근하는지, 무엇에 가치를 두는지, 우리의 통근하는 삶이 가지는 물질적 영향은 무엇인지 같은 더 넓은 문제가 무시된다면, 새로운 교통 기반 시설이나 같은 맥락에서 자율주행 차량 같은 것이 무슨 소용인가?

　가타리는 어떤 사회문제든 그가 '생태계ecologies[8]'라고 부른 다층적 영역을 그것이 어떻게 가로질러 나타나는지를 고려하라고 촉구한다. 그가 지적하고자 하는 점은, 지속되는 변화가 효과적이려면 환경적·정신적·사회적 생태계를 가로질러 일어나야 한다는 것이다. 그는 특히 자본주의가 축적이나 생활양식을 통해 우리가 가치를 두는 것을 단일화하고 협소화하는 경향을 염려한다. 그의 시각에서 효과적이라는 것이 의미하는 바는, 종종 매우 파괴적인 결과를 가져오는 경제적 경쟁을 단순히 권장하는 자본주의 생산의 좁은 가치에 우리의 잠재력을 매몰시키기보다 창조적 존재로서 우리의 잠재력을 발전시키고 확장시킬 수 있는 가치의 새로운 형태를 창조하는 것이다.[9] 이러한 측면에서, 새로운 교통 기반 시설을 건설하는 것이나 자율주행 차량은 통근 문제의 일부만을 해결하는 "대증요법"이 될 수 있다. 왜냐하면 이 책을 통해 드러난 종류의 더 해결하기 힘든 사회적 어려움과 존재론적 딜레마에 접근했다고 할 수 없기 때문이다.

　가타리는 어떻게 새로운 삶의 형태가 일에 단단히 매여 있는 것 이외의 논리에 따라 등장할 수 있는지를 성찰하라고 권한다. 그에게 새로운 가치의 창출은 우리의 환경, 마음 그리고 사회관계를 가로지르는 헝클어진 경로를 수반한다. 이 책에 나타난 사건과 조우의 다중성이 나타내는 것은, 통근 자체가 어떻게 그들의 가치를 바꿀 수 있는 방식으로, 사람들로 하여금 그들에게 중요한 것이 무엇인지 재고하게 하는 방식으로, 그들의 일과 관계 그리고 공동체가 그들에게 무엇을 의미하는지 재평가하게 하는 방식으로 사람들에게 질문되는가이다. 시키부 허친슨Sikivu Hutchinson의 경이로운 표현을 빌리자면, 통근 여정 자체의 "체취와 흔들림"[10]에 초점을 두는 것에 더해, 이 책에서 이야기된 사건들과 조우들은 환경, 마음, 사회관계를 묶어 내는 수많은 상이한 장소들을 한데 묶는다. 이러한 헝클어진 매듭을 통해 무언가 끝나야 하는 상이한 규모의 임계점을 알아낼 수 있게 된다. 이는 통근하는 삶에서는 권능 부여와 제약의 정치학의 윤곽이 결코 선명하지 않음을 의미한다. 예를 들어, 우리가 가장 제약받고 있을 때 혹은 가장 저점에서 삶을 지속하는 새로운 방식이 통근하는 삶으로 드러날 수도 있다.[11]

변화

통근은 권력이 꼬여 있는 관계로 분열된 활동이다. 계급적 혹은 젠더화된 불평등처럼 장기간 지속되는 사회적 구성체는 통근 관행을 통해 재생산될 수 있다. 그렇지만, 이러한 형태의 불평등은 통근하는 동안 발생하는 실제 사건과 조우를 통해 미세하게 재구성된다. 이러한 우리의 불확정적 역량에 나타나는 탐지되지 않는 변화들은 좀 더 경직된 정체성에 초점을 맞추는 경향이 있는 경직된 교통 통계에서는 잡히지 않고 빠져나간다. 그러므로 통근 여정을 표준화되는 경향이 있는 같은 것의 반복이라고 상상하는 대신에, 이 책에서 재현되는 각각의 사건과 조우들을 그 사건과 조우가 어떻게 변화를 가져오는지를 통해 보아야 한다. 통근하는 삶이 가진 경험적 차원에 초점을 맞춰 보면, 이 책에서 이야기된 사건들과 조우들이 끌어내는 것은, 통근이 우리의 행동하고 감지하고 느끼는 역량을 변화시킬 수 있다는 것이다. 각각의 장소들은 지속되고 전이적인 권능 부여와 제약의 복잡한 긴장을 강조한다.

지리학자 폴 해리슨Paul Harrison은 "매일 일어나는 세계의 활성화에는 항상 삶의 새로운 가능성의 내재적 잠재력이 있다"[12]는 것을 상기시킨다. 이것은 현재의 도시 생활에 존재하는 최악의 불평등이 갖는 중요성을 순진하게 평가절하하는 것이 아니다. 그 대신에, 우리는 해리슨의 지적을 가장 질긴 사회적 불평등 형태가 정확히 권능 부여와 제약의 반복된 경험을 통해 어떻게 초래되는지를 음미할 수 있다. 교통수단에서 벌어진 한 번의 대치 상황은 당황스럽고 마음을 휘저을 수 있다. 그렇지만, 위협적인 환경에 반복적으로 노출되는 것은 우리의 체질을 훨씬 더 분명하게 바꿀 수도 있다. 직장으로 가는 한 번의 긴 여정은 충분히 견딜 만하다. 수년 동안 이것을 반복하는 것은 우리의 욕구와 욕망을 재구성하여 이 책과 같은 연구 과제에 참가하게 만들 수도 있다. 더구나 사회정의를 전면에 내세우고 도시 모빌리티를 변화시키려는 기관들은 그들의 동력을 부분적으로, 특히 교통이 불량한 지역에서의 반복된 통근 경험에 영향을 받은 역량 있는 사람들에게서 얻는다.

요약하면, 규칙성과 유사성에 대한 초점은 통근이라는 사회적 삶이 단순히 경직된 사회적 각본을 연출하여 진행되는 것이라는 인상을 남길 수 있는데, 그 각본 속의 사회적 삶은 말쑥하고 무장해제 되어 있다. 그렇지만 이 책이 했던 것처럼 통근 생활에서의 독특한 순간에 초점을 두면 사회적 삶은 다시 살아난다. 왜 통근자들이 특정한 활동에 종사하고 있는지에 대한 위로부터의 진단을 처방하고 그러한 설명이 제공하는 상대적으로 제한된 의미에 기대기보다, 이 책에서 현장조사가 표현된 방식은 그러한 조우들 속에서 쌓여 가는 열망과 슬픔, 혼란과 드러남의 불확정성에 적어도 충실하고자 노력했다. 면접조사에서 통근하는 삶을 이야기하는 것은 미세하게 변화된 역량과 더불어, 통근자들의 모든 종류의 회고적 깨달음을 끌어올릴 공간을 마련하여 추가적인 풍부함을 더했다. 심지어 독자로서 이러한 진술하기에 참여하는 사건조차, 그 진술이 우리 자신에 대해 새롭게 질문하게 하는 방식으로 인해 우리 안에 작지만 중요한 변화를 일으킨다.

흔히 통근 문제에 개입하는 역량을 가진 것은 "지배적인" 것으로 생각되는 권력뿐이라고 생각하기 쉽다. 도시 교통의 영역에서, 이러한 지배적인 권력은 정부의 많은 영역, 도시계획가, 건축가, 정책입안자 등일 수 있다. 현재 많은 도시들이 직면하고 있는 가장 심각한 교통 문제의 일부라도 해결하려면 이러한 기관과 행위자들을 관찰해야만 하는 이유들이 분명히 있다. 그렇지만 우리가 오직 개입을 위해 지배적인 것으로 생각되는 이 권력들만 바라보게 될 때, 그것은 이러한 기관과 행위자들로 환원되지 않는 통근하는 삶에서 벌어지고 있는 수많은 변화를 모호하게 한다. 그 기관들은 제한된 행위 능력의 결과로서 통근하는 삶을 중층 결정한다. 그리고 그것은 통근자 자신들을 미리 결정되어 있는 권력의 처분 아래 놓인 수동적 상황으로 격하시킨다. 이에 대한 대응으로 이 책은 통근하는 삶에서 예측하기 힘든 방식으로 전개되는 힘들의 좀 더 복잡하고 발생적인 분배에 관심을 가질 것을 촉구한다. 우리가 목격해 왔듯이, 개입은 일련의 상이한 상소에서 상이한 기간에 걸쳐 발생한다. 그것은 통근 시간 동안 경험한 사건을 통해 순간적인 역량 변화에서부터 이 책에서 서술된 면접조사의 조우를 구성하는 역량의 변화에 이른다. 통근하는 삶은 정확하게 이러한 풍부함과 복잡함이다.

나는 서울 주변에 있는 많은 근교 도시 가운데 하나에서 살면서 거의 매일 서울에 있는 직장으로 출근한다. 2010년대 초반 유학을 마치고 돌아온 이후 다시 도래한 부동산 붐과 함께 서울 내 주거 시설의 증가와 근교 도시의 확장은 면밀한 사회조사가 불필요할 만큼 가시적으로 도시 경관을 변화시키고 있다. 내가 사는 도시에는 강 건너편 도시에서도 보일 만큼 높은 아파트가 들어섰으며, 주거 시설이 서울에서 더 먼 곳에 지어지면서 새로운 자동차 전용 도로가 잇따라 건설되고 있다.

이러한 변화는 나의 통근 경험에도 미묘한 영향을 끼치고 있다. 처음 통근을 시작했을 때 나의 통근 여정은 매우 간략했다. 집과 직장 사이의 지리적 근접성과 새로 개통된 자동차 전용도로는 미국의 대학 도시에서 얻은 운전 습관을 수도권의 교통 환경에 적응시키는 데 필요한 고통을 줄이는 데 기여했다. 내가 주로 이용하는 통근로가 새로 들어서는 고층 아파트의 그늘에 잠식되는 속도에 맞춰 거리에 차량들은 늘어나고 나의 통근 시간도 길어졌다. 그만큼 라디오를 통해 음악을 듣고 세상 소식을 접하거나 동승자와 대화를 나누는 시간도 많아졌다. 나의 선택에 따라 흘러나오는, 대개 수백에서 십 수 년 전에 만들어진 음악들도 시간의 흐름을 멈추지는 못한다. 도로에서 함께 달리는 다른 자동차들이 내가 운전하는 자동차의 제작 연도를 상기시키듯, 오래된 음악들은 그저 흘러가는 시간과 그 음악을 즐기는 나의 '연식'을 상기시킬 뿐이다. 자동차가 잔 고장을 일으킬 때마다 새 차는 어떤 것이 좋을지 상상하게 되고, 높아지는 미세먼지 농도 뉴스에 그러한 상상은 종종 언제 그리고 어떻게 이 통근을 끝낼 수 있을지에 대한 생각으로 이어진다. 새로운 직업에 대한 전망, 치솟는 부동산 가격, 나의 재정 상태 등을 고려할 때 가까운 시일 안에 이 통근이 어떤 형태로든 변화하지 않을 것이라는 생각에 이르면 황급히 생각을 딴 데로 돌린다. 이처럼 내가 체험하는 교통 정체는 내 삶이 어딘가에 정체되어 있다는 자각으로 이어진다. 항상 떠돌던 나의 삶이 뜻하지 않게 어딘가에 고여 있다는 자각이다.

이 책을 접한 후 이전까지 나의 무의식 속에 쌓여 가고 있었을 통근에 대한 나의 수많은 선택의 결과들을 불현듯 의식하게 되었고, 그 결과 꽤 고통스러운 시간을 보냈고, 앞으로도 한동안 그럴 것 같다. 운전은 특정 구간을 어떻게 지났는지 기억하지 못할 정도로 의식적 노력을 필요로 하지 않는 행위로, 그 효과는 제동 장치가 망가진 차를 모는 꿈에서나 나타난다. 하지만 종종 운전의 세부적인 부분까지 의식하게 되면서 운전은 기계를 조작하는 '일'로 느껴졌고, 과거에 잘못된 조작으로 발생했던 사고의 기억들이 생생하게 나타나기도 한다. 자동차 정비가 끝나기를 기다리며 혹은 기름 가격이 오르면 주유소에서 주유가 끝나기를 기다리며 통장 잔고와 잃어버린 '기회비용'을 떠올린다. 정체가 심한 날에는 자동차를 통근 수단으로 선택한 나를 비롯한 사람들의 효과를 의식하고, 유독 춥거나 더운 날에는 자동차의 배기구를 통해 내가 기후변화에 어떤 영향을 끼치는지 생각한다. 내가 고통스러운 것은 이 모든 생각이 정체되어 있다는 느낌으로 이어지기 때문이다.

대학원생 시절에 연구 목적으로 지역공동체 운동에 참여했을 때, 풀뿌리 단체들의 높아진 공간 환경 의식과 개입 변화 의지를 목격했다. 하지만 그들의 의식은 정주 공간이라는 정태적 구획 짓기에 기반한 것으로 물질적 기반 시설 변화에 주목했기 때문에 이동하는 사람들을 운동에 참여시키기는 어려웠다. 이 책은 독자들에게 다양한 영향을 미칠 것이다. 나처럼 통근의 고통 가운데 변화를 기다리며 분투하는 이들에게 작은 참고와 위로가 되기를 바란다.

2019년 3월

박광형

■ 주

서론

1 1991년 설치된 이 작품은 원래 1년 동안 전시될 예정이었지만, 이후 그 자리에 그대로 남아 있다.

2 Bill Bryson, *The Lost Continent: Travels in Small Town America*, London: Secker and Warburg, 1991, pp.49.

3 다니엘 길버트Daniel Gilbert가 Tom Vanderbilt, "Driving in traffic is a different kind of hell every day." *Traffic: Why We Drive the Way We Do* (and What It Says about Us), London: Penguin, 2009, pp. 141.에서 지적한 것처럼 말이다.

4 Tim Edensor, "Commuter," *Geographies of Mobilities: Practices, Spaces, Subjects, ed. Tim Cresswell and Peter Merriman*, Aldershot: Ashgate, 2011.

5 Douglas Kahneman et al., "A Survey Method for Characterizing Daily Life Experience: The Day Reconstruction Method," *Science* 306, no. 5702, 2004.

6 Elwyn Brooks White, *Here Is New York*, New York: Little Book Room, 2011, pp. 26.

7 Get Living London, "British workers will spend 1 year 35 days commuting 191,760 miles in their lifetime," *Get Living London* (n.d.), 2016년 7월 6일 웹페이지 http://www.getlivinglondon. com/pressmedia/british-workers-will-spend-1-year-35-days-commuting-191-760-miles-in-their-lifetime.aspx.에 접속

8 Glenn Lyons and Kiron Chatterjee, "A Human Perspective on the Daily Commute: Costs, Benefits and Trade-Offs," *Transport Reviews* 28, no. 2, 2008.

9 Glenn Lyons and Kiron Chatterjee, "A Human Perspective on the Daily Commute: Costs, Benefits and Trade-Offs,"

10 Get Living London, "British workers will spend 1 year 35 days commuting."

11 John Urry, *Mobilities*, Cambridge: Polity, 2007, pp. 4.

12 Colin Pooley and Jean Turnbull, "Modal Choice and Modal Change: The Journey to Work in Britain since 1890," *Journal of Transport Geography* 8, no. 1, 2000, pp. 14.

13 데이비드 하비David Harvey는 이런 현상을 "시공간 압축"이라고 명명했다. David Harvey, T*he Condition of Postmodernity: An Enquiry into the Origins of Social Change*, Oxford: Blackwell, 1989, pp. 260-307. 참조

14 Pooley and Turnbull, "Modal Choice and Modal Change: The Journey to Work in Britain since 1890."

15 Rachel Aldred, "The Commute," in *The Routledge Handbook of Mobilities*, ed. Peter Adey et al., London: Routledge, 2014, pp. 453.

16 Urry, *Mobilities*, pp. 4.

17 Jennie Middleton, "'I'm on Autopilot, I Just Follow the Route': Exploring the Habits, Routines, and Decision-Making Practices of Everyday Urban Mobilities," *Environment and Planning A* 43, no. 12, 2011.

18   Peter Hall and Ulrich Pfeiffer, *Urban Future 21: A Global Agenda for Twenty-First Century Cities*, London: Routledge, 2013.

19   Lara Tan, "Metro Manila Has 'Worst Traffic on Earth,' Longest Commute," CNN Philippines, 2015년 10월 31일 웹페이지 http://cnnphilippines.com/metro/2015/10/01/Metro-Manila-Philippines-worst-traffic-longest-commute-Waze-survey.html.에 접속

20   Visarut Sankam, "Research Reveals Ugly Side to Bangkok Life," *The Nation*, 2015년 10월 31일 웹페이지 http://www.nationmultimedia.com/national/Research-reveals-ugly-side-to-Bangkok-life-30271979.html.에 접속

21   John Pucher et al., "Urban Transport Crisis in India," *Transport Policy* 12, no. 3, 2005.

22   Julien Bouissou, "Mumbai's Rail Commuters Pay a High Human Price for Public Transport," *The Guardian*, 2013년, 10월 29일. https://www.theguardian.com/world/2013/oct/29/india-mumbai-population-rail-accidents.

23   John Calfee and Clifford Winston, "The Value of Automobile Travel Time: Implications for Congestion Policy," *Journal of Public Economics* 69, no. 1, 1998.

24   Cebr, *The Future Economic and Environmental Costs of Gridlock in 2030*, London: Cebr, 2014.

25   David Metz, *The Limits to Travel: How Far Will You Go?*, London: Routledge, 2012.

26   Howard Frumkin, "Urban Sprawl and Public Health," *Public Health Reports* 117, no. 3, 2002, pp. 201.

27   예를 들면, Peter Baccini, "A City's Metabolism: Towards the Sustainable Development of Urban Systems," *Journal of Urban Technology* 4, no. 2, 2007. 참조.

28   David Bannister, *Transport Planning: In the UK, USA and Europe*, London: Spon Press, 2004. 참조.

29   Jared Walker, *Human Transit: How Clearer Thinking about Public Transit Can Enrich Our Communities and Our Lives*, Washington, DC: Island Press, 2012.

30   Vanderbilt, *Traffic*, pp. 142.

31   Jon Shaw and Iain Doherty, *The Great Transport Debate, Bristol*, UK: Policy Press, 2014. Robin Law, "Beyond 'Women and Transport': Towards New Geographies of Gender and Daily Mobility," *Progress in Human Geography* 23, no. 4, 1999. 역시 참조.

32   Bureau of Infrastructure, *Transport and Regional Economics, Population Growth, Jobs Growth and Commuting Flows in Sydney: Report 132*, Canberra: Australian Government Department of Infrastructure and Regional Development, 2012, pp. 202.

33   Office of National Statistics, *Commuting and Personal Well-being, 2014*, London: Office of National Statistics, 2014, pp. 1. 이 보고서는 "다른 조건이 동일하다면, 통근자들은 통근하지 않는 사람들에 비해 삶의 만족도가 낮고, 일상생활의 가치를 낮게 평가하고, 행복도가 낮은 반면, 일반적으로 불안감은 더 크다"고 적고 있다.

34   Erin Manning, *Relationscapes: Movement, Art, Philosophy*, Cambridge, MA: MIT Press, 2009.

35   Chloe Chard, *Pleasure and Guilt on the Grand Tour: Travel Writing and Imaginative Geography, 1600–1830*, Manchester: Manchester University Press, 1999.

36 예를 들면, Chaim Noy, "Performing Identity: Touristic Narratives of Self-Change," *Text and Performance Quarterly* 24, no. 2, 2004.과 Avril Maddrell, "Moving and Being Moved: More-than-Walking and Talking on Pilgrimage Walks in the Manx Landscape," *Culture and Religion* 14, no. 1, 2013. 참조.

37 Francisco Sionil José, *Tree*, Manila: Solidaridad Publishing House, 1981, pp. 1.

38 Levi Bryant, "The Ethics of the Event: Deleuze and Ethics without Αρχή," in *Deleuze and Ethics*, ed. Nathan Jun and Daniel Smith, Edinburgh: Edinburgh University Press, 2011, pp. 25.

39 Pauline McGuirk and Phillip O'Neill, "Planning a Prosperous Sydney: The Challenges of Planning Urban Development in the New Urban Context," *Australian Geographer* 33, no. 3, 2002.

40 Robert Freestone, "Planning Sydney: Historical Trajectories and Contemporary Debates," in *Sydney: The Emergence of a World City*, ed. John Connell, Melbourne: Oxford University Press, 2000.

41 McGuirk and O'Neill, "Planning a Prosperous Sydney."

42 Bureau of Infrastructure, Transport and Regional Economics, *Australia's Commuting Distance: Cities and Regions: Information Sheet 73*, Canberra: Australian Government Department of Infrastructure and Regional Development, 2015, pp. 30; Vanderbilt, Traffic, pp. 142.

43 Delia Falconer, *Sydney*, Sydney: NewSouth Publishing, 2010, pp. 21.

44 Tom Baker and Kristian Ruming, "Making 'Global Sydney': Spatial Imaginaries, Worlding and Strategic Plans," *International Journal of Urban and Regional Research* 39, no. 1, 2015. pp. 71.

45 John Hawkins et al., *IBM Australia Commuter Pain Study*, Sydney: IBM, 2011, https://www-03.ibm.com/press/au/en/presskit/33518.wss.

46 Scott Lennon, *Sydney: Australia's Global City*, Sydney: PricewaterhouseCoopers and NSW Business Chamber, 2010, pp. 11.

47 Edensor, "Commuter."

48 Mimi Sheller and John Urry, "The New Mobilities Paradigm," *Environment and Planning A* 38, no. 2, 2006.

49 John Urry, *Sociology beyond Societies: Mobilities for the Twenty-First Century*, London: Routledge, 2000.

50 Elizabeth Shove, Mika Pantzar, and Matt Watson, *The Dynamics of Social Practice: Everyday Life and How It Changes*, London: Sage, 2012.

51 이 책에서는 참여자의 익명성을 유지하기 위해 가명이 사용되지만, 2장의 롭Rob, 4장의 닉Nick, 5장의 빅Vic, 밤불Bambul, 저스틴Justin, 그리고 6장의 커트Kurt는 실명 공개에 동의했다.

52 Monika Büscher, John Urry, and Katian Witchger, eds., *Mobile Methods*, London: Routledge, 2010.

53 인문 지리학 영역 안에서, 수행론적 사고는 비재현이론Non-representational theories을 통해 가장 집중적으로 발전되어 왔다. 개관은 J-D Dewsbury et al., "Enacting Geographies," *Geoforum* 33,

no. 4, 2002. 참조

54 Ben Anderson and Paul Harrison, eds., *Taking-Place: Non-representational Theories and Geography, Aldershot*, UK: Ashgate, 2010.

55 Mitch Rose, "Negative Governance: Vulnerability, Biopolitics and the Origins of Government," *Transactions of the Institute of British Geographers* 39, no. 2, 2014.

56 Mike Savage and Roger Burrows, "Some Further Reflections on the Coming Crisis of Empirical Sociology," *Sociology* 43, no. 4, 2009.

57 Kathleen Stewart, "Regionality," *Geographical Review* 103, no. 2, 2013. pp. 284.

58 Raymond Williams, *Marxism and Literature*, Oxford: Oxford University Press, 1977, pp. 129-130.

59 Lauren Berlant, "Humorless. Serious. Critical" 2017년 1월 7일 개최된 the Moods of Criticism: Theatrical, Humorless, Prurient, Susceptible, Alacritous panel of the MLA conference, Philadelphia, Pennsylvania에서 발표.

60 Monika Büscher and John Urry, "Mobile Methods and the Empirical," *European Journal of Social Theory* 12, no. 1, 2009, pp. 103-104.

1장 인상의 지대

1 통근 변환 계획에도 불구하고, 가장 광범위하게 보급되어 있는 자동차 수송에 대해서는 John Urry, "The 'System' of Automobility," *Theory, Culture and Society* 21, no. 4-5, 2004. 참조.

2 통근을 이런 방식으로 평가함으로써 "이해는 변함없는 것으로 간주되는 것을 연속적이며 별개의 상태로 분해한다." Henri Bergson, *The Creative Mind*, trans. Mabelle Andison, New York: Philosophical Library, 1946, pp. 15.

3 Henri Bergson, *Creative Evolution, trans. Arthur Mitchell*, New York: Modern Library, 1944, pp. 102.

4 Graeme Davison, "Australia: First Suburban Nation?," *Journal of Urban History* 22, no. 1, 1995.

5 Wolfgang Schivelbusch, *The Railway Journey: The Industrialization of Time and Space in the Nineteenth Century*, Berkeley: University of California Press, 1986.

6 Marc Augé, In the Metro, Minneapolis: University of Minnesota Press, 2002, pp. 6.

7 Marc Augé, In the Metro, pp. 7.

8 Marc Augé, In the Metro, pp. 8.

9 David Seamon, *A Geography of the Lifeworld: Movement, Rest and Encounter*, London: Croom Helm, 1979. 시먼은 개인의 습관적인 "신체 춤사위"가 어떻게 "시공간의 일상"을 발생시키는지 관심이 있다. 이러한 시공간의 일상이 합쳐서 "공간 춤사위"를 형성하기 때문에 습관의 집단적인 측면이 중요하다.

10 M2도로는 시드니 북서쪽과 시내 상업중심지구 사이의 고속도로이다.

11 사람들은 어떻게 이동할지 고민하고, 이사하고, 그들이 기획한 방식으로 이동한다('자기 선택 가설')는 영국 케임브리지의 연구 결과와 달리, 사람들의 새로운 통근 여정 경험은 훨씬 더 변화 가능

하고, 새로운 경로에 즉각적으로 적용한다. Caroline Jones and David Ogilvie, "Motivations for Active Commuting: A Qualitative Investigation of the Period of Home or Work Relocation," *International Journal of Behavioral Nutrition and Physical Activity* 9, no. 109, 2012. 참조.

12 Tim Cresswell, *On the Move: Mobility in the Modern Western World*, London: Routledge, 2006, pp. 85-95.

13 Anthony Giddens, *The Constitution of Society: Outline of the Theory of Structuration*, Cambridge: Polity, 1984, pp. xxxii.

14 암묵적인 지식은 "평범한 사람들이 우리의 경이로운 세계를 일상적으로 인식하는 평범한 기준"이다. Rod Watson, "Tacit Knowledge," *Theory, Culture and Society* 23, no. 2-3, 2006, pp. 208.

15 Ian Walker, Gregory Thomas, and Bas Verplanken, "Old Habits Die Hard: Travel Habit Formation and Decay during an Office Relocation," *Environment and Behavior* 47, no. 10, 2015.

16 일생 동안 이용하는 다양한 이동 수단의 중요성에 관해서, Elaine Stratford, *Geographies, Mobilities, and Rhythms Over the Life-Course: Adventures in the Interval*, London: Routledge, 2015 참조.

17 Elizabeth Shove, Mika Pantzar, and Matt Watson, *The Dynamics of Social Practice: Everyday Life and How It Changes*, London: Sage, 2012.

18 Cecily Maller and Yolande Strengers, "The Global Migration of Everyday Life: Investigating the Practice Memories of Australian Migrants," *Geoforum* 44, no. 1, 2013.

19 Kim Kullman, "Pedagogical Assemblages: Rearranging Children's Traffic Education," *Social and Cultural Geography* 16, no. 3, 2015, pp. 257.

20 Kim Kullman, "Pedagogical Assemblages: Rearranging Children's Traffic Education."

21 Peter Merriman, *Driving Spaces: A Cultural-Historical Geography of England's M1 Motorway*, Oxford: Blackwell, 2007, pp. 152-160.

22 Kullman, "Pedagogical Assemblages," pp. 257.

23 호턴Horton의 연구에 따르면, 자동차 기반 환경에서 자전거 타기는 종종 무서운 것으로 인식된다. David Horton, "Fear of Cycling," in *Cycling and Society*, ed. David Horton, Paul Rosen, and Peter Cox, Aldershot, UK: Ashgate, 2007, pp. 133-152.

24 Félix Ravaisson, *Of Habit*, trans. Clare Carlisle and Mark Sinclair, London: Continuum, 2008.

25 "운동의 연속성이나 반복성을 낳거나 강화하는 것은 행동이 아니다. 그것은 다소 모호하고 무반사적인 경향으로, 좀 더 자신에게 집중하는 유기체로 침착하는 경향이다." Ravaisson, *Of Habit*, pp. 53.

26 실용주의 철학자 존 듀이John Dewey는 이것을 '생존에 필수적인 안정성'으로 묘사한다. John Dewey, *Human Nature and Conduct*, London: Dover, 2002, pp. 19.

27 Tim Ingold, *The Perception of the Environment: Essays in Livelihood*, Dwelling and Skill, London: Routledge, 2000, pp. 291.

28 도시에서의 자전거 타기의 감각적 차원에 관해서는 Justin Spinney, "Cycling the City: Movement, Meaning and Method," *Geography Compass* 3, no. 2, 2009. 참조.

29 Maurice Merleau-Ponty, *Phenomenology of Perception*, London: Routledge, 2002, pp. 166.

30 쿨먼이 지적한 것처럼, 이동에 관한 연구에서 교통 교육과 위험의 강조는 "다른 도로 사용자와 공동 작업을 배우고 새로운 신체적 기술을 습득하는 즐거운 환경이 될 수 있다는 것을 잊기 쉽게 만든다."

Kullman, "Pedagogical Assemblages," pp. 261.

31   엘리자베스 그로츠Elizabeth Grosz는 습관은 신체의 "에너지와 의식적 인식을 최소화하며, 실제 힘과 효과를 수용할 수 있다"고 말한다. Elizabeth Grosz, "Habit Today: Ravaisson, Bergson, Deleuze and Us," *Body and Society* 19, no. 2-3, 2013, pp. 218. 참조.

32   David Lapoujade, "The Normal and the Pathological in Bergson," *MLN* 120, no. 5, 2006, pp. 1152.

33   J-D Dewsbury and Paul Cloke, "Spiritual Landscapes: Existence, Performance and Immanence," *Social and Cultural Geography* 10, no. 6, 2009, pp. 697.

34   Dewsbury and Cloke, "Spiritual Landscapes: Existence, Performance and Immanence,"

35   Hubert Dreyfus, "Intelligence without Representation: Merleau-Ponty's Critique of Mental Representation," *Phenomenology and the Cognitive Sciences* 1, no. 4, 2002.

36   레이첼 알드레드Rachel Aldred는 자전거 운전자는 너무 능숙하거나 혹은 충분히 능숙하지 못한 것 사이에서 스스로의 신분 관리를 수행한다고 쓴다. Rachel Aldred, "Incompetent or Too Competent? Negotiating Everyday Cycling Identities in a Motor Dominated Society," *Mobilities* 8, no. 2, 2013. 참조.

37   그레이엄과 스리프트는 수리 및 유지 관리 관행은 도시를 계속 움직일 수 있도록 일상적으로 수행되는 "보이지 않는 작업"이라고 말한다. Stephen Graham and Nigel Thrift, "Out of Order: Understanding Repair and Maintenance," *Theory, Culture and Society* 24, no. 3, 2007.

38   이 고속도로의 법정 최고 속도는 시간당 110km이다.

39   윌리엄 제임스William James는 의식이 억제된 상황에서 습관의 효능이 나타난다고 적는다. "우리는 촉각과 근육에 덜 의지할수록 (덜 상주할수록) 더 잘 던지거나 받고 더 잘 쏘거나 찍어 낸다. 그리고 더 시각에만 의지할수록 우리의 의식은 (더 멀리) 있다." William James, *The Principles of Psychology, Cambridge*, MA: Harvard University Press, 1983, pp. 1128.

40   Maxine Sheets-Johnstone, *The Primacy of Movement*, Philadelphia: John Benjamins Publishing, 2011.

41   David Seamon, "Body-Subject, Time-Space Routines, and Place-Ballets," in *The Human Experience of Space and Place*, ed. Anne Buttimer and David Seamon, London: Croom Helm, 1980.

42   고갈의 경험은 에너지의 신체적 고갈과 같은 피로에 대한 라빈바흐Rabinbach의 설명을 반영한다. Anson Rabinbach, *The Human Motor: Energy, Fatigue, and the Origins of Modernity*, Chicago: University of Chicago Press, 1992.

43   Friederike Ziegler and Tim Schwanen, "'I Like to Go Out to Be Energised by Different People': An Exploratory Analysis of Mobility and Wellbeing in Later Life," *Aging and Society* 31, no. 5, 2011. 참조.

44   Joe Moran, *Reading the Everyday*, London: Routledge, 2005, pp. 163.

45   Yi-Fu Tuan, *Space and Place: The Perspective of Experience*, London: Pion, 1977, pp. 182.

46   Michel Foucault, *The Use of Pleasure*, vol. 2 of *The History of Sexuality*, trans. Robert Hurley, Harmondsworth, UK: Penguin, 1984, pp. 10-11.

1   Arlie Walsh, "Sardine Express: Welcome to the Peak Hour Commute on Sydney Trains," *Channel 9 News*, November 11, 2014, 2014/11/11/20/17/sardine-express-for-sydney-trains.

2   Transport for New South Wales, *Train Statistics 2014*, Sydney: Bureau of Transport Statistics, 2014.

3   Nigel Thrift, *Spatial Formations*, London: Sage, 1996, pp. 266.

4   알프레드 히치콕의 1951년 심리 범죄 스릴러 〈기차의 낯선 사람 Stranger on a Train〉과 아가사 크리스티의 1975년 〈오리엔트 익스프레스 살인사건Murder on the Orient Express〉은 "캡슐화"된 여행의 위험을 다룬 고전적인 영화적 표현이다.

5   Paul Theroux, *Last Train to Zona Verde*, London: Penguin, 2013.

6   Jenny Diski, *Stranger on a Train: Daydreaming and Smoking Around America*, London: Virago, 2002.

7   Tim Edensor, "Mundane Mobilities, Performances and Spaces of Tourism," *Social and Cultural Geography* 8, no. 2, 2007.

8   Nigel Thrift, "But Malice Aforethought: Cities and the Natural History of Hatred," *Transactions of the Institute of British Geographers* 30, no. 2, 2005, pp. 140.

9   Helen Wilson, "Passing Propinquities in the Multicultural City: The Everyday Encounters of Bus Passengering," *Environment and Planning A* 43, no. 3, 2011. Greg Noble, "Pedagogies of Civic Belonging: Finding One's Way through Social Space," in *Cultural Pedagogies and Human Conduct*, ed. Megan Watkins, Greg Noble and Catherine Driscoll, London: Routledge, 2015.

10   Doreen Massey, *For Space*, Sage: London, 2005, pp. 9.

11   Eric Laurier and Chris Philo, "Cold Shoulders and Napkins Handed: Gestures of Responsibility," *Transactions of the Institute of British Geographers* 31, no. 2, 2006.

12   Harold Garfinkel, *Studies in Ethnomethodology* (Cambridge: Polity, 1991). See also Erving Goffman, *Behavior in Public Places: Notes on the Social Organization of Gatherings*, New York: Free Press, 1963.

13   David Bissell, "Travelling Vulnerabilities: Mobile Timespaces of Quiescence," *Cultural Geographies* 16, no. 4, 2009.

14   Ben Anderson and James Ash, "Atmospheric Methods," in *Non-representational Methodologies: Re-envisioning Research*, ed. Phillip Vannini, London: Routledge, 2015, pp. 35.

15   Gernot Böhme, "Atmosphere as the Fundamental Concept of a New Aesthetics," *Thesis Eleven* 36, no. 1, 1993, pp. 114.

16   Anderson and Ash, "Atmospheric Methods," pp. 35.

17   Anderson and Ash, "Atmospheric Methods," pp. 45.

18   Allan Pred, *Lost Words and Lost Worlds: Modernity and the Language of Everyday Life in Late Nineteenth-Century Stockholm*, Cambridge: Cambridge University Press, 1990.

19   Ben Anderson, "Affective Atmospheres," *Emotion, Space and Society* 2, no. 2, 2009, pp. 79.

20 Goffman, *Behavior in Public Places*, pp. 39.

21 Michael Bull, *Sound Moves: iPod Culture and Urban Experience*, London: Routledge, 2007.

22 익숙한 통근 노선의 변화 가능성에 대해서는 Tim Edensor, "Defamiliarizing the Mundane Roadscape," *Space and Culture* 6, no. 2, 2003. 참고.

23 Peter Adey, *Mobility*, London: Routledge, 2010.

24 Tim Richardson and Ole B. Jensen, "How Mobility Systems Produce Inequality: Making Mobile Subject Types on the Bangkok Sky Train," *Built Environment* 34, no. 2, 2008.

25 Rob Imrie, "Disability and Discourses of Mobility and Movement," *Environment and Planning A* 32, no. 9, 2000.

26 시드니 노동인구의 2.3퍼센트 정도가 월롱공에서 온다. 월롱공은 이 도시의 거대 기숙사 같은 교외 지역이 되었다. Bureau of Infrastructure, Transport and Regional Economics, *Population Growth, Jobs Growth and Commuting Flows in Sydney: Research Report 132*, Canberra: Australian Government Department of Infrastructure and Transport, 2012. 참조.

27 이것은 시드니의 평균 편도 통근 시간인 35분 미만을 훨씬 능가한다.

28 소리는 이 사건에서 특정한 역할을 한다. 심슨Simpson이 분명히 밝혔듯이, 소리는 의미를 가지는 동시에 영향을 미친다. 예를 들어, 소년의 외침인 "더티 뮬렛"에는 상징적인 차원이 있다. (자신의 이발에 대한 참조이다.) 그러나 이것은 소리 자체로 만들어지는 복잡한 정서적 차원과 결합된다. 객실 안에서 소년의 목소리가 낸 음색, 음량 및 반복과 연관되어 이 "더티 뮬렛"은 도발, 아이러니, 경멸, 유머의 복합적 혼합물이 된다. Paul Simpson, "Falling on Deaf Ears: A Post-phenomenology of Sonorous Presence," *Environment and Planning A* 41, no. 11, 2009. 참조.

29 Gilles Deleuze, *Expressionism in Philosophy: Spinoza*, trans. Martin Joughin, New York: Zone Books, 1990.

30 Brian Massumi, *The Power at the End of the Economy, Durham*, NC: Duke University Press, 2014, pp. 108.

31 Philip Fisher, *The Vehement Passions, Princeton*, NJ: Princeton University Press, 2002, pp. 15.

32 Sara Ahmed, *The Cultural Politics of Emotion*, London: Routledge, 2004, pp. 103.

33 Thrift, "But Malice Aforethought," pp. 134.

34 Gilles Deleuze and Claire Parnet, *Dialogues II*, trans. Hugh Tomlinson and Barbara Habberjam, London: Continuum, 2002, pp. 126.

35 Deleuze and Parnet, *Dialogues II*,

36 Gilles Deleuze, *Logic of Sense*, trans. Mark Lester and Charles Stivale, London: Continuum, 2004, pp. 176.

37 Billy Ehn and Orvar Löfgren, "Routines-Made and Unmade," in *Time, Consumption, and Everyday Life: Practice, Materiality and Culture*, ed. Elizabeth Shove, Frank Trentmann, and Richard Wilk, Oxford: Berg, 2009.

38 Colin Symes, "Coaching and Training: An Ethnography of Student Commuting on Sydney's Suburban Trains," *Mobilities* 2, no. 3, 2008.

39 Ainsley Hughes, Kathleen Mee, and Adam Tyndall, "'Super Simple Stuff?': Crafting Quiet in Trains Between Newcastle and Sydney," *Mobilities* 12, no. 5, 2017.

40 Colin Symes, "Entr'acte: Mobile Choreography and Sydney Rail Commuters," *Mobilities* 8, no. 4, 2013.

41 Symes, "Coaching and Training," pp. 452.

42 Tim Cresswell, *On the Move: Mobility in the Modern Western World*, London: Routledge, 2006.

43 Maria Hynes, "Reconceptualizing Resistance: Sociology and the Affective Dimension of Resistance," *The British Journal of Sociology* 64, no. 4, 2013, pp. 571.

44 David Conradson and Alan Latham, "The Affective Possibilities of London: Antipodean Transnationals and the Overseas Experience," *Mobilities* 2, no. 2, 2007, pp. 235.

45 Wilson, "Passing Propinquities," pp. 645.

46 Jack Simmons, ed., *Railway Travelers' Handy Book: Hints, Suggestions and Advice, before the Journey, on the Journey and After the Journey*, London: Old House Books, 1862.

47 Steve Woolgar and Daniel Neyland, *Mundane Governance: Ontology and Accountability*, Oxford: Oxford University Press, 2013.

48 Thrift, "But Malice Aforethought."

3장 꽉 조여진 전환

1 Jane-Frances Kelly and Paul Donegan, *City Limits: Why Australia's Cities Are Broken and How We Can Fix Them*, Melbourne: Melbourne University Press, 2015.

2 Nolan Feeney, "See How Bad Your Commute Is Compared to Other Cities," *TIME*, March 18, 2015, http://time.com/3748746/commute-times/.

3 Alois Stutzer and Bruno Frey, "Stress that Doesn't Pay: The Commuting Paradox," *Scandinavian Journal of Economics* 110, no. 2, 2008.

4 Don DeLillo, *Point Omega: A Novel*, New York: Simon and Schuster, 2010, pp. 44-45.

5 Hartmut Rosa, *Social Acceleration: A New Theory of Modernity*, New York: Columbia University Press, 2013.

6 Thomas Hylland Eriksen, *Tyranny of the Moment: Fast and Slow Time in the Information Age*, London: Pluto Press, 2001; Ben Agger, *Speeding Up Fast Capitalism*, Boulder, CO: Paradigm Publishers, 2004.

7 Judy Wajcman, "Life in the Fast Lane? Towards a Sociology of Technology and Time," *British Journal of Sociology* 59, no. 1, 2008.

8 이것은 사회적인 가속화가 '운동, 통신, 생산'과 같은 '목표지향적'이고 '의도적인' 과정에서 소요되는 시간의 단축을 특징으로 한다는 로자의 제안과 대조적이다. Hartmut Rosa, "Social Acceleration: Ethical and Political Consequences of a Desynchronized High-Speed Society," *Constellations* 10, no. 1, 2003, pp. 6.

9 이 확장적인extensive과 집약적인intensive의 차이를 보려면, Scott Lash, *Intensive Culture: Social Theory, Religion and Contemporary Capitalism*, London: Sage, 2010. 글 참조.

10 Eviatar Zerubavel, *Hidden Rhythms: Schedules and Calendars in Social Life*, Berkeley:

University of California Press, 1985.

11 현재와 과거의 공존에 대해서는 Henri Bergson, *Matter and Memory*, trans. Nancy M. Paul and W. Scott Palmer, New York: Zone Books, 1988. 참조.

12 Helen Jarvis, Andy Pratt, and Peter Wu, *The Secret Lives of Cities: Social Reproduction of Everyday Life*, Harlow: Prentice Hall, 2001.

13 Paul Harrison, "Making Sense: Embodiment and the Sensibilities of the Everyday," *Environment and Planning D: Society and Space* 18, no. 4, 2000.

14 James W. Carey, *Communication as Culture: Essays on Media and Society*, Boston: Unwin Hyman, 1989. 시간표 역시 시간을 사회적으로 조직하는 중요한 기술이다. Eviatar Zerubavel, "Timetables and Scheduling: On the Social Organization of Time," *Sociological Inquiry* 46, no. 2, 1976. 참조.

15 엄마들이 어떻게 자녀들의 스케줄을 관리하는지에 대해서는 Dale Southerton, "Analysing the Temporal Organization of Daily Life: Social Constraints, Practices and their Allocation," *Sociology* 40, no. 3, 2006. 참조.

16 자동차가 어떻게 복잡한 일상생활을 가능하게 하는지에 대해서는 Robyn Dowling, "Cultures of Mothering and Car Use in Suburban Sydney: A Preliminary Investigation," *Geoforum* 31, no. 3, 2000. 참조. 또한 자동차가 어떻게 자녀 교육의 의미 있는 지점이 되는지에 대해서는 Gordon Waitt and Theresa Harada, "Parenting, Care and the Family Car," *Social and Cultural Geography* 18, no. 8, 2016. 참조.

17 이에 대한 비판적 고찰은 Glenn Lyons and John Urry, "Travel Time Use in the Information Age," *Transportation Research Part A: Policy and Practice* 39, no. 2-3, 2005. 참조.

18 Nicola Green, "On the Move: Technology, Mobility, and the Mediation of Social Time and Space," *Information Society* 18, no. 4, 2002.

19 Tim Ingold, *The Perception of the Environment: Essays in Livelihood, Dwelling and Skill*, London: Routledge, 2000, pp. 189-208.

20 페리스코프Periscope 같은 앱을 포함한 새로운 기술적 발전은 사람들이 휴대전화로 실시간 동영상을 송출하는 것을 가능하게 했고, 사용자들이 그들의 통근 상황을 전세계에 방송할 수 있게 했다. 비록 그들의 컨텐츠는 다소 전형적으로 '뭘 하려고 하나요?'나 '무엇이 궁금한가요?' 등이지만, 이는 통근이 놀라울 정도로 익숙한 현상이 되었음을 말해 준다.

21 Ben Anderson, "Time Stilled, Space Slowed: How Boredom Matters," *Geoforum* 35, no. 6, 2004.

22 이동 시간의 차이에 대해서는 Weiqiang Lin, "Wasting Time? The Differentiation of Travel Time in Urban Transport," *Environment and Planning A* 44, no. 10, 2012. 참조.

23 Henri Lefebvre, *Everyday Life in the Modern World*, trans. Sacha Rabinovitch, London: Transaction Publishers, 1984.

24 Melissa Gregg, *Work's Intimacy*, Cambridge: Polity, 2011.

25 노동자가 어떻게 이동 중에 복잡한 작업 수행을 배우는지에 대해서는 Eric Laurier, "Doing Office Work on the Motorway," *Theory, Culture and Society* 21, no. 4-5, 2004. 참조.

26 James J. Gibson, *The Ecological Approach to Perception*, London: Houghton Mifflin, 1979.

27 Christena Nippert-Eng, "Calendars and Keys: The Classification of 'Home' and 'Work,'"

Sociological Forum 11, no. 3, 1996.

28 Michel de Certeau, *The Practice of Everyday Life*, trans. Steven Rendall, Berkeley: University of California Press, 1984, pp. 111.

29 Glenn Lyons, "Transport and Society," *Transport Reviews* 24, no. 4, 2004.

30 John Urry, *Mobilities*, Cambridge: Polity, 2007, pp. 4.

31 그러나 평균 이동 시간은 하루에 1시간 정도로 상대적으로 유사함을 확인할 수 있다. John Urry, Mobilities.

32 2006년에서 2011년 사이에, 오스트레일리아의 장거리 통근자 수는 37퍼센트 증가하여, 약 21만 3,773명, 오스트레일리아 노동인구의 약 2퍼센트를 차지하게 되었다. Hema de Silva, Leanne Johnson, and Karen Wade, "Long Distance Commuters in Australia: A Socio-Economic and Demographic Profile" the Australasian Transport Research Forum, Adelaide, Australia, September 28-30, 2011에서 발표된 논문.

33 Organisation for Economic Co-operation and Development, "How Persistent are Regional Disparities in Employment? The Role of Geographic Mobility," in *OECD Employment Outlook*, Paris: Organisation for Economic Co-operation and Development, 2005.

34 Kelly and Donegan, *City Limits*.

35 Claude Jacquier, "On Relationships between Integrated Policies for Sustainable Urban Development and Urban Governance," *Tijdschrift voor Economische en Sociale Geografie* 96, no. 4, 2005.

36 Jago Dodson, and Neil Sipe, *Shocking the Suburbs: Oil Vulnerability in the Australian City*, Kensington, Australia: UNSW Press, 2008.

37 Katharina Manderscheid, "Integrating Space and Mobilities into the Analysis of Social Inequality," *Distinktion: Scandinavian Journal of Social Theory* 10, no. 1, 2009, pp. 7.

38 Angela T. Ragusa, "Seeking Trees or Escaping Traffic? Socio-cultural Factors and 'Tree-Change' Migration in Australia," in *Demographic Change in Australia's Rural Landscapes*, ed. Gary W. Luck, Digby Race, and Rosemary Black, New York: Springer, 2010.

39 Angela T. Ragusa, "Seeking Trees or Escaping Traffic? Socio-cultural Factors and 'Tree-Change' Migration in Australia,"

40 Félix Ravaisson, *Of Habit*, trans. Clare Carlisle and Mark Sinclair, London: Continuum, 2008.

41 Sasha Roseneil, "On Not Living with a Partner," *Sociological Research Online* 11, no. 3, 2006.

42 Arlie R. Hochschild, *The Time Bind: When Home Becomes Work and Work Becomes Home*, New York: Metropolitan, 1997.

43 Helen Jarvis, "Moving to London Time: Household Co-ordination and the Infrastructure of Everyday Life," *Time and Society* 14, no. 1, 2005.

44 Ben Anderson, "Preemption, Precaution, Preparedness: Anticipatory Action and Future Geographies," *Progress in Human Geography* 34, no. 6, 2010.

45 Scott A. Cohen, Tara Duncan, and Maria Thulemark, "Lifestyle Mobilities: The Crossroads of Travel, Leisure and Migration," *Mobilities* 10, no. 1, 2015. 역시 참조.

46 Erika Sandow and Kerstin Westin, "The Persevering Commuter: Duration of Long-Distance Commuting," *Transportation Research Part A: Policy and Practice* 44, no. 6, 2010.

47 Lauren Berlant, "Slow Death (Sovereignty, Obesity, Lateral Agency)," *Critical Inquiry* 33, no. 4, 2007, pp. 754.

48 Lauren Berlant, "Slow Death (Sovereignty, Obesity, Lateral Agency)," pp. 759

49 Lauren Berlant, "Slow Death (Sovereignty, Obesity, Lateral Agency)," pp. 754

50 재택근무의 일반적인 문제에 대해서는 Sandi Mann and Lynn Holdsworth, "The Psychological Impact of Teleworking: Stress, Emotions and Health," *New Technology, Work and Employment* 18, no. 3, 2003. 참조.

51 포디즘Fordism에서 포스트포디즘post-Fordism으로의 전환에 대해서는 Ash Amin, ed., Post-Fordism: A Reader, Oxford: Blackwell, 2011. 참조.

52 재택근무자와 관리자 간의 긴장 관계에 대해서는 Yehuda Baruch, "Teleworking: Benefits and Pitfalls as Perceived by Professionals and Managers," *New Technology, Work and Employment* 15, no. 1, 2000. 참조.

53 Susanne Tietze and Gillian Musson, "When 'Work' Meets 'Home': Temporal Flexibility as Lived Experience," *Time and Society* 11, no. 2-3, 2002.

54 John Urry, "Mobility and Proximity," *Sociology* 36, no. 2, 2002.

55 재택근무와 통제에 대해서는 Sven Kesselring, "Corporate Mobilities Regimes: Mobility, Power and the Socio-geographical Structurations of Mobile Work," *Mobilities* 10, no. 4, 2015. 참조.

56 Hannah Lewis et al., "Hyper-precarious Lives: Migrants, Work and Forced Labour in the Global North," *Progress in Human Geography* 39, no. 5, 2015.

57 Hannah Lewis et al., "Hyper-precarious Lives: Migrants, Work and Forced Labour in the Global North."

58 Merijn Oudenampsen and Gavin Sullivan, "Precarity and N/European Identity: An Interview with Alex Foti (Chain-Workers)," *Mute* 2, no. 0, 2004, http://www.metamute.org/editorial/articles/precarity-and-neuropean-identity-interview-alex -foti-chainworkers.

4장 실험적 중단

1 Michael Wolf, *Tokyo Compression Revisited*, Hong Kong: Asia One Books, 2011.

2 Henri Lefebvre, *The Production of Space*, trans. Donald Nicholson-Smith, Oxford: Blackwell, 1991.

3 Stuart Elden, "There Is a Politics of Space Because Space Is Political: Henri Lefebvre and the Production of Space," *Radical Philosophy Review* 10, no. 2, 2007. pp. 112.

4 Peter Merriman, "Human Geography without Time-Space," *Transactions of the Institute of British Geographers* 37, no. 1, 2012.

5 Ole B. Jensen, "Flows of Meaning, Cultures of Movements: Urban Mobility as Meaningful Everyday Life Practice," *Mobilities* 4, no. 1, 2009.

6 Steven Graham and Nigel Thrift, "Out of Order: Understanding Repair and Maintenance," *Theory, Culture and Society* 24, no. 3, 2007, pp. 1-25.

7 Anna Tsing, *Friction: An Ethnography of Global Connection*, Princeton, NJ: Princeton

University Press, 2005.

8   David Bissell and Gillian Fuller, *Stillness in a Mobile World*, London: Routledge, 2011.

9   Jon Shaw and Iain Docherty, *The Transport Debate*, Bristol, UK: Policy Press, 2014.

10   Georg Simmel, "The Metropolis and Mental Life," in *The Blackwell City Reader*, ed. Gavin Bridge and Sophie Watson, Oxford: Blackwell, 2010, 19.

11   Gillian Fuller, "The Arrow-Directional Semiotics: Wayfinding in Transit," *Social Semiotics* 12, no. 3, 2002.

12   Anne Cronin, "Mobility and Market Research: Outdoor Advertising and the Commercial Ontology of the City," *Mobilities* 3, no. 1, 2008. pp. 103.

13   자동차와의 관계에 대해서는 Mimi Sheller, "Automotive Emotions: Feeling the Car," *Theory, Culture and Society* 21, no. 4-5, 2004. 참조.

14   Thomas Davenport and John Beck, *The Attention Economy: Understanding the New Currency of Business*, Cambridge, MA: Harvard Business Press, 2013.

15   Gillian Fuller, "〉 store 〉 forward 〉: Architectures of a Future Tense," in *Aeromobilities*, ed. Saulo Cwerner, Sven Kesselring, and John Urry, London: Routledge, 2009.

16   Kurt Iveson, "Branded Cities: Outdoor Advertising, Urban Governance, and the Outdoor Media Landscape," *Antipode* 44, no. 1, 2012.

17   Anthony Elliott and David Radford, "Terminal Experimentation: The Transformation of Experiences, Events and Escapes at Global Airports," *Environment and Planning D: Society and Space* 33, no. 6, 2015.

18   운동과 통근의 관계에 대해서는 Simon Cook, Jon Shaw, and Paul Simpson, "Jography: Exploring Meanings, Experiences and Spatialities of Recreational Road-Running," *Mobilities* 11, no. 5, 2016. 참조.

19   Harold Schweizer, *On Waiting*, London: Routledge, 2008.

20   Ash Amin, "Re-thinking the Urban Social," *City* 11, no. 1, 2007.

21   David Harvey, *The Condition of Postmodernity: An Enquiry into the Origins of Social Change*, Oxford: Basil Blackwell, 1989. 정보의 가변적 성격으로 이 효과 역시 다르게 생산된다. 버스의 정확한 위치에 대한 지식이 차량과 사람 사이의 인식적 거리를 '압축'시킬 수도 있지만, 지연된 기차나 버스는 동시에 경험의 거리를 더 멀게 할 수도 있다.

22   Juliet Jain, "Bypassing and WAPing: Reconfiguring Time-Tables for 'Real-Time' Mobility," in *Mobile Technologies of the City*, ed. Mimi Sheller and John Urry, London: Routledge, 2006.

23   Stephen Graham, "Software-Sorted Geographies," *Progress in Human Geography* 29, no. 5, 2005.

24   Kim Sawchuk, "Impaired," in *The Routledge Handbook of Mobilities*, ed. Peter Adey et al., London: Routledge, 2014.

25   David Bissell, "Conceptualising Differently-Mobile Passengers: Geographies of Everyday Encumbrance in the Railway Station," *Social and Cultural Geography* 10, no. 2, 2009.

26   Rob Imrie, "Disability and Discourses of Mobility and Movement," *Environment and Planning A* 32, no. 9, 2000.

27   이 자유와 제한의 모순적 관계에 대해서는 Malene Freudendal-Pedersen, *Mobility in Daily Life:*

Between Freedom and Unfreedom, London: Routledge, 2009에서 잘 연구되어 있다.

28 Tim Dant, "The Driver-Car," *Theory, Culture and Society* 21, no. 4-5, 2004.

29 Mimi Sheller and John Urry, eds., *Mobile Technologies of the City*, London: Routledge, 2006.

30 Patricia T. Clough, *Autoaffection: Unconscious Thought in the Age of Teletechnology*, Minneapolis: University of Minnesota Press, 2000.

31 Nigel Thrift and Shaun French, "The Automatic Production of Space," *Transactions of the Institute of British Geographers* 27, no. 3, 2002.

32 Graham, "Software-Sorted Geographies." 이동 공간에서의 사회적 통제의 복잡함에 대해서는 Kaima Negishi, "From Surveillant Text to Surveilling Device: The Face in Urban Transit Spaces," *Surveillance and Society* 11, no. 3, 2013. 참조.

33 Jenni Ryall, "Frugal Opal Card Users 'Beat the System' for Cheaper Fares," *Sydney Morning Herald*, November 25, 2014, http://www.smh.com.au/nsw/frugal-opal-card-users-beat-the-system-for-cheaper-fares-20141124-11t4r0.html#ixzz46zM5Ritt.

34 이동성이 어떻게 친밀성을 만들거나 망치는지에 대해서는 Clare Holdsworth, *Family and Intimate Mobilities*, London: Palgrave Macmillan, 2013. 참조.

35 Peter Adey, *Mobility*, London: Routledge, 2010, pp. 167.

36 Fuller, "〉 store 〉 forward 〉."

37 William H. Whyte, *The Social Life of Small Urban Spaces*, New York: Project for Public Spaces, 1980.

38 심슨Simpson은 앙리 르페브르Henri Lefebvre의 리듬분석rhythmanalysis을 활용하는 방법으로 저속 촬영법을 사용한다. "Apprehending Everyday Rhythms: Rhythmanalysis, Time-Lapse Photography, and the Space-Times of Street Performance," *Cultural Geographies* 19, no. 4, 2012.

39 Gilles Deleuze, *Difference and Repetition*, trans. Paul Patton, London: Continuum, 2004.

40 래섬Latham과 맥코맥McCormack이 지적한 것처럼, 이 관점에서 볼 때, 이미지는 단순한 표현의 스냅 샷이 아니다. 오히려, 이미지들은 "시공간의 공명 블록으로, 그것이 여전히 보인다 할지라도 지속 시간을 갖는다." 두 사람은 이미지가 어떻게 "개별 물체의 특이성이 동시에 불러지고, 반복을 통해 이것이 참가하는 관계를 만드는지" 서술한다. Alan Latham and Derek McCormack, "Thinking with Images in Non-representational Cities: Vignettes from Berlin," *Area* 41, no. 3, 2009. pp. 253, 256.

41 David Bissell, "Encountering Stressed Bodies: Slow Creep Transformations and Tipping Points of Commuting Mobilities," *Geoforum* 51, no. 1, 2014.

42 한남 · 셸러 · 어리가 지적하듯이, 예를 들어, 항공 이동성은 상대적으로 움직이지 않는 하부구조의 거대한 네트워크나 이러한 이동성을 가능하게 하는 "계류장"을 필요로 한다. Kevin Hannam, Mimi Sheller and John Urry, "Editorial: Mobilities, Immobilities and Moorings," *Mobilities* 1, no. 1, 2006.

43 Doreen Massey, *For Space*. London: Sage, 2005, pp. 9.

44 Bissell, "Encountering Stressed Bodies."

45 이것은 크랭Crang과 트라블로Travlou의 주장인 "도시는 과거를 현재와 미래로 가져오는 파멸을 일으킨다"는 주장을 상기시킨다. Mike Crang and Pennie S. Travlou, "The City and Topologies of

Memory," *Environment and Planning D: Society and Space* 19, no. 2, 2001. pp. 174.

46 Massey, *For Space*, pp. 120.

47 Marc Augé, *In the Metro*, Minneapolis: University of Minnesota Press, 2002, pp. 18.

48 이것은 짐멜의 악명 높은, 스스로 더 인지하고 있다고 할지라도 "무감각한 태도blasé attitude"와는 다른 형태이다. Paula Jirón, "Mobile Borders in Urban Daily Mobility Practices in Santiago de Chile," *International Political Sociology* 4, no. 1, 2010. 참조

49 Bernard Stiegler, *For a New Critique of Political Economy*, Cambridge: Polity, 2010.

50 Peter Adey, "Airports, Mobility and the Calculative Architecture of Affective Control," *Geoforum* 39, no. 1, 2008.

51 Nigel Thrift, "Driving in the City," *Theory, Culture and Society* 21, no. 4-5, 2004.

52 Rob Kitchin and Martin Dodge, *Code/Space: Software and Everyday Life*, Cambridge, MA: MIT Press, 2011.

53 Cronin, "Mobility and Market Research," pp. 110.

54 Massey, *For Space*.

55 Ole B. Jensen, *Staging Mobilities*, London: Routledge, 2013.

5장 열정의 목소리

1 Phillip Vannini, *Ferry Tales: Mobility, Place, and Time on Canada's West Coast*, London: Routledge, 2012.

2 Helen Wilson, "Passing Propinquities in the Multicultural City: The Everyday Encounters of Bus Passengering," *Environment and Planning A* 43, no. 3, 2011.

3 David Bissell, "Passenger Mobilities: Affective Atmospheres and the Sociality of Public Transport," *Environment and Planning D: Society and Space* 28, no. 2, 2010.

4 Peter Adey, "'May I Have Your Attention': Airport Geographies of Spectatorship, Position, and (Im)mobility," *Environment and Planning D: Society and Space* 25, no. 3. 2007.

5 Katherine Brickell, "Towards Geographies of Speech: Proverbial Utterances of Home in Contemporary Vietnam," *Transactions of the Institute of British Geographers* 38, no. 2, 2013. pp. 207.

6 서로 다른 형태의 소리 내기는 우리 사회 환경의 산물로, 반복을 통해 지속되어야 한다. Judith Butler, *Bodies that Matter: On the Discursive Limits of "Sex"*, London: Routledge, 1993. 참조

7 빅 로루소는 개인적 차원에서 말하고 있으며, 여기서 표현된 그의 견해가 반드시 그가 일하는 회사의 견해를 반영하는 것은 아니다.

8 시드니의 TV 교통정보 방송은 2002년에 시작되었지만, 라디오 교통정보 방송은 훨씬 더 긴 역사가 있다.

9 Caren Kaplan, "Mobility and War: the Cosmic View of US 'Air Power,'" *Environment and Planning A* 38, no. 2, 2006.

10 이 논의는 성공한 상파울루 사업가들의 이동 수단으로 헬리콥터 여행을 분석한 크베르너Cwerner 의 연구와 비교할 때 도시 통근에서 헬리콥터가 하는 역할에 대해 다소 다른 분석을 제시한다.

Saulo Cwerner, "Vertical Flight and Urban Mobilities: The Promise and Reality of Helicopter Travel," *Mobilities* 1, no. 2, 2006. 참조.

11   Paul Simpson, "Falling on Deaf Ears: A Post-phenomenology of Sonorous Presence," *Environment and Planning A* 41, no. 11, 2009.

12   Judy Delin, *The Language of Everyday Life: An Introduction*, London: Sage, 2000, pp. 51.

13   Arlie R. Hochschild, *The Managed Heart: Commercialization of Human Feeling*, Berkeley: University of California Press, 1983.

14   주행 중 경로 변경에 대해 운전자와 승객 사이의 대화가 다른 경로가 필요하다는 신호를 알아차리는 것과 연관된다고 주장한 로리에Laurier와 로리머Lorimer의 논의를 살펴볼 수 있다. Eric Laurier and Hayden Lorimer, "Other Ways: Landscapes of Commuting," *Landscape Research* 37, no. 2, 2012. 참조.

15   Sianne Ngai, *Our Aesthetic Categories: Zany, Cute, Interesting*, Cambridge, MA: Harvard University Press, 2012.

16   Daya K. Thussu, *News as Entertainment: The Rise of Global Infotainment*, London: Sage, 2009.

17   이 점은 그가 '24/7 문화'라고 부르는 것의 등장과 이것이 지닌 약화시키는 영향에 대한 암울한 분석에서 명쾌하게 설명된다. Jonathan Crary, *24/7: Late Capitalism and the Ends of Sleep*, London: Verso, 2014.

18   구드Goode는 시민 저널리즘을 "일반인이 저널리즘 관행에 참여하는 웹 기반 실천"으로 설명한다. Luke Goode, "Social News, Citizen Journalism and Democracy," *New Media and Society* 11, no. 8, 2009, p. 1288. 참조.

19   David Beer, "Public Geography and the Politics of Circulation," *Dialogues in Human Geography* 3, no. 1, 2013.

20   mX "Vent Your Spleen," *mX Newspaper*, December 6, 2013, 16.

21   Dina Al-Kassim, *On Pain of Speech: Fantasies of the First Order and the Literary Rant*, Berkeley: University of California Press, 2010, pp. 3, 18.

22   Mike Michael, "Anecdote," in *Inventive Methods: The Happening of the Social*, ed. Celia Lury and Nina Wakeford, London: Routledge, 2012.

23   Butler, *Bodies that Matter*, pp. xxi.

24   예를 들어, Mark Poster, *Information Please: Culture and Politics in the Age of Digital Machines*, Durham, NC: Duke University Press, 2006. 참고

25   Monika Büscher, Lisa Wood and Sung-Yueh Perng, "Altruistic, Augmented, Agile: Public Crisis Response" (the Closing Conference of the ZiF Research Group "Communicating Disaster," Bielefeld, Germany, January 26-28, 2012에서 발표되었다); 또한 Mimi Sheller, "News Now: Interface, Ambience, Flow, and the Disruptive Spatio-temporalities of Mobile News Media," *Journalism Studies* 16, no. 1 2015, pp. 12-26. 참조

26   Shaun W. Davenport et al., "Twitter versus Facebook: Exploring the Role of Narcissism in the Motives and Usage of Different Social Media Platforms," *Computers in Human Behavior* 32, 2014.

27   '시티레일CityRail'은 1988년부터 2013년까지 시드니, 뉴캐슬, 월롱공 및 그 주변 지역의 통근열차

이름이었다. 교외 지역 네트워크는 '시드니 트레인Sydney Trains'으로 중거리 및 장거리 서비스는 NSW TrainLink로 변경되었다.

28 영국 코미디 〈핍 쇼Peep Show〉는 코미디 효과를 위해 이 장치를 광범위하게 사용한다.

29 Jack Katz, *How Emotions Work*, Chicago: University of Chicago Press, 1999, pp. 18-86.

30 Eric Laurier et al., "Driving and 'Passengering': Notes on the Ordinary Organization of Car Travel," *Mobilities* 3, no 1, 2008.

31 Erving Goffman, *Interaction Ritual: Essays in Face to Face Behaviour*, New Brunswick, NJ: Transaction Publishers, 1967.

32 Denise Riley, *Impersonal Passion: Language as Affect*, Durham NC: Duke University Press, 2005, pp. 20.

33 Denise Riley, *Impersonal Passion: Language as Affect*.

34 Denise Riley, "'A Voice without a Mouth': Inner Speech," *Que Parle* 14, no. 2, 2004. pp. 73.

35 Riley, *Impersonal Passion*, pp. 23.

36 Riley, *Impersonal Passion*, pp. 21.

37 Eckhart Tolle, *The Power of Now*, Sydney: Hachette, 2009.

38 Riley, *Impersonal Passion*, pp. 27.

39 Graeme Turner, "Politics, Radio and Journalism in Australia," *Journalism* 10, no. 4, 2009.

40 Ben Anderson, "Time-Stilled, Space-Slowed: How Boredom Matters," *Geoforum* 35, no. 6, 2004.

41 Richard Sennett, *Flesh and Stone: The Body and the City in Western Civilization*, New York: W. W. Norton, 1994.

42 Turner, "Politics, Radio and Journalism," pp. 422.

43 Turner, "Politics, Radio and Journalism," pp. 416.

44 Doreen Massey, *For Space*, London: Sage, 2005, pp. 151.

45 Yi-Fu Tuan, "Language and the Making of Place: A Narrative-Descriptive Approach," *Annals of the Association of American Geographers* 81, no. 4, 1991, pp. 684.

46 Pierre Bourdieu, *The Logic of Practice, Redwood City*, CA: Stanford University Press, 1990, pp. 71.

6장 좌초된 기대

1 Emilio Ferrier, Sean Macken, and Sam Stewart, *Getting Us There: Funding the Transport Infrastructure of Tomorrow*, Sydney: The McKell Institute, 2014, pp. 26.

2 Stephen Graham and Simon Marvin, *Splintering Urbanism: Networked Infrastructures, Technological Mobilities and the Urban Condition*, London: Routledge, 2001, pp. 92.

3 Stephen Graham and Colin McFarlane, eds., *Infrastructural Lives: Urban Infrastructure in Context*, London: Routledge, 2014, pp. 12.

4 Derek McCormack, "Pipes and Cables," in *The Routledge Handbook of Mobilities*, ed. Peter Adey et al., London: Routledge, 2014, pp. 227.

5 Derek McCormack, "Pipes and Cables."

6 Peter Dwyer, "Worlds of Waiting," in *Waiting*, ed. Ghassan Hage, Melbourne: Melbourne University Press, 2009.

7 가산 하게Ghassan Hage는 상황적이며 실존적인 기다림의 이중성을 암시한다. "기다리는 것은 시간과 이미 존재하고 있는 시간 속에서 발생하고, 주체는 그 시간의 감각 속에서 기다리는 것이다. 다른 한편, 기다리는 것은 시간을 창조한다. 즉, 다양한 기다림의 방식은 다른 사회적·자연적 시간과 조화를 이루거나 혹은 조화를 이루지 못하는 그들 자신의 시간성을 만들어 낸다"고 지적한다. Ghassan Hage, "Introduction," in *Waiting*, ed. Ghassan Hage, Melbourne: Melbourne University Press, 2009, pp. 7.

8 Henri Bergson, *Time and Free Will: An Essay on the Immediate Data of Consciousness*, trans. F. Pogson, London: Dover, 2001.

9 Harold Schweizer, *On Waiting*, London: Routledge, 2008, pp. 16.

10 Harold Schweizer, *On Waiting*, pp. 128.

11 Hage, "Introduction," pp. 2.

12 Peter Adey, *Mobility*, London: Routledge, 2010.

13 Hage, "Introduction," pp. 4.

14 이 인터뷰에서 흥미로운 부분은 대중의 정서를 진단할 수 있는 능력이다. 나는 언론계 특종을 밝히기 위해 이 인터뷰를 진행한 것은 아니다. 그보다는 정치인들이 시드니의 교통 문제와 그 과정에서 발의할 수 있는 담론을 어떻게 구체화하는지에 관심이 있다.

15 이 면접조사는 2015년 말에 진행되었다.

16 Graham Currie et al., "Investigating Links between Transport Disadvantage, Social Exclusion and Well-Being in Melbourne-Preliminary Results," *Transport Policy* 16, no. 3, 2009, pp. 97-105.

17 Tim Cresswell, "Mobilities II: Still," *Progress in Human Geography* 36, no. 5, 2012.

18 Stephen Graham, ed., *Disrupted Cities: When Infrastructure Fails*, London: Routledge, 2010. 참조.

19 Phillip Vannini, *Ferry Tales: Mobility, Place, and Time on Canada's West Coast*, London: Routledge, 2012. 더 일상적인(그러나 확실히 훨씬 더 바람직하지 않은) 정체감은 지리학자 크레이그 제프리Craig Jeffrey의 민족지 연구의 중심 주제이다. 이 연구에서 제한된 기회 때문에 목표를 실현할 수 없는 인도 메러트Meerut의 교육받은 실업자를 다루고 있다. Craig Jeffrey, *Timepass: Youth, Class, and the Politics of Waiting in India*, Redwood City, CA: Stanford University Press, 2010.

20 Ghassan Hage, "Waiting Out the Crisis: On Stuckedness and Governmentality," in *Waiting*, ed. Ghassan Hage, Melbourne: Melbourne University Press, 2009, pp. 97.

21 Hage, "Waiting Out the Crisis: On Stuckedness and Governmentality," pp. 102.

22 Hage, "Waiting Out the Crisis: On Stuckedness and Governmentality."

23 Hage, "Waiting Out the Crisis: On Stuckedness and Governmentality," pp. 105.

24 Australian Bureau of Statistics, *Regional Population Growth, Australia*, 2013-14, cat no. 3218.0, Canberra: Australian Bureau of Statistics, 2015.

25 Bob Fagan and Robyn Dowling, "Neoliberalism and Suburban Employment: Western Sydney

in the 1990s," *Geographical Research* 43, no. 1, 2005.

26 Peter Thomas, "Railways," in *The Routledge Handbook of Mobilities*, ed. Peter Adey et al. London: Routledge, 2014.

27 Thomas, "Railways," pp. 218.

28 Thomas, "Railways," pp. 222.

29 Nigel Thrift, "Intensities of Feeling: Towards a Spatial Politics of Affect," *Geografiska Annaler: Series B*, Human Geography 86, no. 1, 2004.

30 여기서 문제는 지배 권력이 종종 보안이나 자본 축적의 명목으로 그들의 주장을 정당화하고, 또 다른 지형으로 영향력을 회복한다는 것이다. 영향이 성공적으로 조작될 수 있다고 하는 것은 그것의 과도한 규모가, 심지어 영향이 그 목적일지라도, 어떻게 권력의 효과적인 기능을 제한하는지를 간과하는 것이다. 권력의 2차적 효과보다는 권력의 전환으로 이해되어야 하는 영향은 지속적인 변화를 일으키는 영구한 형성이다.

31 Mitch Rose, "Negative Governance: Vulnerability, Biopolitics and the Origins of Government," *Transactions of the Institute of British Geographers* 39, no. 2, 2014, pp. 217.

32 이 기사의 요점은 시드니의 민자 고속도로에 대한 다양한 요금 정책을 의미한다. 민자 고속도로는 운전자에게 통행료를 부과하지만, 뉴 사우스 웨일스 주 남서쪽에 있는 M5(이전에는 M4 고소도로 역시) 고속소도를 사용하는 비용은 주정부에 의해 환급된다. 이 환급은 1995년 당시 뉴 사우스 웨일스 주의 야당 지도자 밥 카Bob Carr의 선거 공약에서 나온 것이다. 1998년 이래, 현금 환급이 시행되었고, 이를 없애는 것은 정치인들에게 정치적으로 너무 위험한 것으로 간주되었다. 하지만 이것은 특정 지역의 주민들만 통행료를 보상받는다는 점에서 도시의 지리적 불균형을 초래했다.

33 Bellinda Kontominas, "These Hills Are Alive with Murmurs of Discontent," *Sydney Morning Herald*, March 13, 2007, http://www.smh.com.au/news/state-election-2007/these-hills-are-alive-with-murmurs-of-discontent/2007/03/12/1173548110049.html.

34 Sunnanda Creagh, "Off the Rails: How the West was Stung," *Sydney Morning Herald*, September 26, 2007, pp. 4.

35 Thomas, "Railways," pp. 223.

36 Thomas, "Railways," pp. 222.

37 AbdouMaliq Simone, "Relational Infrastructures in Postcolonial Worlds," *in Infrastructural Lives: Politics, Experience and the Urban Fabric*, ed. Stephen Graham and Colin McFarlane, London: Routledge, 2014) pp. 33.

38 Simone, "Relational Infrastructures in Postcolonial Worlds."

39 Simone, "Relational Infrastructures in Postcolonial Worlds."

40 Ilze Paklone, "Conceptualization of Visual Representation in Urban Planning," *Limes: Borderland Studies* 4, no. 2, 2011.

41 Sam Kinsley, "Representing 'Things to Come': Feeling the Visions of Future Technologies," *Environment and Planning A* 42, no. 11, 2010, pp. 2771-2790.

42 Monica Degen, Clare Melhuish, and Gillian Rose, "Producing Place Atmospheres Digitally: Architecture, Digital Visualisation Practices and the Experience Economy," *Journal of Consumer Culture* 17, no. 1, 2017.

43 Kinsley, "Representing 'Things to Come," pp. 2772.

44　Brian Massumi, *Politics of Affect*, Cambridge: Polity, 2015.

45　Nigel Thrift, "The Insubstantial Pageant: Producing an Untoward Land," *Cultural Geographies* 19, no. 2, 2012, pp. 153.

46　Massumi, *Politics of Affect*.

47　Massumi, *Politics of Affect*, pp. 2.

48　Massumi, *Politics of Affect*, pp. 3.

49　마수미의 예는 반세계화 운동이다. "이 운동의 약점이나 전술 혹은 자본주의 분석 문제를 찾기는 어렵지 않다. 만약 당신이 상상하는 올바른 방식의 이미지에 조응하는 방식의 운동을 기다린다면, 평생 기다려야 할지 모른다. 그 어떤 것도 그렇게 정돈된 것은 없다." Massumi, *Politics of Affect*, pp. 16.

50　에어포트 링크Airport Link 철도는 민관 협력으로 건설되었다. 이 계약에 따르면, 민간 사업자는 2개 공항역을 포함하여 4개 역의 건설 비용을 부담해야 했다. 그 대가로 운영자는 30년 동안 역을 운영하고 요금을 부과할 권리를 얻었다. 두 공항 역을 이용하는 승객은 현재 13.80오스트레일리아 달러의 역 이용료를 내야 한다.

51　K. Gibson-Graham and Gerda Roelvink, "An Economic Ethics for the Anthropocene," *Antipode* 41, no. s1, 2010, pp. 342.

52　게다가 이런 작은 단계는 큰 변화에 대한 추진력을 형성할 수 있다. 연합이 단체들의 협업을 돕는 방법은 지리학자 에드 소자Ed Soja의 사회정의 추구를 위한 네트워크화된 운동과 연합 구성의 중요성 주장과 유사성이 있다. 실제로 소자 저서의 첫 번째 예는 로스앤젤레스 버스 라이더 연합Los Angeles Bus Riders Union이다. 이들은 1996년 도시 교통 당국에 대항하여 역사적인 법적 승리를 거둔 풀뿌리 시민 단체이다. 그 결과, 합의된 법령은 잘 정비된 교외 부유층보다는 도시의 가난한 주민들에게 더 나은 서비스를 제공하기 위해 대중교통 시스템의 방향을 전환하도록 했다. 미국의 일반적인 정부와 정책은 부유층을 선호해 왔음에도 불구하고 말이다. Ed Soja, *Seeking Spatial Justice*, Minneapolis: University of Minnesota Press, 2010. 참조

53　Mimi Sheller, "Sustainable Mobility and Mobility Justice: Towards a Twin Transition," in *Mobilities: New Perspectives on Transport and Society*, ed. Margaret Grieco and John Urry, Aldershot, UK: Ashgate, 2011.

54　한 사례로, 루스는 나에게 정상 시력의 3~5퍼센트만 가진 마이클에 관한 짧은 영상을 보여 주었다. 마이클은 비영리단체인 맨스 쉐드Men's Shed 지역 단체에서 자원봉사를 하기 위해 버스로 통근한다. 그의 가슴 아픈 내레이션은 교통부 직원들의 냉담한 대응과 버스 번호와 목적지를 읽는 데 어려움을 묘사했다.

55　Bent Flyvbjerg, *Rationality and Power: Democracy in Practice*, Chicago: University of Chicago Press, 1998.

56　Jon Shaw and Iain Docherty, *The Transport Debate*, Bristol, UK: Policy Press, 2014.

57　Ole B. Jensen, *Staging Mobilities*, London: Routledge, 2013.

58　일종의 음모론을 영구화하는 비판적 사고의 학문적 습관에 대한 브뤼노 라투르Bruno Latour의 반응을 참조하라. Bruno Latour, "Why Has Critique Run Out of Steam? From Matters of Fact to Matters of Concern," *Critical Inquiry* 30, no. 2. 2004, pp. 229.

59　Adey, *Mobility*, pp. 119.

60　Maria Hynes, "Reconceptualizing Resistance: Sociology and the Affective Dimension of

Resistance," *British Journal of Sociology* 64, no. 4, 2013.

61 Kathleen Stewart, "Road Registers," *Cultural Geographies* 21, no. 4, 2014, pp. 550.

62 Massumi, *Politics of Affect*, pp. 81.

63 Massumi, *Politics of Affect*.

64 이것은 들뢰즈와 가타리Deleuze & Guattari의 글에서 "모든 정치는 거시적 정치인 동시에 미시적 정치"라고 강조한 데서 재확인할 수 있다. Gilles Deleuze and Félix Guattari, *A Thousand Plateaus: Capitalism and Schizophrenia*, trans. Brian Massumi, London: Continuum, 1992, pp. 213.

65 J. K. Gibson-Graham, "Diverse Economies: Performative Practices for Other Worlds," *Progress in Human Geography* 32, no. 5, 2008, pp. 619.

에필로그

1 Jacques Derrida, "Plato's Pharmacy," *Dissemination, trans. Barbara Johnson*, London: Athlone Press, 1981, pp. 61-172.

2 Brian Massumi, *Politics of Affect*, Cambridge: Polity, 2015, pp. 115.

3 Ash Amin and Nigel Thrift, *Cities: Reimagining the Urban*, Cambridge: Polity, 2002.

4 노스 웨스트 레일 링크North West Rail Link는 현재 시드니 메트로 노스 웨스트Sydney Metro Northwest로 이름을 변경했으며, 2019년에 개통할 예정이다.

5 예를 들어, Hod Lipson and Melba Kurman, *Driverless: Intelligent Cars and the Road Ahead*, Cambridge, MA: MIT Press, 2016. 참조.

6 Félix Guattari, "Ecosophical Practices and the Restoration of the 'Subjective City," in *Machinic Eros: Writings on Japan*, ed. Gary Genosko and Jay Hetrick, Minneapolis: University of Minnesota Press, 2015, pp. 106.

7 Juliet Jain, "The Classy Coach Commute," *Journal of Transport Geography* 19, no. 5, 2011, pp. 1017-1022.

8 Félix Guattari, *The Three Ecologies*, London: Continuum, 2000.

9 파괴적인 결과 중 일부는 프랑코 "비포" 베라르디Franco "Bifo" Berardi의 묘사에 등장하는데, 그는 현대 대다수 고용의 특징인 포스트포디즘의 생산양식은 불안정하고, 상품을 생산하기보다 "주체성"을 형성하는 데 관계된다고 주장한다. 포스트포디즘 경제 이후의 노동자들은 주체성이 그들의 업무에 묶여 있기 때문에 하루를 마치고도 직장을 떠나지 못한다. 베라르디에 따르면, 이런 상황은 공포와 우울증을 야기한다. Franco "Bifo" Berardi, *The Soul at Work: From Alienation to Autonomy*, New York: Semiotext(e), 2009. 참조

10 Sikivu Hutchinson, "Waiting for the Bus," *Social Text* 18, no. 2, 2000, pp. 107.

11 Gilles Deleuze and Claire Parnet, *Dialogues II*, trans. Hugh Tomlinson and Barbara Habberjam, London: Continuum, 2002, pp. 126.

12 Paul Harrison, "Making Sense: Embodiment and the Sensibilities of the Everyday," *Environment and Planning D: Society and Space* 18, no. 4, 2000, pp. 498.

■ 참고문헌

Adey, Peter. "'May I Have Your Attention': Airport Geographies of Spectatorship, Position, and (Im)mobility." *Environment and Planning D: Society and Space 25*, no. 3 (2007): 515–536.

Adey, Peter. "Airports, Mobility and the Calculative Architecture of Affective Control." *Geoforum 39*, no. 1 (2008): 438–451.

Adey, Peter. *Mobility*. London: Routledge, 2010.

Agger, Ben. *Speeding Up Fast Capitalism. Boulder*, CO: Paradigm Publishers, 2004.

Ahmed, Sara. *The Cultural Politics of Emotion*. London: Routledge, 2004.

Al-Kassim, Dina. *On Pain of Speech: Fantasies of the First Order and the Literary Rant*. Berkeley: University of California Press, 2010.

Aldred, Rachel. "The Commute." In *The Routledge Handbook of Mobilities*, edited by Peter Adey, David Bissell, Kevin Hannam, Peter Merriman, and Mimi Sheller, 450–459. London: Routledge, 2014.

Aldred, Rachel. "Incompetent or Too Competent? Negotiating Everyday Cycling Identities in a Motor Dominated Society." *Mobilities* 8, no. 2 (2013): 252–271.

Amin, Ash, ed. *Post-Fordism: A Reader*. Oxford: Blackwell, 2011.

Amin, Ash. "Re-thinking the Urban Social." *City* 11, no. 1 (2007): 100–114.

Amin, Ash, and Nigel Thrift. *Cities: Reimagining the Urban*. Cambridge: Polity, 2002.

Anderson, Ben. "Affective Atmospheres." *Emotion, Space and Society* 2, no. 2 (2009): 77–81.

Anderson, Ben. "Preemption, Precaution, Preparedness: Anticipatory Action and Future Geographies." *Progress in Human Geography* 34, no. 6 (2010): 777–798.

Anderson, Ben. "Time Stilled, Space Slowed: How Boredom Matters." *Geoforum* 35, no. 6 (2004): 739–754.

Anderson, Ben, and James Ash. "Atmospheric Methods." In *Non-representational Methodologies: Re-envisioning Research*, edited by Phillip Vannini, 34–51. London: Routledge, 2015.

Anderson, Ben, and Paul Harrison, eds. *Taking-Place: Non-representational Theories and Geography*. Aldershot, UK: Ashgate, 2010.

Augé, Marc. *In the Metro*. Minneapolis: University of Minnesota Press, 2002.

Australian Bureau of Statistics. *Regional Population Growth, Australia*, 2013–14, cat no. 3218.0. Canberra: Australian Bureau of Statistics, 2015.

Baccini, Peter. "A City's Metabolism: Towards the Sustainable Development of Urban Systems." *Journal of Urban Technology* 4, no. 2 (2007): 27–39.

Baker, Tom, and Kristian Ruming. "Making 'Global Sydney': Spatial Imaginaries,

Worlding and Strategic Plans." *International Journal of Urban and Regional Research* 39, no. 1 (2015): 62–78.

Bannister, David. *Transport Planning: In the UK, USA and Europe.* London: Spon Press, 2004.

Baruch, Yehuda. "Teleworking: Benefits and Pitfalls as Perceived by Professionals and Managers." *New Technology, Work and Employment* 15, no. 1 (2000): 34–49.

Beer, David. "Public Geography and the Politics of Circulation." *Dialogues in Human Geography* 3, no. 1 (2013): 92–95.

Berardi, Franco "Bifo." *The Soul at Work: From Alienation to Autonomy.* New York: Semiotext(e), 2009.

Bergson, Henri. *Creative Evolution. Translated by Arthur Mitchell.* New York: Modern Library, 1944.

Bergson, Henri. *The Creative Mind. Translated by Mabelle Andison.* New York: Philosophical Library, 1946.

Bergson, Henri. *Matter and Memory.* Translated by Nancy M. Paul and W. Scott Palmer. New York: Zone Books, 1988.

Bergson, Henri. *Time and Free Will: An Essay on the Immediate Data of Consciousness.* Translated by F. Pogson. London: Dover, 2001.

Berlant, Lauren. "Humorless. Serious. Critical." Paper presented at the "Moods of Criticism: Theatrical, Humorless, Prurient, Susceptible, Alacritous" panel of the MLA conference, Philadelphia, Pennsylvania, January 7, 2017.

Berlant, Lauren. "Slow Death (Sovereignty, Obesity, Lateral Agency)." *Critical Inquiry* 33, no. 4 (2007): 754–780.

Bissell, David. "Conceptualising Differently-Mobile Passengers: Geographies of Everyday Encumbrance in the Railway Station." *Social and Cultural Geography* 10, no. 2 (2009): 173–195.

Bissell, David. "Encountering Stressed Bodies: Slow Creep Transformations and Tipping Points of Commuting Mobilities." *Geoforum* 51, no. 1 (2014): 191–201.

Bissell, David. "How Environments Speak: Everyday Mobilities, Impersonal Speech, and the Geographies of Commentary." *Social and Cultural Geography* 16, no. 2 (2015): 146–164

Bissell, David. "Micropolitics of Mobility: Public Transport Commuting and Everyday Encounters with Forces of Enablement and Constraint." *Annals of the Association of American Geographers* 106, no. 2 (2016): 394–403.

Bissell, David. "Passenger Mobilities: Affective Atmospheres and the Sociality of Public Transport." *Environment and Planning D: Society and Space* 28, no. 2 (2010): 270–289.

Bissell, David. "Transforming Commuting Mobilities: The Memory of Practice," *Environment and Planning A* 46, no. 8 (2014): 1946–1965.

Bissell, David. "Travelling Vulnerabilities: Mobile Timespaces of Quiescence." *Cultural*

Geographies 16, no. 4 (2009): 427–445.

Bissell, David, and Gillian Fuller. *Stillness in a Mobile World*. London: Routledge, 2011.

Böhme, Gernot. "Atmosphere as the Fundamental Concept of a New Aesthetics." *Thesis Eleven* 36, no. 1 (1993): 113–126.

Bouissou, Julien. "Mumbai's Rail Commuters Pay a High Human Price for Public Transport." *The Guardian*, October 29, 2013. https://www.theguardian.com/world/2013/oct/29/india-mumbai-population-rail-accidents (accessed October 31, 2015).

Bourdieu, Pierre. *The Logic of Practice*. Redwood City, CA: Stanford University Press, 1990.

Brickell, Katherine. "Towards Geographies of Speech: Proverbial Utterances of Home in Contemporary Vietnam." *Transactions of the Institute of British Geographers* 38, no. 2 (2013): 207–220.

Bryant, Levi. "The Ethics of the Event: Deleuze and Ethics without Αρχή." In *Deleuze and Ethics*, edited by Nathan Jun and Daniel Smith, 21–43. Edinburgh: Edinburgh University Press, 2011.

Bryson, Bill. *The Lost Continent: Travels in Small Town America*. London: Secker and Warburg, 1991.

Bull, Michael. *Sound Moves: iPod Culture and Urban Experience*. London: Routledge, 2007.

Bureau of Infrastructure, Transport and Regional Economics. *Australia's Commuting Distance: Cities and Regions: Information Sheet 73*. Canberra: Australian Government Department of Infrastructure and Regional Development, 2015.

Bureau of Infrastructure, Transport and Regional Economics. *Population Growth, Jobs Growth and Commuting Flows in Sydney: Report 132*. Canberra: Australian Government Department of Infrastructure and Regional Development, 2012.

Büscher, Monika, and John Urry. "Mobile Methods and the Empirical." *European Journal of Social Theory* 12, no. 1 (2009): 99–116.

Büscher, Monika, John Urry, and Katian Witchger, eds. *Mobile Methods*. London: Routledge, 2010.

Büscher, Monika, Lisa Wood, and Sung-Yueh Perng. "Altruistic, Augmented, Agile: Public Crisis Response." Paper presented at the Closing Conference of the ZiF Research Group "Communicating Disaster," Bielefeld, Germany, January 26–28, 2012.

Butler, Judith. *Bodies that Matter: On the Discursive Limits of "Sex."* London: Routledge, 1993.

Calfee, John, and Clifford Winston. "The Value of Automobile Travel Time: Implications for Congestion Policy." *Journal of Public Economics* 69, no. 1 (1998): 83–102.

Carey, James W. *Communication as Culture: Essays on Media and Society*. Boston: Unwin Hyman, 1989.

Cebr. *The Future Economic and Environmental Costs of Gridlock in 2030*. London: Cebr, 2014.

Chard, Chloe. *Pleasure and Guilt on the Grand Tour: Travel Writing and Imaginative Geography, 1600–1830*. Manchester: Manchester University Press, 1999.

Clough, Patricia T. *Autoaffection: Unconscious Thought in the Age of Teletechnology*. Minneapolis: University of Minnesota Press, 2000.

Cohen, Scott A., Tara Duncan, and Maria Thulemark. "Lifestyle Mobilities: The Crossroads of Travel, Leisure and Migration." *Mobilities* 10, no. 1 (2015): 155–172.

Conradson, David, and Alan Latham. "The Affective Possibilities of London: Antipodean Transnationals and the Overseas Experience." *Mobilities* 2, no. 2 (2007): 231–254.

Cook, Simon, Jon Shaw, and Paul Simpson. "Jography: Exploring Meanings, Experiences and Spatialities of Recreational Road-Running." *Mobilities* 11, no. 5 (2016): 744–769.

Crang, Mike, and Pennie S. Travlou. "The City and Topologies of Memory." *Environment and Planning D: Society and Space* 19, no. 2 (2001): 161–177.

Crary, Jonathan. *24/7: Late Capitalism and the Ends of Sleep*. London: Verso, 2014.

Creagh, Sundana. "Off the Rails: How the West Was Stung." *Sydney Morning Herald*, September 26, 2007, 4.

Cresswell, Tim. "Mobilities II: Still." *Progress in Human Geography* 36, no. 5 (2012): 645–653.

Cresswell, Tim. *On the Move: Mobility in the Modern Western World*. London: Routledge, 2006.

Cronin, Anne. "Mobility and Market Research: Outdoor Advertising and the Commercial Ontology of the City." *Mobilities* 3, no. 1 (2008): 95–115.

Currie, Graham, Tony Richardson, Paul Smyth, Dianne Vella-Brodrick, Julian Hine, Karen Lucas, Janet Stanley, Jenny Morris, Ray Kinnear, and John Stanley. "Investigating Links between Transport Disadvantage, Social Exclusion and Well-Being in Melbourne—Preliminary Results." *Transport Policy* 16, no. 3 (2009): 97–105.

Cwerner, Saulo. "Vertical Flight and Urban Mobilities: The Promise and Reality of Helicopter Travel." *Mobilities* 1, no. 2 (2006): 191–215.

Dant, Tim. "The Driver-Car." *Theory, Culture and Society* 21, no. 4–5 (2004): 61–79.

Davenport, Shaun W., Shawn S. Bergman, Jacqueline Z. Bergman, and Matthew E. Fearrington. "Twitter versus Facebook: Exploring the Role of Narcissism in the Motives and Usage of Different Social Media Platforms." *Computers in Human Behavior* 32 (2014): 212–220.

Davenport, Thomas, and John Beck. *The Attention Economy: Understanding the New Currency of Business*. Cambridge, MA: Harvard Business Press, 2013.

Davison, Graeme. "Australia: First Suburban Nation?" *Journal of Urban History* 22, no. 1 (1995): 40–74.

de Certeau, Michel. *The Practice of Everyday Life*. Translated by Steven Rendall. Berkeley: University of California Press, 1984.

DeLillo, Don. *Point Omega: A Novel*. New York: Simon and Schuster, 2010.

de Silva, Hema, Leanne Johnson, and Karen Wade. "Long Distance Commuters in Australia: A Socio-Economic and Demographic Profile." Paper presented at the Australasian Transport Research Forum, Adelaide, Australia, September 28–30, 2011.

Degen, Monica, Clare Melhuish, and Gillian Rose. "Producing Place Atmospheres Digitally: Architecture, Digital Visualisation Practices and the Experience Economy." *Journal of Consumer Culture* 17, no. 1 (2017): 3–24.

Deleuze, Gilles. *Difference and Repetition*. Translated by Paul Patton. London: Continuum, 2004.

Deleuze, Gilles. *Expressionism in Philosophy: Spinoza*. Translated by Martin Joughin. New York: Zone Books, 1990.

Deleuze, Gilles. *Logic of Sense*. Translated by Mark Lester and Charles Stivale. London: Continuum, 2004.

Deleuze, Gilles, and Félix Guattari. *A Thousand Plateaus: Capitalism and Schizophrenia*. Translated by Brian Massumi. London: Continuum, 1992.

Deleuze, Gilles, and Claire Parnet. *Dialogues II*. Translated by Hugh Tomlinson and Barbara Habberjam. London: Continuum, 2002.

Delin, Judy. *The Language of Everyday Life: An Introduction*. London: Sage, 2000.

Derrida, Jacques. "Plato's Pharmacy." In *Dissemination*, trans. Barbara Johnson, 61–172. London: Athlone Press, 1981.

Dewey, John. *Human Nature and Conduct*. London: Dover, 2002.

Dewsbury, J-D, and Paul Cloke. "Spiritual Landscapes: Existence, Performance and Immanence." *Social and Cultural Geography* 10, no. 6 (2009): 695–711.

Dewsbury, J-D, Paul Harrison, Mitch Rose, and John Wylie. "Enacting Geographies." *Geoforum* 33, no. 4 (2002): 437–440.

Diski, Jenny. *Stranger on a Train: Daydreaming and Smoking Around America*. London: Virago, 2002.

Dodson, Jago, and Neil Sipe. *Shocking the Suburbs: Oil Vulnerability in the Australian City*. Kensington, Australia: UNSW Press, 2008.

Dowling, Robyn. "Cultures of Mothering and Car Use in Suburban Sydney: A Preliminary Investigation." *Geoforum* 31, no. 3 (2000): 345–353.

Dreyfus, Hubert. "Intelligence without Representation: Merleau-Ponty's Critique of Mental Representation." *Phenomenology and the Cognitive Sciences* 1, no. 4 (2002): 367–383.

Dwyer, Peter. "Worlds of Waiting." In *Waiting*, edited by Ghassan Hage, 15–26. Melbourne: Melbourne University Press, 2009.

Edensor, Tim. "Commuter." In *Geographies of Mobilities: Practices, Spaces, Subjects*, edited by Tim Cresswell and Peter Merriman, 189–203. Aldershot, UK: Ashgate, 2011.

Edensor, Tim. "Defamiliarizing the Mundane Roadscape." *Space and Culture* 6, no. 2 (2003): 151–168.

Edensor, Tim. "Mundane Mobilities, Performances and Spaces of Tourism." *Social and Cultural Geography* 8, no. 2 (2007): 199–215.

Ehn, Billy, and Orvar Löfgren. "Routines—Made and Unmade." In *Time, Consumption, and Everyday Life: Practice, Materiality and Culture*, edited by Elizabeth Shove, Frank Trentmann, and Richard Wilk, 99–114. Oxford: Berg, 2009.

Elden, Stuart. "There Is a Politics of Space Because Space Is Political: Henri Lefebvre and the Production of Space." *Radical Philosophy Review* 10, no. 2 (2007): 101–116.

Elliott, Anthony, and David Radford. "Terminal Experimentation: The Transformation of Experiences, Events and Escapes at Global Airports." *Environment and Planning D: Society and Space* 33, no. 6 (2015): 1063–1079.

Eriksen, Thomas Hylland. *Tyranny of the Moment: Fast and Slow Time in the Information Age*. London: Pluto Press, 2001.

Fagan, Bob, and Robyn Dowling. "Neoliberalism and Suburban Employment: Western Sydney in the 1990s." *Geographical Research* 43, no. 1 (2005): 71–81.

Falconer, Delia. *Sydney*. Sydney: NewSouth Publishing, 2010.

Feeney, Nolan. "See How Bad Your Commute Is Compared to Other Cities." *TIME*, March 18, 2015. http://time.com/3748746/commute-times/ (accessed October 31, 2015).

Ferrier, Emilio, Sean Macken, and Sam Stewart. *Getting Us There: Funding the Transport Infrastructure of Tomorrow*. Sydney: McKell Institute, 2014.

Fisher, Philip. *The Vehement Passions*. Princeton, NJ: Princeton University Press, 2002.

Flyvbjerg, Bent. *Rationality and Power: Democracy in Practice*. Chicago: University of Chicago Press, 1998.

Foucault, Michel. *The Use of Pleasure*. Vol. 2 of *The History of Sexuality*. Translated by Robert Hurley. Harmondsworth, UK: Penguin, 1984.

Freestone, Robert. "Planning Sydney: Historical Trajectories and Contemporary Debates." In *Sydney: The Emergence of a World City*, edited by John Connell, 119–143. Melbourne: Oxford University Press, 2000.

Freudendal-Pedersen, Malene. *Mobility in Daily Life: Between Freedom and Unfreedom*. London: Routledge, 2009.

Frumkin, Howard. "Urban Sprawl and Public Health." *Public Health Reports* 117, no. 3 (2002): 201–217.

Fuller, Gillian. "The Arrow—Directional Semiotics: Wayfinding in Transit." *Social Semiotics* 12, no. 3 (2002): 231–244.

Fuller, Gillian. "> store > forward >: Architectures of a Future Tense." In *Aeromobilities*, edited by Saulo Cwerner, Sven Kesselring, and John Urry, 63–75. London: Routledge, 2009.

Garfinkel, Harold. *Studies in Ethnomethodology*. Cambridge: Polity, 1991.

Get Living London. "British Workers Will Spend 1 Year 35 Days Commuting 191,760 Miles in Their Lifetime." Get Living London (n.d.). http://www.getlivinglondon.com/pressmedia/british-workers-will-spend-1-year-35-days-commuting-191-760-miles-in-their-lifetime.aspx (accessed July 6, 2016).

Gibson, James J. *The Ecological Approach to Perception*. London: Houghton Mifflin, 1979.

Gibson-Graham, J. K. "Diverse Economies: Performative Practices for Other Worlds." *Progress in Human Geography* 32, no. 5 (2008): 613–632.

Gibson-Graham, J. K., and Gerda Roelvink. "An Economic Ethics for the Anthropocene." *Antipode* 41, no. s1 (2010): 320–346.

Giddens, Anthony. *The Constitution of Society: Outline of the Theory of Structuration*. Cambridge: Polity, 1984.

Goffman, Erving. *Behavior in Public Places: Notes on the Social Organization of Gatherings*. New York: Free Press, 1963.

Goffman, Erving. *Interaction Ritual: Essays in Face to Face Behaviour*. New Brunswick, NJ: Transaction Publishers, 1967.

Goode, Luke. "Social News, Citizen Journalism and Democracy." *New Media and Society* 11, no. 8 (2009): 1287–1305.

Graham, Stephen. "Software-Sorted Geographies." *Progress in Human Geography* 29, no. 5 (2005): 562–580.

Graham, Stephen. *Disrupted Cities: When Infrastructure Fails*. London: Routledge, 2010.

Graham, Stephen, and Simon Marvin. *Splintering Urbanism: Networked Infrastructures, Technological Mobilities and the Urban Condition*. London: Routledge, 2001.

Graham, Stephen, and Colin McFarlane, eds. *Infrastructural Lives: Urban Infrastructure in Context*. London: Routledge, 2014.

Graham, Stephen, and Nigel Thrift. "Out of Order: Understanding Repair and Maintenance." Theory, Culture and Society 24, no. 3 (2007): 1–25.

Green, Nicola. "On the Move: Technology, Mobility, and the Mediation of Social Time and Space." *Information Society* 18, no. 4 (2002): 281–292.

Gregg, Melissa. *Work's Intimacy*. Cambridge: Polity, 2011.

Grosz, Elizabeth. "Habit Today: Ravaisson, Bergson, Deleuze and Us." *Body and Society* 19, no. 2–3 (2013): 218–239.

Guattari, Félix. "Ecosophical Practices and the Restoration of the 'Subjective City.'" In *Machinic Eros: Writings on Japan*, edited by Gary Genosko and Jay Hetrick, 97–116. Minneapolis: University of Minnesota Press, 2015.

Guattari, Félix. *The Three Ecologies*. London: Continuum, 2000.

Hage, Ghassan. "Waiting Out the Crisis: On Stuckedness and Governmentality." In *Waiting*, edited by Ghassan Hage, 97–106. Melbourne: Melbourne University Press, 2009.

Hage, Ghassan. "Introduction." In *Waiting*, edited by Ghassan Hage, 1–12. Melbourne: Melbourne University Press, 2009.

Hall, Peter, and Ulrich Pfeiffer. *Urban Future 21: A Global Agenda for Twenty-First Century Cities*. London: Routledge, 2013.

Hannam, Kevin, Mimi Sheller, and John Urry. "Editorial: Mobilities, Immobilities and Moorings." *Mobilities* 1, no. 1 (2006): 1–22.

Harrison, Paul. "Making Sense: Embodiment and the Sensibilities of the Everyday." *Environment and Planning D: Society and Space* 18, no. 4 (2000): 497–517.

Harvey, David. *The Condition of Postmodernity: An Enquiry into the Origins of Social Change*. Oxford: Basil Blackwell, 1989.

Hawkins, John, Catherine Caruana-McManus, Matt English, and Edward Chung. *IBM Australia Commuter Pain Study*. Sydney: IBM, 2011. https://www-03.ibm.com/press/au/en/presskit/33518.wss (accessed June 1, 2012).

Hochschild, Arlie R. *The Managed Heart: Commercialization of Human Feeling*. Berkeley: University of California Press, 1983.

Hochschild, Arlie R. *The Time Bind: When Home Becomes Work and Work Becomes Home*. New York: Metropolitan, 1997.

Holdsworth, Clare. *Family and Intimate Mobilities*. London: Palgrave Macmillan, 2013.

Horton, David. "Fear of Cycling." In *Cycling and Society*, edited by David Horton, Paul Rosen, and Peter Cox, 133–152. Aldershot, UK: Ashgate, 2007.

Hughes, Ainsley, Kathleen Mee, and Adam Tyndall. "'Super Simple Stuff?': Crafting Quiet in Trains between Newcastle and Sydney." *Mobilities* 12, no. 5 (2017): 740–757.

Hutchinson, Sikivu. "Waiting for the Bus." *Social Text* 18, no. 2 (2000): 107–120.

Hynes, Maria. "Reconceptualizing Resistance: Sociology and the Affective Dimension of Resistance." *British Journal of Sociology* 64, no. 4 (2013): 559–577.

Imrie, Rob. "Disability and Discourses of Mobility and Movement." *Environment and Planning A* 32, no. 9 (2000): 1641–1656.

Ingold, Tim. *The Perception of the Environment: Essays in Livelihood, Dwelling and Skill*. London: Routledge, 2000.

Iveson, Kurt. "Branded Cities: Outdoor Advertising, Urban Governance, and the Outdoor Media Landscape." *Antipode* 44, no. 1 (2012): 151–174.

Jacquier, Claude. "On Relationships between Integrated Policies for Sustainable Urban Development and Urban Governance." *Tijdschrift voor Economische en Sociale Geografie* 96, no. 4 (2005): 363–376.

Jain, Juliet. "Bypassing and WAPing: Reconfiguring Time-Tables for 'Real-Time' Mobility." In *Mobile Technologies of the City*, edited by Mimi Sheller and John

Urry, 79–101. London: Routledge, 2006.

Jain, Juliet. "The Classy Coach Commute." *Journal of Transport Geography* 19, no. 5 (2011): 1017–1022.

James, William. *The Principles of Psychology.* Cambridge, MA: Harvard University Press, 1983.

Jarvis, Helen. "Moving to London Time: Household Co-ordination and the Infrastructure of Everyday Life." *Time and Society* 14, no. 1 (2005): 133–154.

Jarvis, Helen, Andy Pratt, and Peter Wu. *The Secret Lives of Cities: Social Reproduction of Everyday Life.* Harlow: Prentice Hall, 2001.

Jeffrey, Craig. *Timepass: Youth, Class, and the Politics of Waiting in India.* Redwood City, CA: Stanford University Press, 2010.

Jensen, Ole B. "Flows of Meaning, Cultures of Movements: Urban Mobility as Meaningful Everyday Life Practice." *Mobilities* 4, no. 1 (2009): 139–158.

Jensen, Ole B. *Staging Mobilities.* London: Routledge, 2013.

Jirón, Paula. "Mobile Borders in Urban Daily Mobility Practices in Santiago de Chile." *International Political Sociology* 4, no. 1 (2010): 66–79.

Jones, Caroline, and David Ogilvie. "Motivations for Active Commuting: A Qualitative Investigation of the Period of Home or Work Relocation." *International Journal of Behavioral Nutrition and Physical Activity* 9, no. 109 (2012): 1–12.

José, Francisco Sionil. *Tree.* Manila: Solidaridad Publishing House, 1981.

Kahneman, Douglas, Alan Krueger, David Schkade, Norbert Schwarz, and Arthur Stone. "A Survey Method for Characterizing Daily Life Experience: The Day Reconstruction Method." *Science* 306, no. 5702 (2004): 1776–1780.

Kaplan, Caren. "Mobility and War: The Cosmic View of US 'Air Power.'" *Environment and Planning A* 38, no. 2 (2006): 395–407.

Katz, Jack. *How Emotions Work.* Chicago: University of Chicago Press, 1999.

Kelly, Jane-Frances, and Paul Donegan. *City Limits: Why Australia's Cities Are Broken and How We Can Fix Them.* Melbourne: Melbourne University Press, 2015.

Kesselring, Sven. "Corporate Mobilities Regimes: Mobility, Power and the Sociogeographical Structurations of Mobile Work." *Mobilities* 10, no. 4 (2015): 571–591.

Kinsley, Sam. "Representing 'Things to Come': Feeling the Visions of Future Technologies." *Environment and Planning A* 42, no. 11 (2010): 2771–2790.

Kitchin, Rob, and Martin Dodge. *Code/Space: Software and Everyday Life.* Cambridge, MA: MIT Press, 2011.

Kontominas, Bellinda. "These Hills Are Alive with Murmurs of Discontent." *Sydney Morning Herald*, March 13, 2007. http://www.smh.com.au/news/state-election-2007/these-hills-are-alive-with-murmurs-of-discontent/2007/03/12/1173548110049.html (accessed October 15, 2015).

Kullman, Kim. "Pedagogical Assemblages: Rearranging Children's Traffic Education."

Social and Cultural Geography 16, no. 3 (2015): 255–275.

Lapoujade, David. "The Normal and the Pathological in Bergson." *MLN* 120, no. 5 (2006): 1146–1155.

Lash, Scott. *Intensive Culture: Social Theory, Religion and Contemporary Capitalism.* London: Sage, 2010.

Latham, Alan, and Derek McCormack. "Thinking with Images in Nonrepresentational Cities: Vignettes from Berlin." *Area* 41, no. 3 (2009): 252–262.

Latour, Bruno. "Why Has Critique Run Out of Steam? From Matters of Fact to Matters of Concern." *Critical Inquiry* 30, no. 2 (2004): 225–248.

Laurier, Eric. "Doing Office Work on the Motorway." *Theory, Culture and Society* 21, no. 4–5 (2004): 261–277.

Laurier, Eric, and Hayden Lorimer. "Other Ways: Landscapes of Commuting." *Landscape Research* 37, no. 2 (2012): 207–224.

Laurier, Eric, Hayden Lorimer, Barry Brown, Owain Jones, Oskar Juhline, Allyson Noble, Mark Perry, D. Pica, Phillipe Sormani, Ignaz Strebel, Laurel Swan, Alex S. Taylor, Laura Watts, and Alexandra Weilenmann. "Driving and 'Passengering': Notes on the Ordinary Organization of Car Travel." *Mobilities* 3, no. 1 (2008): 1–23.

Laurier, Eric, and Chris Philo. "Cold Shoulders and Napkins Handed: Gestures of Responsibility." *Transactions of the Institute of British Geographers* 31, no. 2 (2006): 193–207.

Law, Robin. "Beyond 'Women and Transport': Towards New Geographies of Gender and Daily Mobility." *Progress in Human Geography* 23, no. 4 (1999): 567–588.

Lefebvre, Henri. *Everyday Life in the Modern World.* Translated by Sacha Rabinovitch. London: Transaction Publishers, 1984.

Lefebvre, Henri. *The Production of Space.* Translated by Donald Nicholson-Smith. Oxford: Blackwell, 1991.

Lennon, Scott. *Sydney: Australia's Global City.* Sydney: PricewaterhouseCoopers and NSW Business Chamber, 2010.

Lewis, Hannah, Peter Dwyer, Stuart Hodkinson, and Louise Waite. "Hyper-precarious Lives: Migrants, Work and Forced Labour in the Global North." *Progress in Human Geography* 39, no. 5 (2015): 580–600.

Lin, Weiqiang. "Wasting Time? The Differentiation of Travel Time in Urban Transport." *Environment and Planning A* 44, no. 10 (2012): 2477–2492.

Lipson, Hod, and Melba Kurman. *Driverless: Intelligent Cars and the Road Ahead.* Cambridge, MA: MIT Press, 2016.

Lyons, Glenn. "Transport and Society." *Transport Reviews* 24, no. 4 (2004): 485–509.

Lyons, Glenn, and Kiron Chatterjee. "A Human Perspective on the Daily Commute: Costs, Benefits and Trade-Offs." *Transport Reviews* 28, no. 2 (2008): 181–198.

Lyons, Glenn, and John Urry. "Travel Time Use in the Information Age." *Transportation Research Part A: Policy and Practice* 39, no. 2–3 (2005): 257–276.

Maddrell, Avril. "Moving and Being Moved: More-than-Walking and Talking on Pilgrimage Walks in the Manx Landscape." *Culture and Religion* 14, no. 1 (2013): 63–77.

Maller, Cecily, and Yolande Strengers. "The Global Migration of Everyday Life: Investigating the Practice Memories of Australian Migrants." *Geoforum* 44, no. 1 (2013): 243–252.

Manderscheid, Katharina. "Integrating Space and Mobilities into the Analysis of Social Inequality." *Distinktion: Scandinavian Journal of Social Theory* 10, no. 1 (2009): 7–27.

Mann, Sandi, and Lynn Holdsworth. "The Psychological Impact of Teleworking: Stress, Emotions and Health." *New Technology, Work and Employment* 18, no. 3 (2003): 196–211.

Manning, Erin. *Relationscapes: Movement, Art, Philosophy*. Cambridge, MA: MIT Press, 2009.

Massey, Doreen. *For Space*. London: Sage, 2005.

Massumi, Brian. *Politics of Affect*. Cambridge: Polity, 2015.

Massumi, Brian. *The Power at the End of the Economy*. Durham, NC: Duke University Press, 2014.

McCormack, Derek. "Pipes and Cables." In The *Routledge Handbook of Mobilities*, edited by Peter Adey, David Bissell, Kevin Hannam, Peter Merriman, and Mimi Sheller, 225–232. London: Routledge, 2014.

McGuirk, Pauline, and Phillip O'Neill. "Planning a Prosperous Sydney: The Challenges of Planning Urban Development in the New Urban Context." *Australian Geographer* 33, no. 3 (2002): 301–316.

Merleau-Ponty, Maurice. *Phenomenology of Perception*. London: Routledge, 2002.

Merriman, Peter. *Driving Spaces: A Cultural-Historical Geography of England's M1 Motorway*. Oxford: Blackwell, 2007.

Merriman, Peter. "Human Geography without Time-Space." *Transactions of the Institute of British Geographers* 37, no. 1 (2012): 13–27.

Metz, David. *The Limits to Travel: How Far Will You Go?* London: Routledge, 2012.

Michael, Mike. "Anecdote." In *Inventive Methods: The Happening of the Social*, edited by Celia Lury and Nina Wakeford, 25–35. London: Routledge, 2012.

Middleton, Jennie. "'I'm on Autopilot, I Just Follow the Route': Exploring the Habits, Routines, and Decision-Making Practices of Everyday Urban Mobilities." *Environment and Planning A* 43, no. 12 (2011): 2857–2877.

Moran, Joe. *Reading the Everyday*. London: Routledge, 2005.

mX. "Vent Your Spleen." *mX Newspaper*, December 6, 2013, 16.

Negishi, Kaima. "From Surveillant Text to Surveilling Device: The Face in Urban Transit Spaces." *Surveillance and Society* 11, no. 3 (2013): 324–333.

Ngai, Sianne. *Our Aesthetic Categories: Zany, Cute, Interesting*. Cambridge, MA: Harvard University Press, 2012.

Nippert-Eng, Christena. "Calendars and Keys: The Classification of 'Home' and 'Work.'" *Sociological Forum* 11, no. 3 (1996): 563–582.

Noble, Greg. "Pedagogies of Civic Belonging: Finding One's Way through Social Space." In *Cultural Pedagogies and Human Conduct*, edited by Megan Watkins, Greg Noble, and Catherine Driscoll, 32–44. London: Routledge, 2015.

Noy, Chaim. "Performing Identity: Touristic Narratives of Self-Change." *Text and Performance Quarterly* 24, no. 2 (2004): 115–138.

Organisation for Economic Co-operation and Development. "How Persistent Are Regional Disparities in Employment? The Role of Geographic Mobility." In *OECD Employment Outlook*, 73–123. Paris: Organisation for Economic Co-operation and Development, 2005.

Office of National Statistics. *Commuting and Personal Well-being, 2014*. London: Office of National Statistics, 2014.

Oudenampsen, Merijn, and Gavin Sullivan. "Precarity and N/European Identity: An Interview with Alex Foti (ChainWorkers)." *Mute* 2, no. 0 (2004). http://www. metamute.org/editorial/articles/precarity-and-neuropean-identity-interview-alex-foti-chainworkers (accessed March 1, 2016).

Paklone, Ilze. "Conceptualization of Visual Representation in Urban Planning." *Limes: Borderland Studies* 4, no. 2 (2011): 150–161.

Pooley, Colin, and Jean Turnbull. "Modal Choice and Modal Change: The Journey to Work in Britain since 1890." *Journal of Transport Geography* 8, no. 1 (2000): 11–24.

Poster, Mark. *Information Please: Culture and Politics in the Age of Digital Machines*. Durham, NC: Duke University Press, 2006.

Pred, Allan. *Lost Words and Lost Worlds: Modernity and the Language of Everyday Life in Late Nineteenth-Century Stockholm*. Cambridge: Cambridge University Press, 1990.

Pucher, John, Nisha Korattyswaropam, Neha Mittal, and Neehu Ittyerah. "Urban Transport Crisis in India." *Transport Policy* 12, no. 3 (2005): 185–198.

Rabinbach, Anson. *The Human Motor: Energy, Fatigue, and the Origins of Modernity*. Chicago: University of Chicago Press, 1992.

Ragusa, Angela T. "Seeking Trees or Escaping Traffic? Socio-cultural Factors and 'Tree-Change' Migration in Australia." In *Demographic Change in Australia's Rural Landscapes*, edited by Gary W. Luck, Digby Race, and Rosemary Black, 71–99. New York: Springer, 2010.

Ravaisson, Félix. *Of Habit*. Translated by Clare Carlisle and Mark Sinclair. London: Continuum, 2008.

Richardson, Tim, and Ole B. Jensen. "How Mobility Systems Produce Inequality: Making Mobile Subject Types on the Bangkok Sky Train." *Built Environment* 34, no. 2 (2008): 218–231.

Riley, Denise. *Impersonal Passion: Language as Affect*. Durham, NC: Duke University Press, 2005.

Riley, Denise. "'A Voice without a Mouth': Inner Speech." *Que Parle* 14, no. 2 (2004): 57–104.

Rosa, Hartmut. "Social Acceleration: Ethical and Political Consequences of a Desynchronized High-Speed Society." *Constellations* 10, no. 1 (2003): 3–33.

Rosa, Hartmut. *Social Acceleration: A New Theory of Modernity*. New York: Columbia University Press, 2013.

Rose, Mitch. "Negative Governance: Vulnerability, Biopolitics and the Origins of Government." *Transactions of the Institute of British Geographers* 39, no. 2 (2014): 209–223.

Roseneil, Sasha. "On Not Living with a Partner." *Sociological Research Online* 11, no. 3 (2006): 1–21.

Ryall, Jenni. "Frugal Opal Card Users 'Beat the System' for Cheaper Fares." *Sydney Morning Herald*, November 25, 2014. http://www.smh.com.au/nsw/frugal-opal-card-users-beat-the-system-for-cheaper-fares-20141124-11t4r0.html#ixzz46zM5Ritt (accessed June 5, 2016).

Sandow, Erika, and Kerstin Westin. "The Persevering Commuter: Duration of LongDistance Commuting." *Transportation Research Part A: Policy and Practice* 44, no. 6 (2010): 433–445.

Sankam, Visarut. "Research Reveals Ugly Side to Bangkok Life." The Nation. http://www.nationmultimedia.com/national/Research-reveals-ugly-side-to-Bangkok-life-30271979.html (accessed October 31, 2015).

Savage, Mike, and Roger Burrows. "Some Further Reflections on the Coming Crisis of Empirical Sociology." *Sociology* 43, no. 4 (2009): 762–772.

Sawchuk, Kim. "Impaired." In *The Routledge Handbook of Mobilities*, edited by Peter Adey, David Bissell, Kevin Hannam, Peter Merriman, and Mimi Sheller, 409–420. London: Routledge, 2014.

Schivelbusch, Wolfgang. *The Railway Journey: The Industrialization of Time and Space in the Nineteenth Century*. Berkeley: University of California Press, 1986.

Schweizer, Harold. *On Waiting*. London: Routledge, 2008.

Seamon, David. "Body-Subject, Time-Space Routines, and Place-Ballets." In *The Human Experience of Space and Place*, edited by Anne Buttimer and David Seamon, 146–165. London: Croom Helm, 1980.

Seamon, David. *A Geography of the Lifeworld: Movement, Rest and Encounter*. London: Croom Helm, 1979.

Sennett, Richard. *Flesh and Stone: The Body and the City in Western Civilization*. New York: W. W. Norton, 1994.

Sheets-Johnstone, Maxine. *The Primacy of Movement*. Philadelphia: John Benjamins Publishing, 2011.

Sheller, Mimi. "Automotive Emotions: Feeling the Car." *Theory, Culture and Society* 21, no. 4–5 (2004): 221–242.

Sheller, Mimi. "News Now: Interface, Ambience, Flow, and the Disruptive Spatiotemporalities of Mobile News Media." *Journalism Studies* 16, no. 1 (2015): 12–26.

Sheller, Mimi. "Sustainable Mobility and Mobility Justice: Towards a Twin Transition." In *Mobilities: New Perspectives on Transport and Society*, edited by Margaret Grieco and John Urry, 289–304. Aldershot, UK: Ashgate, 2011.

Sheller, Mimi, and John Urry, eds. *Mobile Technologies of the City*. London: Routledge, 2006.

Sheller, Mimi, and John Urry. "The New Mobilities Paradigm." *Environment and Planning A* 38, no. 2 (2006): 207–226.

Shaw, Jon, and Iain Docherty. *The Transport Debate*. Bristol, UK: Policy Press, 2014.

Shove, Elizabeth, Mika Pantzar, and Matt Watson. *The Dynamics of Social Practice: Everyday Life and How It Changes*. London: Sage, 2012.

Simmel, Georg. "The Metropolis and Mental Life." In *The Blackwell City Reader*, edited by Gavin Bridge and Sophie Watson, 11–19. Oxford: Blackwell, 2010.

Simmons, Jack, ed. *Railway Travellers' Handy Book: Hints, Suggestions and Advice, before the Journey, on the Journey and after the Journey*. London: Old House Books, 1862.

Simone, AbdouMaliq. "Relational Infrastructures in Postcolonial Worlds." In *Infrastructural Lives: Politics, Experience and the Urban Fabric*, edited by Stephen Graham and Colin McFarlane, 17–38. London: Routledge, 2014.

Simpson, Paul. "Apprehending Everyday Rhythms: Rhythmanalysis, Time-Lapse Photography, and the Space-Times of Street Performance." *Cultural Geographies* 19, no. 4 (2012): 423–445.

Simpson, Paul. "Falling on Deaf Ears: A Post-phenomenology of Sonorous Presence." *Environment and Planning A* 41, no. 11 (2009): 2556–2575.

Soja, Edward. *Seeking Spatial Justice*. Minneapolis: University of Minnesota Press, 2010.

Southerton, Dale. "Analysing the Temporal Organization of Daily Life: Social Constraints, Practices and their Allocation." *Sociology* 40, no. 3 (2006): 435–454.

Spinney, Justin. "Cycling the City: Movement, Meaning and Method." *Geography Compass* 3, no. 2 (2009): 817–835.

Stewart, Kathleen. "Regionality." *Geographical Review* 103, no. 2 (2013): 275–284.

Stewart, Kathleen. "Road Registers." *Cultural Geographies* 21, no. 4 (2014): 549–563.

Stiegler, Bernard. *For a New Critique of Political Economy*. Cambridge: Polity, 2010.

Stratford, Elaine. *Geographies, Mobilities, and Rhythms Over the Life-Course: Adventures in the Interval*. London: Routledge, 2015.

Stutzer, Alois, and Bruno Frey. "Stress that Doesn't Pay: The Commuting Paradox."

Scandinavian Journal of Economics 110, no. 2 (2008): 339–366.

Symes, Colin. "Coaching and Training: An Ethnography of Student Commuting on Sydney's Suburban Trains." *Mobilities* 2, no. 3 (2008): 443–461.

Symes, Colin. "Entr'acte: Mobile Choreography and Sydney Rail Commuters." *Mobilities* 8, no. 4 (2013): 542–559.

Tan, Lara. "Metro Manila Has 'Worst Traffic on Earth,' Longest Commute," CNN Philippines (n.d.). http://cnnphilippines.com/metro/2015/10/01/Metro-Manila-Philippines-worst-traffic-longest-commute-Waze-survey.html (accessed October 31, 2015).

Theroux, Paul. *Last Train to Zona Verde*. London: Penguin, 2013.

Thomas, Peter. "Railways." In *The Routledge Handbook of Mobilities*, edited by Peter Adey, David Bissell, Kevin Hannam, Peter Merriman, and Mimi Sheller, 214–224. London: Routledge, 2014.

Thrift, Nigel. "But Malice Aforethought: Cities and the Natural History of Hatred." *Transactions of the Institute of British Geographers* 30, no. 2 (2005): 133–150.

Thrift, Nigel. "Driving in the City." *Theory, Culture and Society* 21, no. 4–5 (2004): 41–59.

Thrift, Nigel. "The Insubstantial Pageant: Producing an Untoward Land." *Cultural Geographies* 19, no. 2 (2012): 141–168.

Thrift, Nigel. "Intensities of Feeling: Towards a Spatial Politics of Affect." *Geografiska Annaler: Series B, Human Geography* 86, no. 1 (2004): 57–78.

Thrift, Nigel. *Spatial Formations*. London: Sage, 1996.

Thrift, Nigel, and Shaun French. "The Automatic Production of Space." *Transactions of the Institute of British Geographers* 27, no. 3 (2002): 309–335.

Thussu, Daya K. *News as Entertainment: The Rise of Global Infotainment*. London: Sage, 2009.

Tietze, Susanne, and Gillian Musson. "When 'Work' Meets 'Home': Temporal Flexibility as Lived Experience." *Time and Society* 11, no. 2–3 (2002): 315–334.

Tolle, Eckhart. *The Power of Now*. Sydney: Hachette, 2009.

Transport for New South Wales. *Train Statistics 2014*. Sydney: Bureau of Transport Statistics, 2014.

Tsing, Anna. *Friction: An Ethnography of Global Connection*. Princeton, NJ: Princeton University Press, 2005.

Tuan, Yi-Fu. "Language and the Making of Place: A Narrative-Descriptive Approach." *Annals of the Association of American Geographers* 81, no. 4 (1991): 684–696.

Tuan, Yi-Fu. *Space and Place: The Perspective of Experience*. London: Pion, 1977.

Turner, Graeme. "Politics, Radio and Journalism in Australia." *Journalism* 10, no. 4 (2009): 411–430.

Urry, John. *Mobilities*. Cambridge: Polity, 2007.

Urry, John. "Mobility and Proximity." *Sociology* 36, no. 2 (2002): 255–274.

Urry, John. *Sociology beyond Societies: Mobilities for the Twenty-First Century.* London: Routledge, 2000.

Urry, John. "The 'System' of Automobility." *Theory, Culture and Society* 21, no. 4–5 (2004): 25–39.

Vanderbilt, Tom. *Traffic: Why We Drive the Way We Do (and What It Says about Us).* London: Penguin, 2009.

Vannini, Phillip. *Ferry Tales: Mobility, Place, and Time on Canada's West Coast.* London: Routledge, 2012.

Waitt, Gordon, and Theresa Harada. "Parenting, Care and the Family Car." *Social and Cultural Geography* 18, no. 8 (2016): 1079–1100.

Wajcman, Judy. "Life in the Fast Lane? Towards a Sociology of Technology and Time." *British Journal of Sociology* 59, no. 1 (2008): 59–77.

Walker, Ian, Gregory Thomas, and Bas Verplanken. "Old Habits Die Hard: Travel Habit Formation and Decay during an Office Relocation." *Environment and Behavior* 47, no. 10 (2015): 1089–1106.

Walker, Jared. *Human Transit: How Clearer Thinking about Public Transit Can Enrich Our Communities and Our Lives.* Washington, DC: Island Press, 2012.

Walsh, Arlie. "Sardine Express: Welcome to the Peak Hour Commute on Sydney Trains." *Channel 9 News*, November 11, 2014. http://www.9news.com.au/national/2014/11/11/20/17/sardine-express-for-sydney-trains (accessed March 12, 2016).

Watson, Rod. "Tacit Knowledge." *Theory, Culture and Society* 23, no. 2–3 (2006): 208–210.

White, Elwyn Brooks. *Here Is New York.* New York: Little Book Room, 2011.

Whyte, William H. *The Social Life of Small Urban Spaces.* New York: Project for Public Spaces, 1980.

Williams, Raymond. *Marxism and Literature.* Oxford: Oxford University Press, 1977.

Wilson, Helen. "Passing Propinquities in the Multicultural City: The Everyday Encounters of Bus Passengering." *Environment and Planning A* 43, no. 3 (2011): 634–649.

Wolf, Michael. *Tokyo Compression Revisited.* Hong Kong: Asia One Books, 2011.

Woolgar, Steve, and Daniel Neyland. *Mundane Governance: Ontology and Accountability.* Oxford: Oxford University Press, 2013.

Zerubavel, Eviatar. *Hidden Rhythms: Schedules and Calendars in Social Life.* Berkeley: University of California Press, 1985.

Zerubavel, Eviatar. "Timetables and Scheduling: On the Social Organization of Time." *Sociological Inquiry* 46, no. 2 (1976): 87–94.

Ziegler, Friederike, and Tim Schwanen. "'I Like to Go Out to Be Energised by Different People': An Exploratory Analysis of Mobility and Wellbeing in Later Life." *Ageing and Society* 31, no. 5 (2011): 758–781.

통근하는 삶

2019년 2월 28일 초판 1쇄 발행

지은이 | 데이비드 비셀
옮긴이 | 박광형 · 전희진
펴낸이 | 노경인 · 김주영

펴낸곳 | 도서출판 앨피
출판등록 | 2004년 11월 23일 제2011-000087호
주소 | 우)07275 서울시 영등포구 영등포로 5길 19(양평동 2가, 동아프라임밸리) 1202-1호
전화 | 02-336-2776 팩스 | 0505-115-0525
블로그 | bolg.naver.com/lpbook12
전자우편 | lpbook12@naver.com

ISBN 979-11-87430-60-5 94300